프로바둑강좌 · 중급이상 3

침입, 그 공격과 방어

本因坊 武宮正樹 지음

프로바둑연구회 편

太乙出版社

머 리 말

중반전의 전투는 천변만화이다. 그중에서도 침입에 대한 제 문제에 힘쓰는 것도 생각해 보아야 한다.

침입에 대한 종류는 실로 여러 가지여서 이 책에서는 도해로서 나타내었다.

이 책에서는 귀의 걸침을 중심으로 하여, 즉 날일자, 눈목자, 한칸걸침, 화점에 대해서 기본형을 설정하였다. 특히 대국 중에 잘 나타나는 모양을 엄선하였다.

이 책에 게재되는 도(図)는 초단에 가까운 약간 까다로운 문제를 나타내지 않을 수 없다.

그 결과 전국적인 비교판단 등의 어려운 곳을 자기쪽에 유리하도록 명확한 단언을 내릴 수 있게 이 책은 가르치고 있다.

주위의 상황에 대하여 그때 그때 대처를 할 수 있는 결과를 많이 나타내고자 하였다.

저 자 씀.

차 례

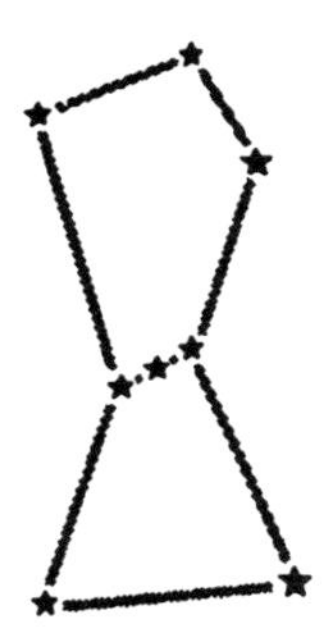

제 1 장

소목·날일자에 대한 침입

제 1 형

소목 날일자의 측면 5칸 벌림으로 놓여있는 형이다. 주위의 배석은 일응 제외하고 생각한다.

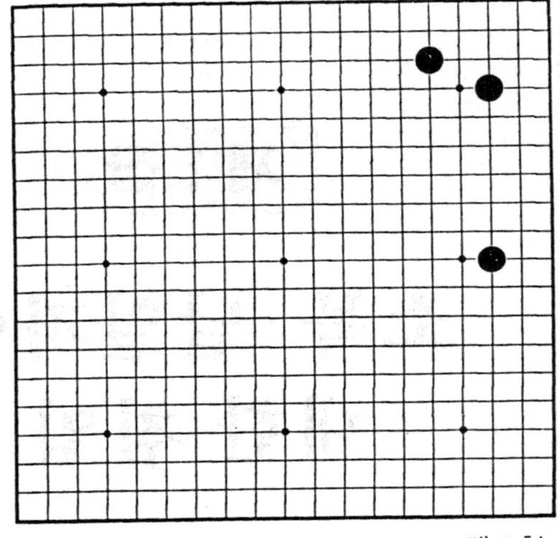

제 1 형

1도 (붙임) 단독으로 흑집에 들어가는 수. 급소이다. 상당히 고급전술이다.

2도 (삶) 흑 **2**의 바깥쪽을 중시하여 응수한다. 백 **3** 이하는 실전에서는 보류한다.

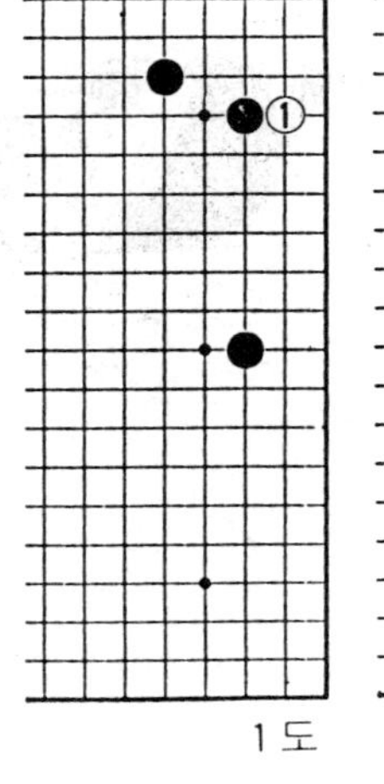

1 도

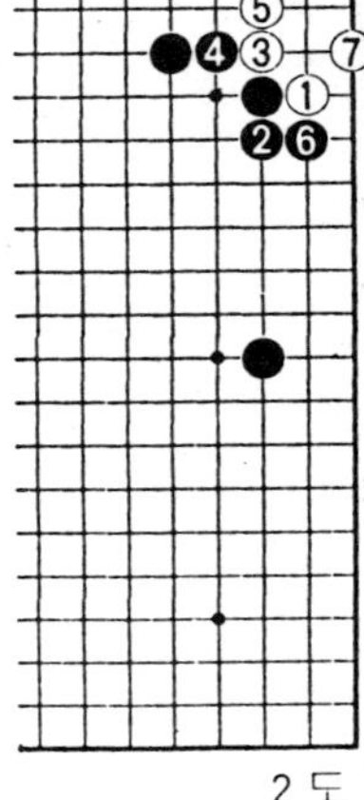

2 도

3 도 (백 변화) 흑 4의 젖힘, 백 5의 느는 것이 있다. 흑 ㉮의 뻗음엔 백 ㉯로 둔다. 전도보다 득이다.

4 도 (변에서 삶) 흑 1의 끊음이 크다. 백은 2의 젖힘에서부터 10까지 우변에서 산다.

3 도

4 도

5 도 (머리를 내밈) 흑 1의 끊음에는 백 2로 뻗어 흑의 응수를 묻는다. 흑 3에서 백 4의 젖힘 다음 8까지 중앙쪽으로 향한다.

6 도 (흑의 변화) 흑 4로 바깥을 두는 수가 있다.

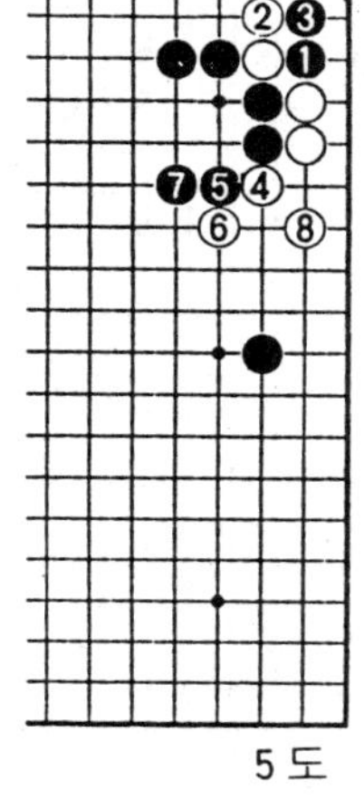

5 도

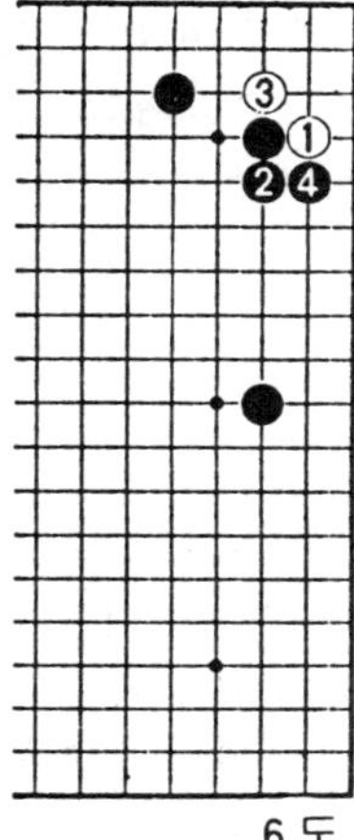

6 도

7 도 (외세) 백은 2, 4 에서 8 까지 귀에서 산다. 흑은 7 까지 외세를 정비.

8 도 (전투) 백 3 의 뻗음도 있다. 흑 ㉮, 백 ㉯로 백이 약간 좋은 의미가 있다.

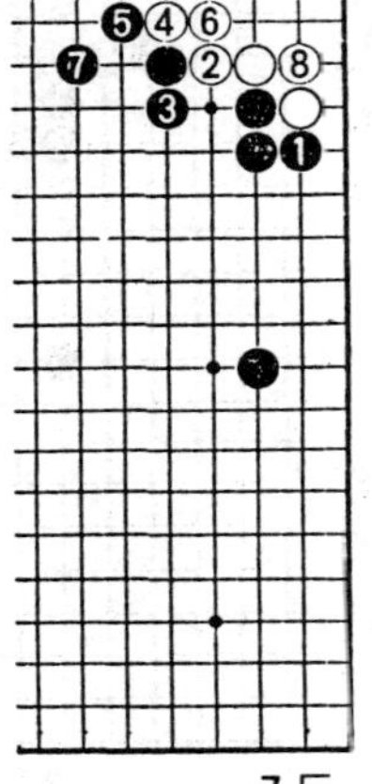

7 도

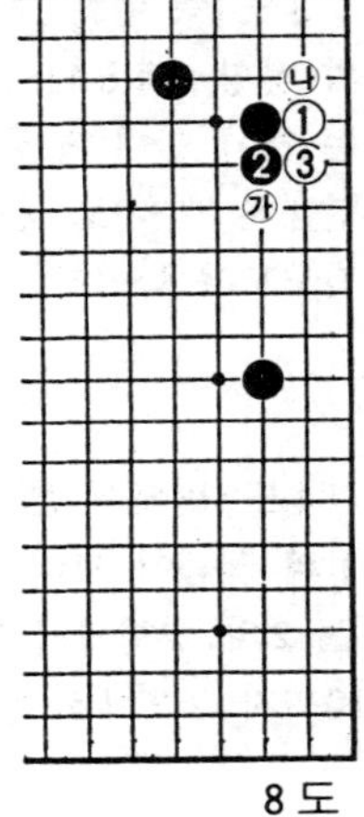

8 도

9 도 (바깥을 막음) 흑 2 의 젖힘도 한 방법이다.

10도 (맞끊음) 백 3 의 끊음이 맥이다. 흑 4 에 백 5, 7 의 선수 다음 9 까지 경쾌하다. 백 ㉮나 ㉯로 두는 것도 무겁다.

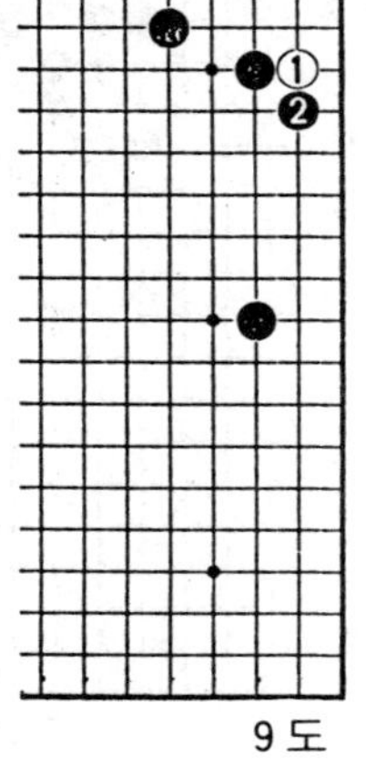

9 도

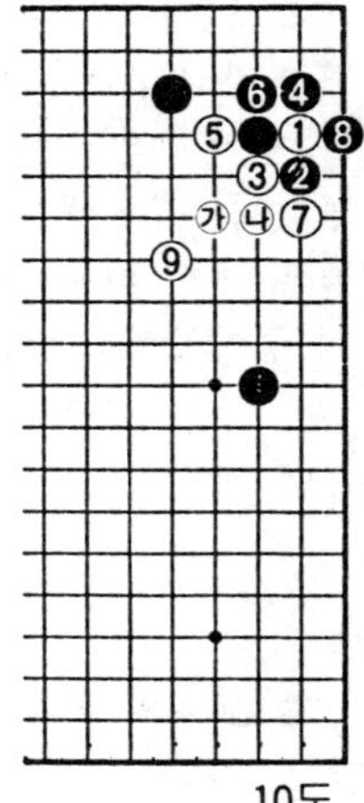

10도

11도 (모양) 전도 다음 흑 1의 끊음에는 백은 2, 4로 두는 것이 요령이다. 다음에 흑 5에서 백 6, 8까지 모양.

12도 (늘다) 흑 2로 느는 것도 생각해 볼 수 있다.

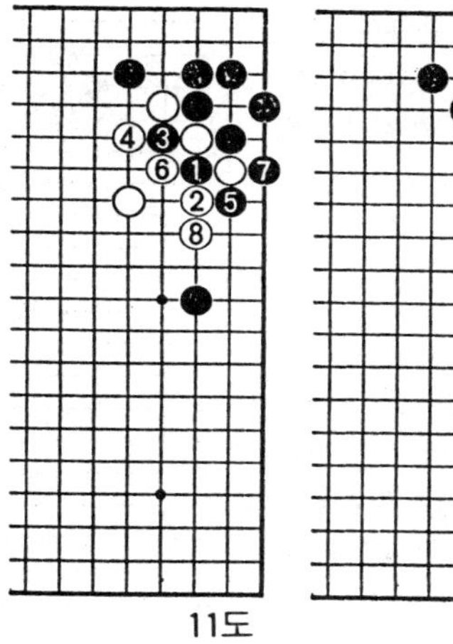

11도　　12도

13도 (경쾌) 흑 2에 백 3의 젖힘. 흑 4로 귀쪽을 두면 5로 둔다.

14도 (무겁다) 3으로 느는 것은 무거운 모양이다. 흑 4 백 5엔 흑 6의 급소다. 백 ㉮의 저위는 좋지 않다.

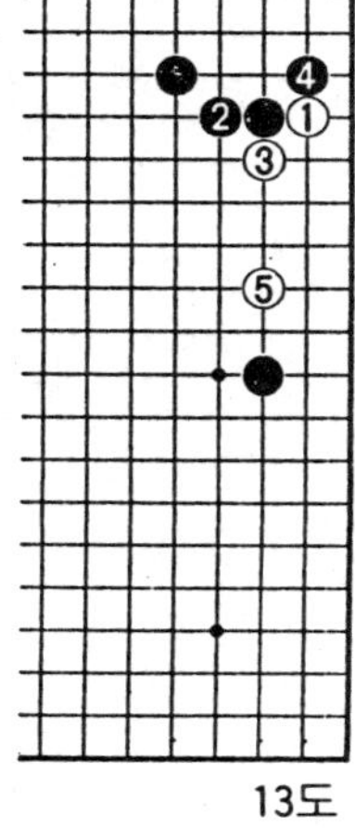

13도

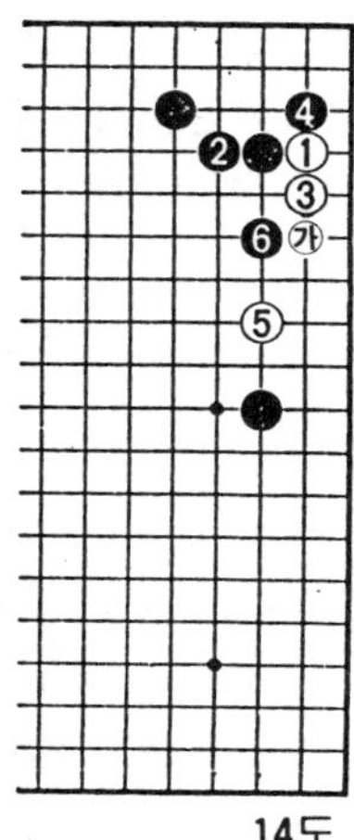

14도

15도 (귀에서 삶) 백 3에 흑 4는 백 5로 젖힌다. 흑 6에 백 7, 9로 귀에서 산다.

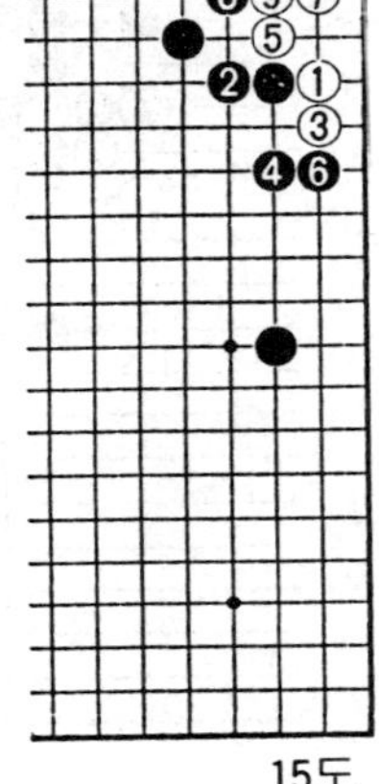

15도

16도 (위험) 흑 2에 3으로 백이 안쪽을 두는 것은 흑 4로 위험하다. 흑 8, 10으로 집이 없다.

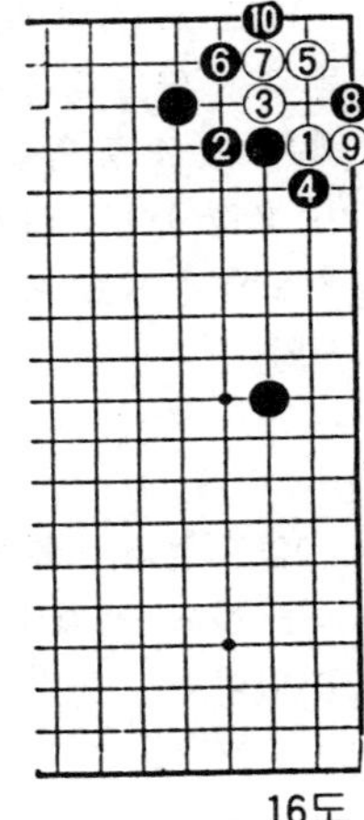

16도

17도 (흑이 안쪽막음) 흑 2로 안쪽을 막는 수가 있다.

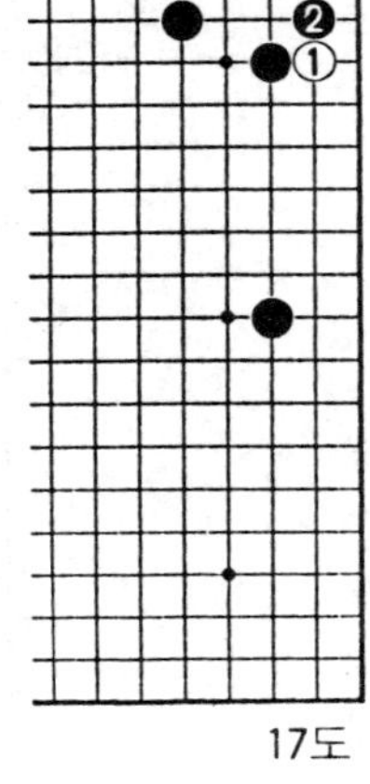

17도

18도 (상형) 백 3의 껴붙임이 맥이다. 흑이 4로 간단히 잇는 것이 좋은 수. 백 7까지 모양.

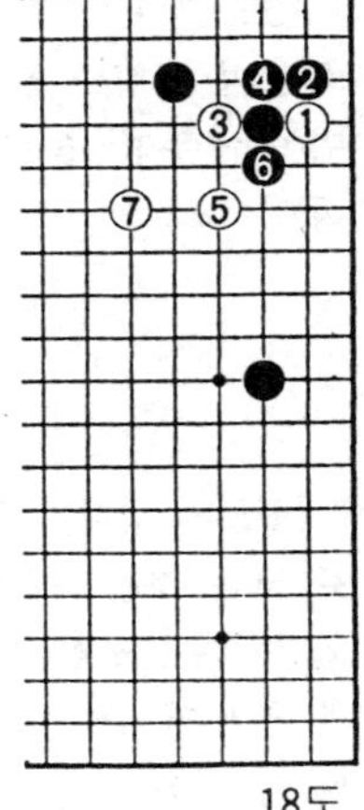

18도

19도 (변화) 백 3의 껴붙임에 흑 4의 받음은 백 5의 선수 다음 7의 곳을 허락한다

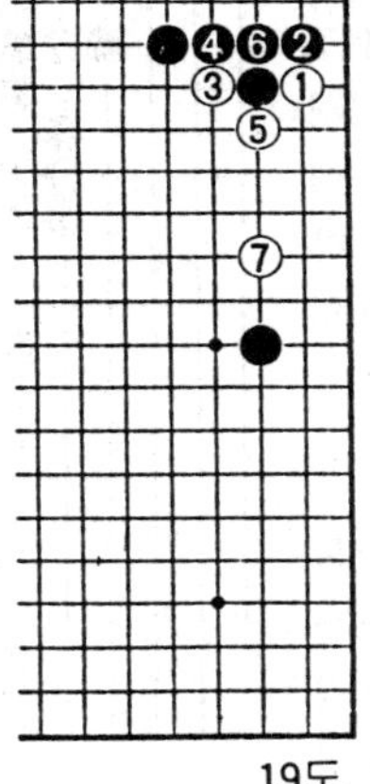

19도

20도 (뻗음) 흑 2의 안쪽으로 뻗는 수가 있다. 백은 어디다 두어야 할까?

20도

21도 (백 젖힘) 백 3의 젖힘이 상형. 흑 4에 백 5 이하 13까지 진행된다.

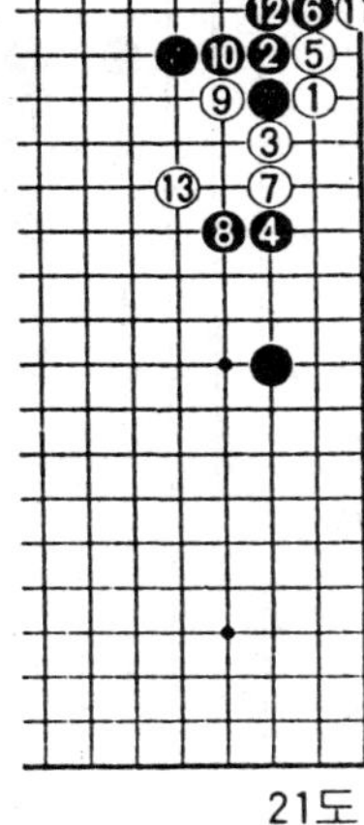

21도

22도 (경쾌) 흑 4로 귀의 실리는 백 5로 두는 것이 경쾌하다.

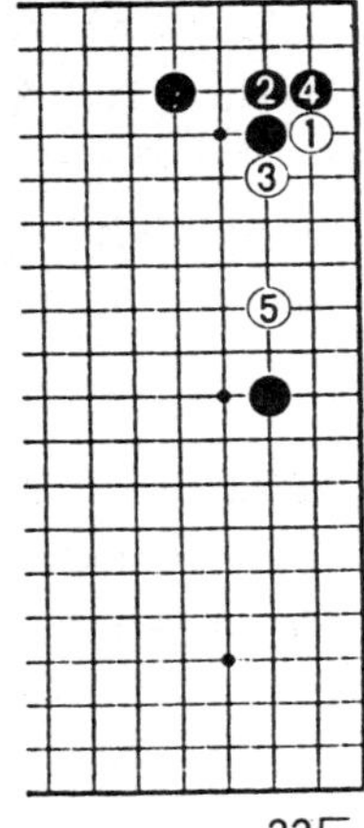

22도

23도 (삶) 본도 흑 4로 본도의 흑 1로 미는 것은 백 2에서 4로 귀쪽을 둔다. 백 6의 끊음이 수순이다. 흑 7, 백 8, 흑 9의 교환다음 이하 12까지 산다.

24도 (축 관계) 전도 흑 7로 1은 축관계가 좋다. 흑 2가 강수. 흑 3에서 백 4인데 4로는 ㉮나 ㉯의 곳을 둘 수 있다.

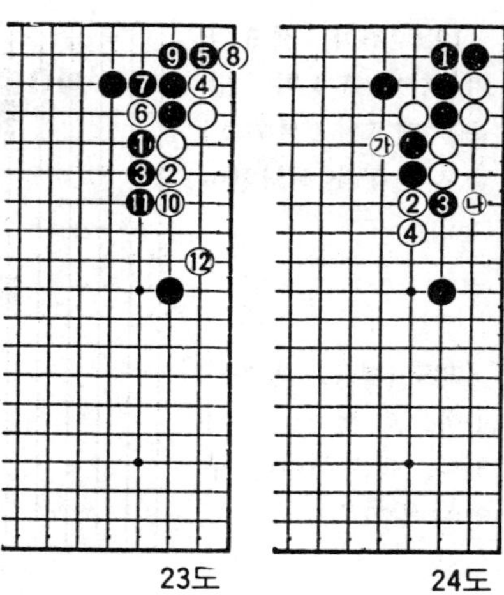

23도 24도

25도 (뻗음) 백 2로 귀쪽을 뻗으면 흑 3으로 막고 백 4로 뛰는 것은 알기쉽다.

26도 (삶) 흑 3으로 머리쪽을 막는 것은 이하 10까지 산다.

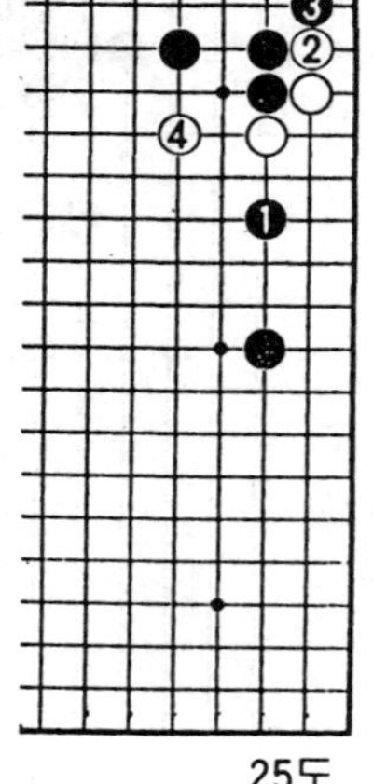

25도

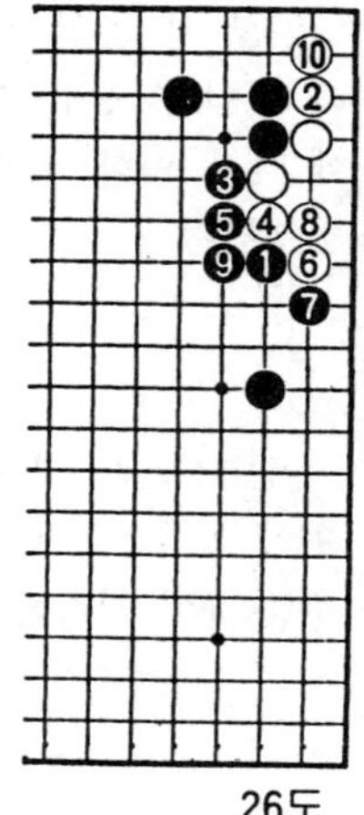

26도

제 2 형

제 1 형에 대한 착점을 연구하여 보자.

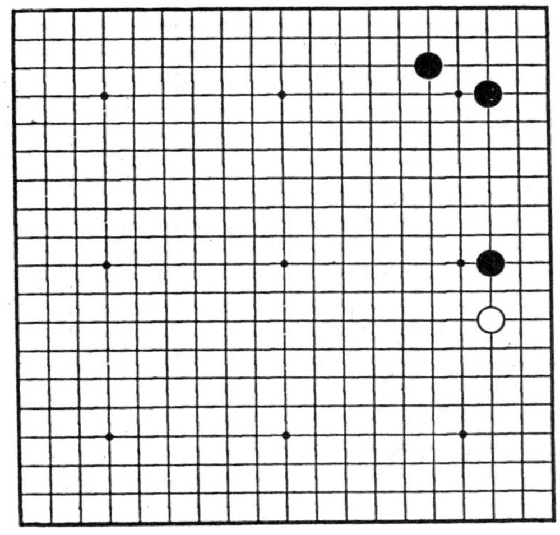

제 2 형

2 도 (갈림) 흑 2 의 한칸 뜀에 이하 5 까지 상형이다.

1 도 (침입) 이런 형태에서 백이 어떻게 움직여야 할까? 1 의 곳은 급소인가?

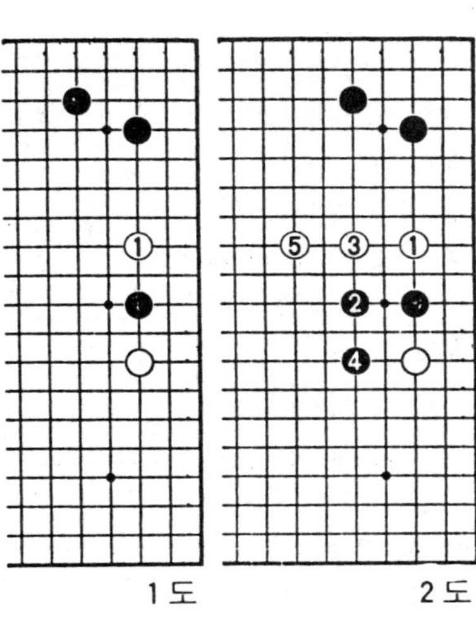

1 도　　2 도

3 도 (마늘모) 흑 2의 마늘모는 실전에서 자주 둔다. 이에 대하여 백은 ㉮로 나가는 수나 ㉯의 붙임이 있다.

4 도 (조화) 백 3의 날일자에 흑 4로 급소를 찌르면 백 5 다음 흑 6, 8까지 조화.

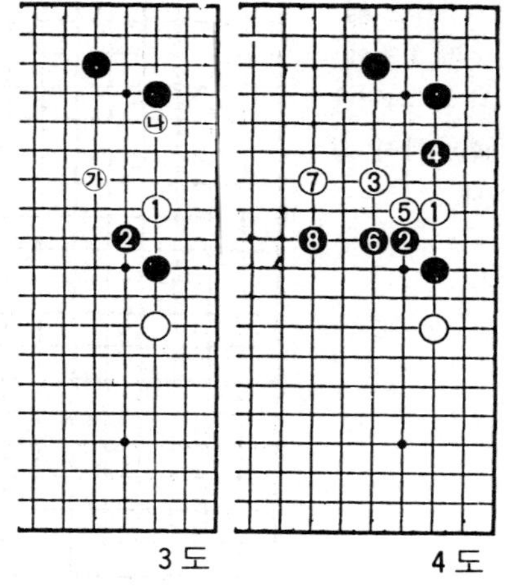

3 도 4 도

5 도 (고심) 전도 백 3의 날일자로 백 1의 올라섬은 무겁다. 흑 2, 4의 2단 젖힘 다음 흑 6의 급소를 짚어 백이 고통스러운 모양.

6 도 (두려울 것 없다) 다음에 백 1, 3은 4로 두려울 것이 없다. 백 ㉮는 흑 ㉯로 백 ◬가 약해진다. 백이 좋지않다.

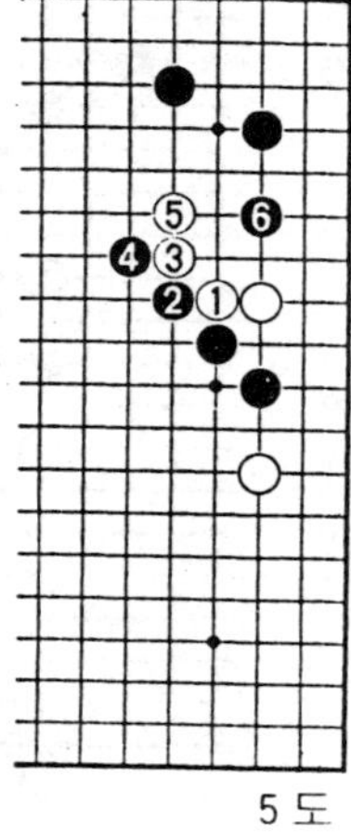

5 도

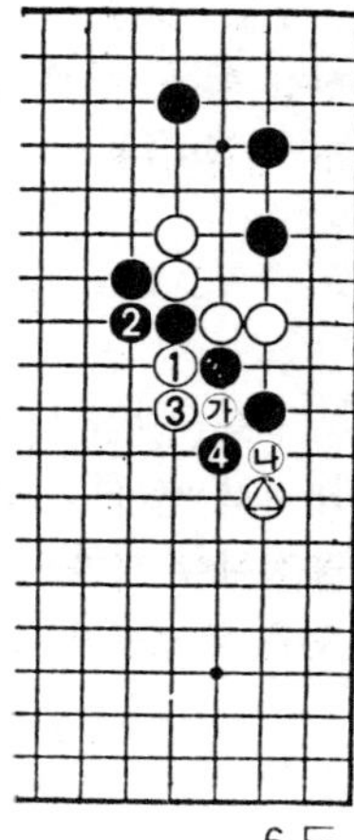

6 도

7 도 (모양) 백 **3** 으로 귀에 붙이는 것도 하나의 수단이다.

8 도 (나감) 흑 **1** 의 뻗음에 백 **2** 로 젖혀 이하 **4**, **6** 까지 중앙으로 나간다.

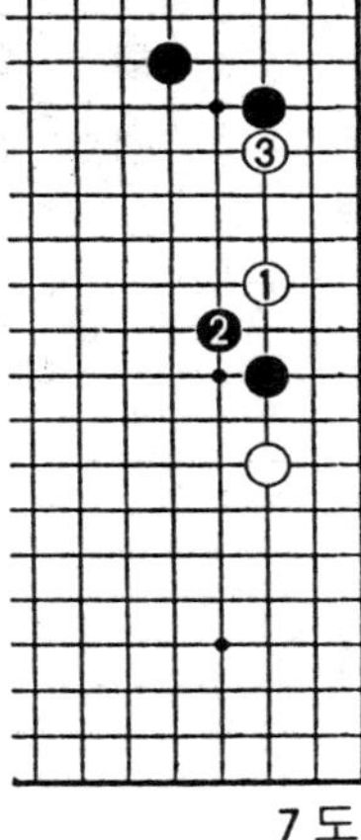

7 도

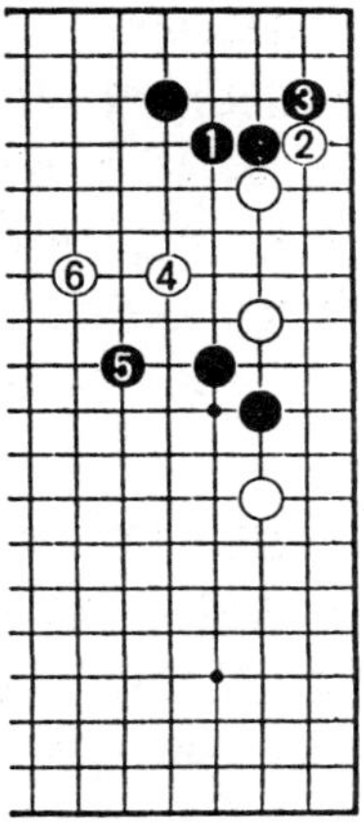

8 도

9 도 (이익) 백 **3** 의 붙임에 흑 **4** 의 내려섬, 백 **5** 의 머리내밀기. 이것은 흑이 좋지 않다.

10도 (붙이고 끄는모양) 백 **3** 에 흑 **4** 의 젖힘. 백 **5** 다음 흑 **6**, 다음 **7** 까지. 백 ㉮의 끝내기가 남는 모양이다.

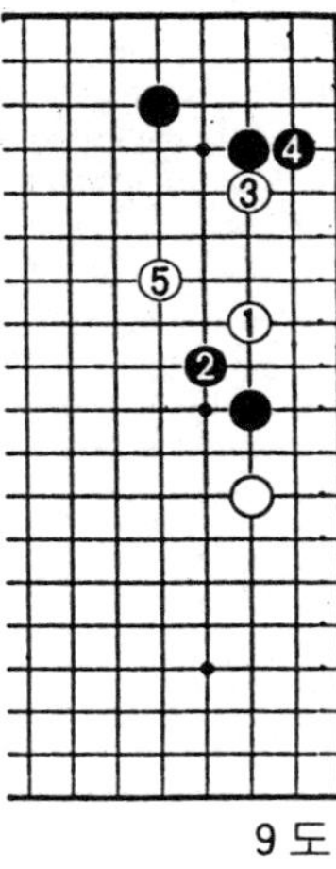

9 도

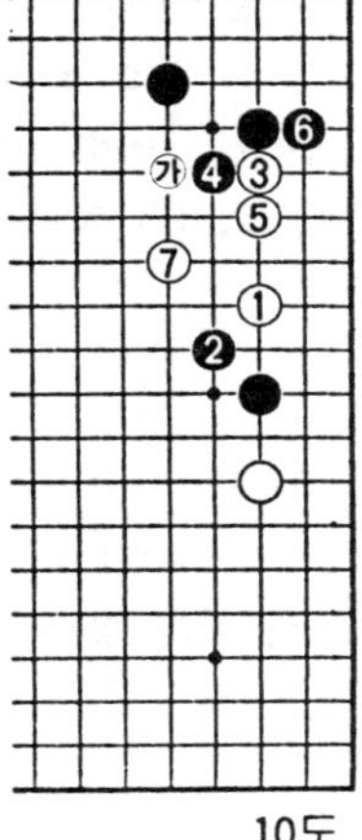

10도

11도 (변화) 전도의 백 5로는 백 1의 위로 젖히는 수가 있다. 흑 2, 백 3, 이하 백 7까지 나간다.

12도 (성공) 흑 4에서 6의 축, 백 7의 젖힘으로 귀가 산다. 이것은 백의 성공.

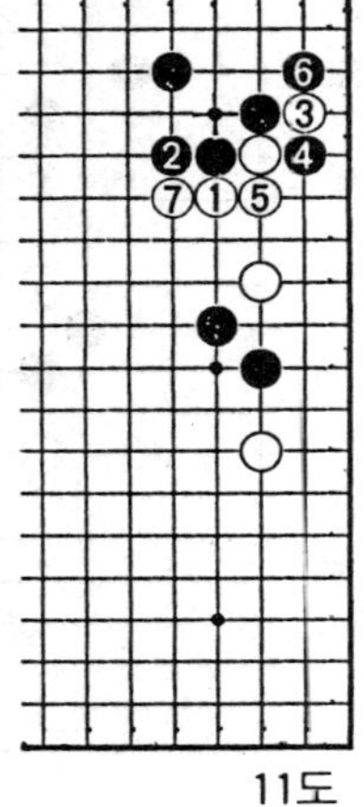

11도

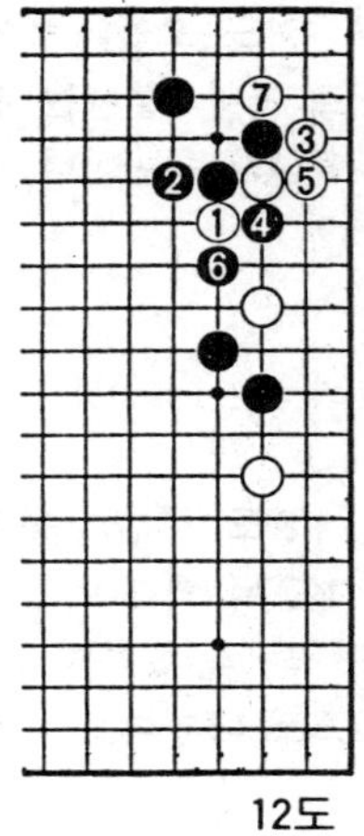

12도

13도 (변화) 흑 2의 붙임에 흑 4, 6 에서 21까지. 백의 귀가 커 불만스럽지 않다.

14도 (변화) 백 5의 반발이 유력하다. 10도와 같은 결과.

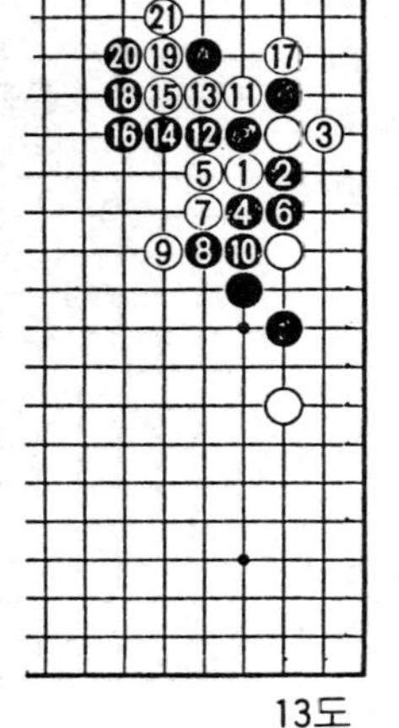

13도

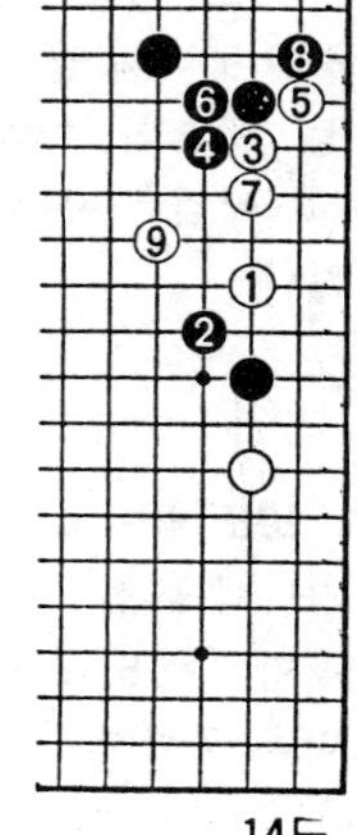

14도

15도 (변화) 백 **1**의 아래쪽 젖힘은 흑 **2**, **4**까지. 백 **5**에서 **7**까지의 선수 다음 **9**의 축. 백**11**까지 모양이다.

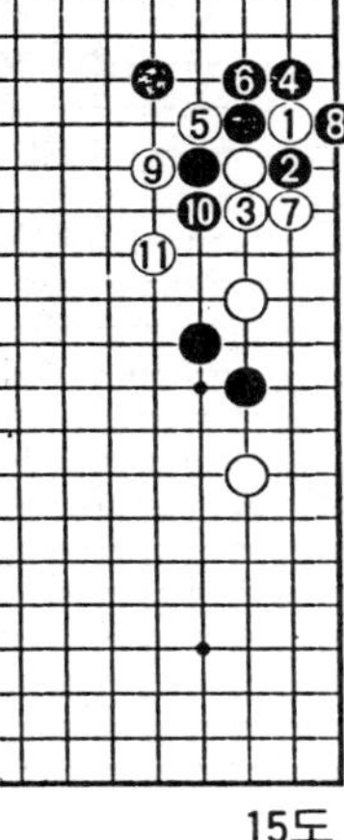
15도

16도 (머리내밀기) 전도의 흑 **8**로 본도 흑 **1**의 올라섬은 백 **2**의 머리내밀기로 응수한다.

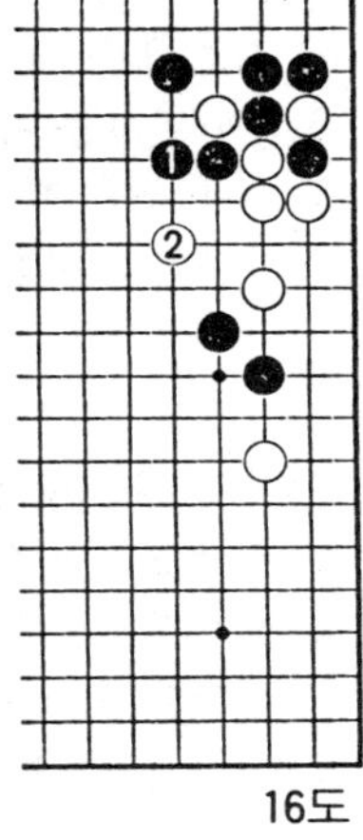
16도

17도 (부딪혀나감) 흑 **4**는 어떤가? 백 **5**, **7**, **9**가 좋은 수순이다. 백**15**까지 돌파하여 나간다. 백**17**까지 일단락.

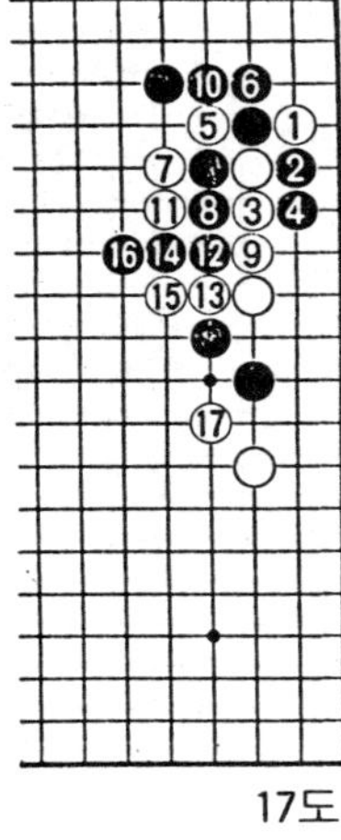
17도

18도 (두텁다) 백 **1**에 흑 **2**는 백 **3**, **5**로 되어 백이 두텁다. 흑 ㉮의 저위는 열세이다.

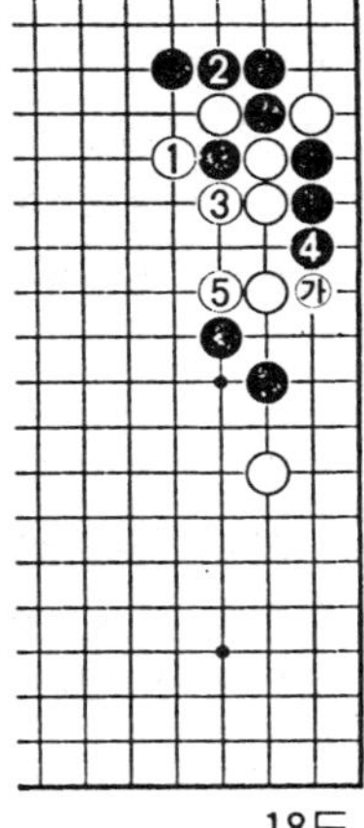

18도

19도(백 좋다) 백 1에 흑 2에서 6까지 우변의 한점을 사석으로 이용하여 백 7, 9로 돌파하여 나간다.

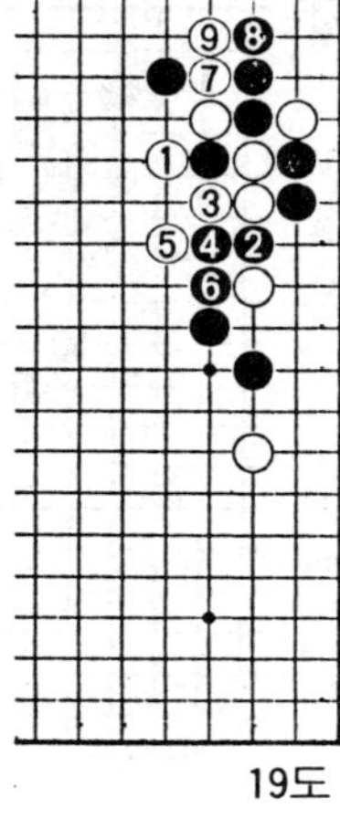
19도

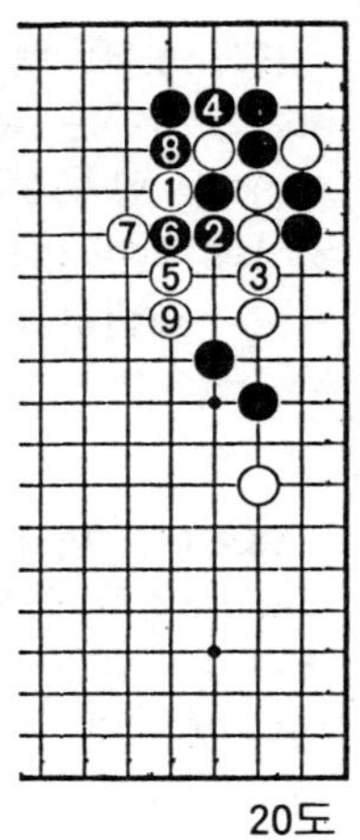
20도

20도(다른 방법) 흑 2에 백 3의 이음, 흑 4에 백 5로 두는 수도 생각할 수 있다. 백 9까지 세력이 흑보다 더 유력하다.

21도(알기 쉽다) 17도의 백 5로는 백 1의 알기쉬운 구부림이 있다. 백 3에 흑 4는 필연. 백 5 이하 13까지.

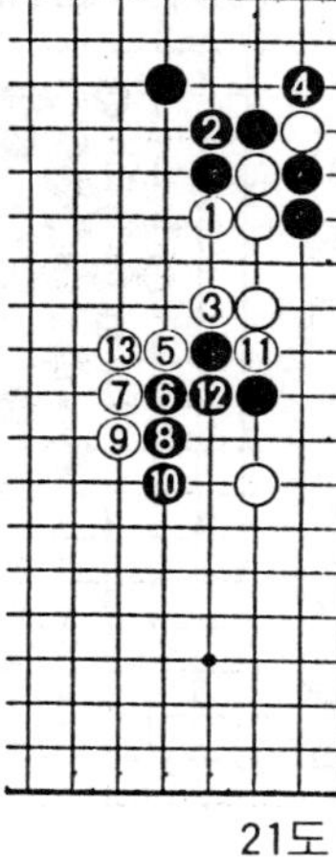
21도

22도(무리) 전도 백 3으로 1로 뻗음은 흑 2의 뻗음이 있어 무리.

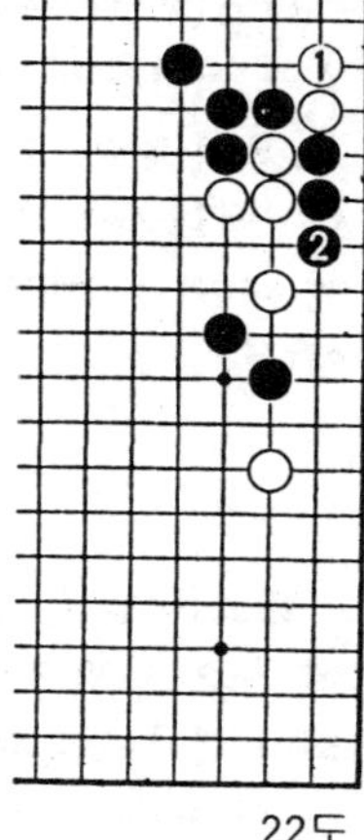
22도

23도(흑 아래젖힘) 백 3 에 흑 4 의 밑을 젖히는 변화도 있다.

24도(변화) 흑 1 의 젖힘에 백 2 의 끊음은 맥이다. 흑 3 에 백 4, 6 으로 돌파하여 나간다.

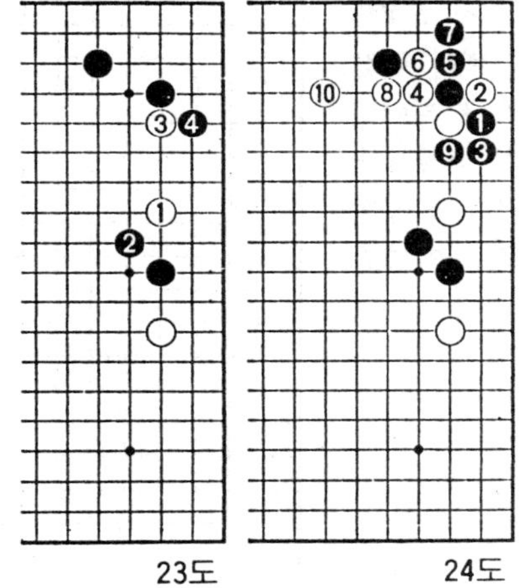

23도 24도

25도(경쾌) 흑 3 의 단수에 백 4, 6 의 선수. 백 8 의 경쾌함이 요령이다.

26도(변화) 흑 2 의 날일자가 있다. 10도와 큰 차이.

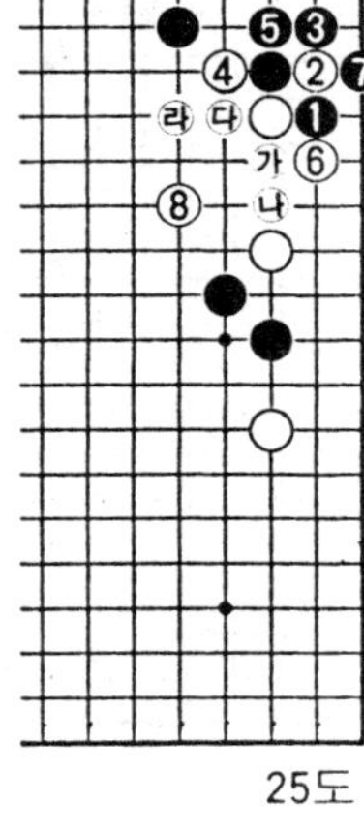

25도

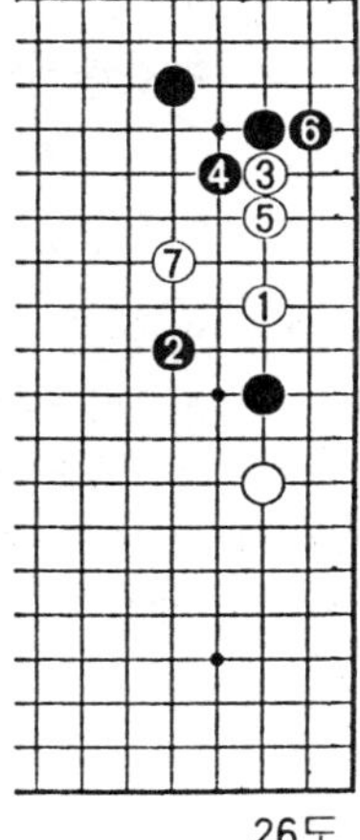

26도

제 3 형

변에 4칸으로 뛰어있는 모양이다. 4칸과 5칸의 차이는?

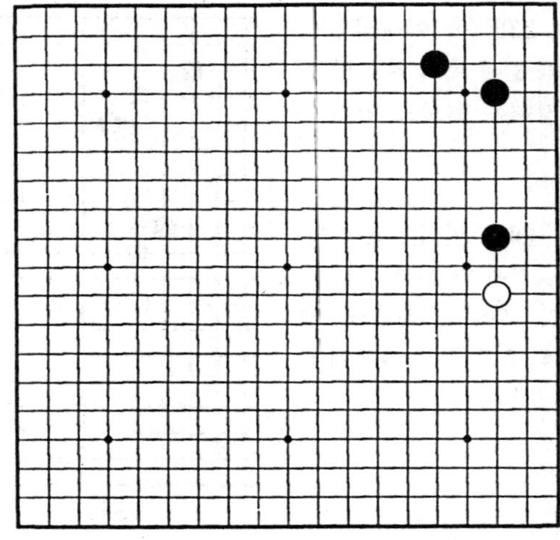

제 3 형

1도(침입) 백 **1**의 침입은 급소가 아니다.

2도(어울림) 흑 **2**의 마늘모, 백 **3**의 붙임에 흑 **4**, 백 **5**가 모양이다. 다음에 흑 ㉮, 백 ㉯가 예상.

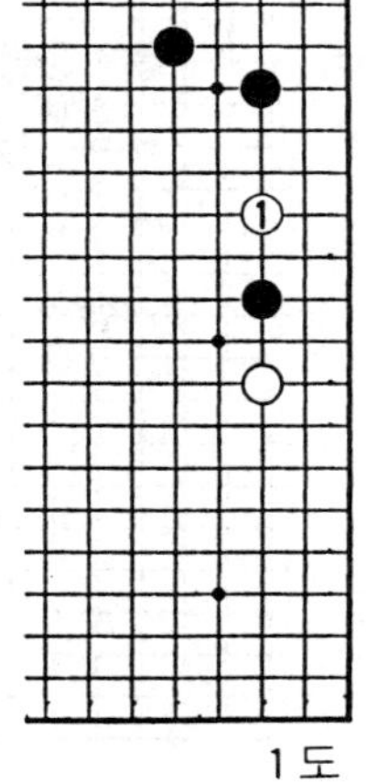

1도

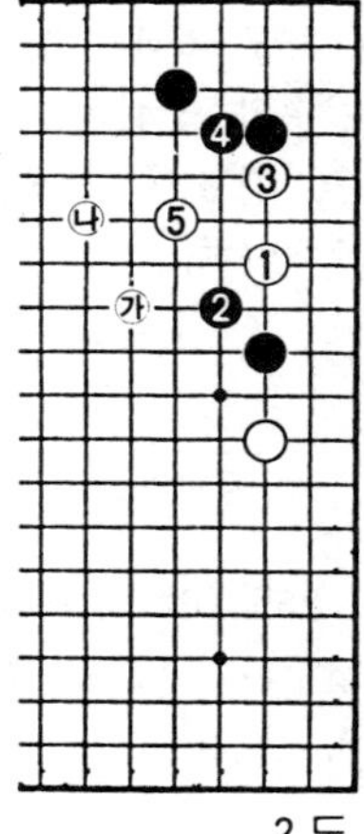

2도

3 도(갈라짐) 흑 **4** 에 백 **5** 의 젖히는 반발이 있다. 이것이 맥으로 흑 **6**, **8** 로 한점을 잡으면 이하 **9** 의 끊음에서 **15**까지 갈라진다.

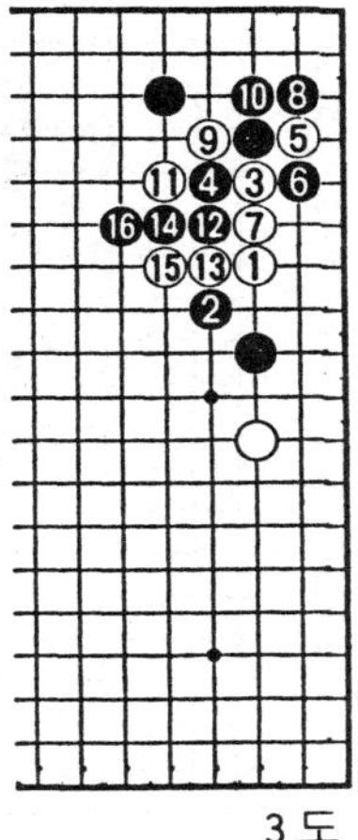

3 도

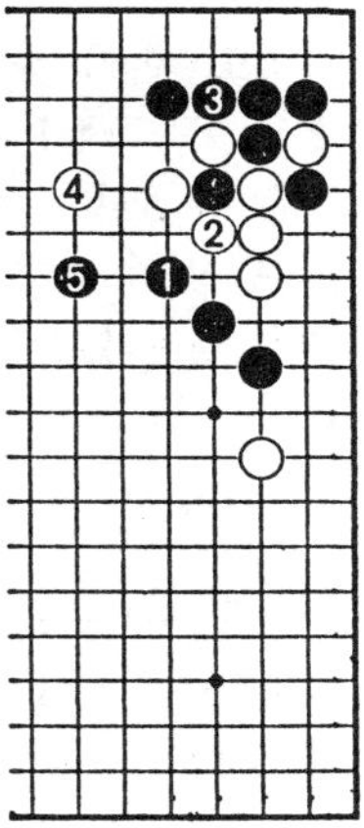

4 도(공격) 전도 흑 **12**로는 흑 **1** 의 마늘모가 있다. 이하 **3**, **5** 로 공격을 한다.

4 도

5 도(도망) 흑 **1** 의 마늘모에 백 **2** 로 응수하는 것은 흑 **3** 다음 **4** 까지—.

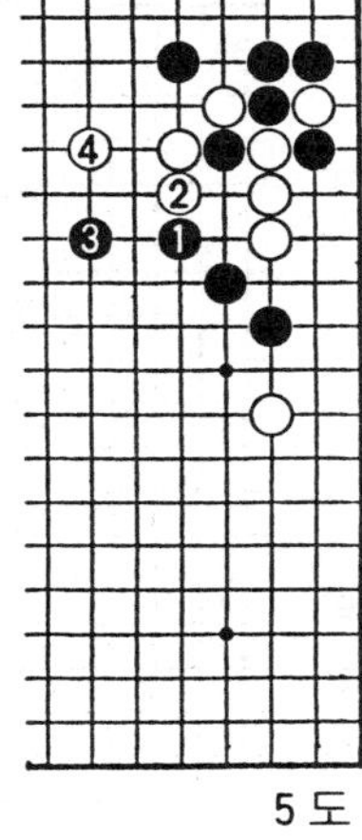

5 도

6 도(패) **3** 도의 흑 **6** 으로 **1** 로 느는 것은 이하 **4** 까지 패.

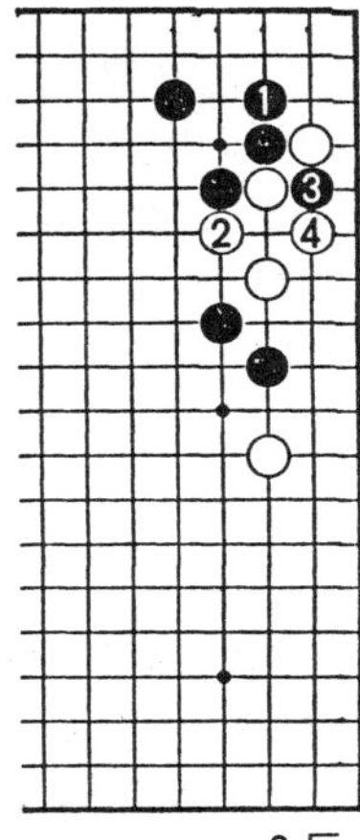

6 도

7 도(외세) 전도 백 2로 본도 백 1의 이음은 흑 2의 봉쇄가 있다. 이하 10까지 외세를 쌓는다. 흑이 좋다.

8 도(뜀) 흑 2로 귀쪽을 두면 백 3의 뜀이 있다.

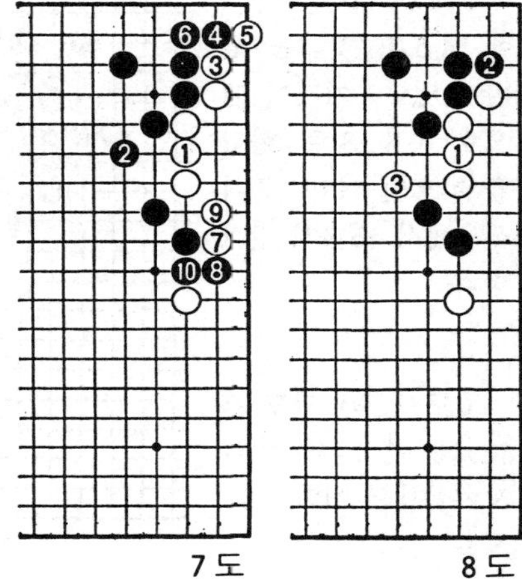

7 도　　8 도

9 도(우형) 백 1의 마늘모엔 흑 2 단수, 백 3엔 흑 4로 단수한다. 백 1, 3이 우형이다.

10도(중앙) 백 1의 뻗음에 흑 2는 이하 2점을 사석으로 하여 백 7까지 중앙에 진출한다.

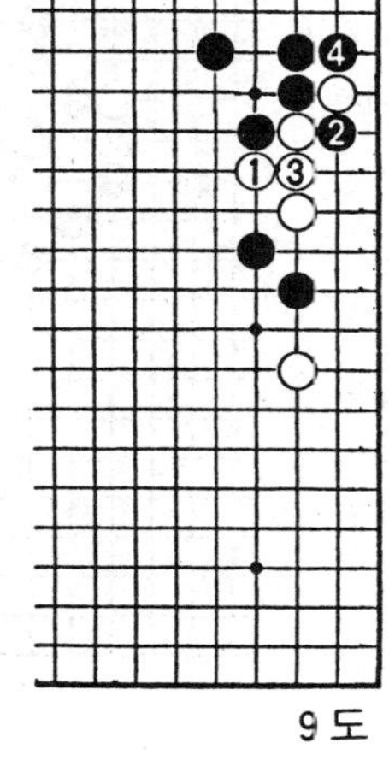

9 도

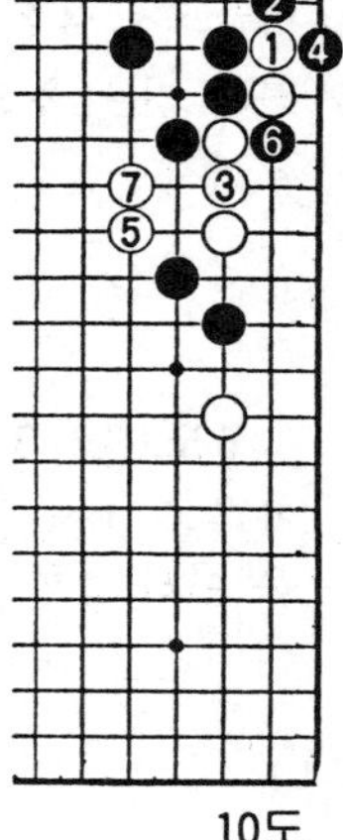

10도

11도(실리) **5**의 젖힘에 흑**6**의 이음이 견실하다. 백은 **7**이하 **13**까지 귀의 실리를 취한다. 흑㉮의 끊음이 약점으로 남는다.

12도(패) 전도 백 **7**로 **1**로 받는 것은 패.

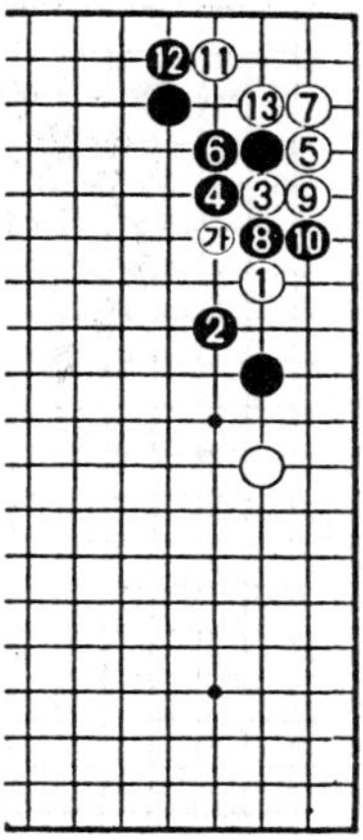

11도

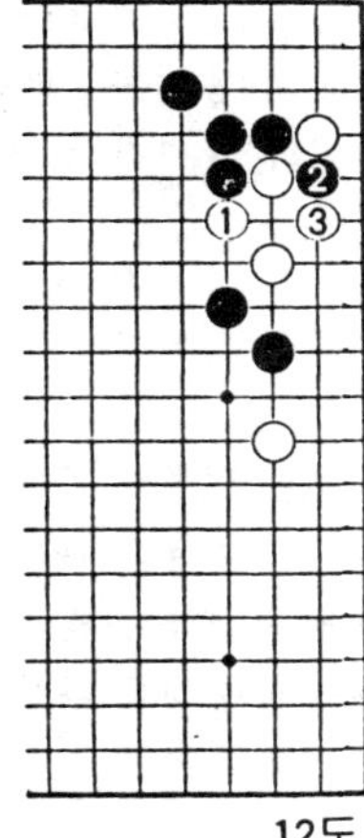

12도

13도(변화) 백 **1**에 흑**2**, 당연히 백은 **3**으로 귀를 나간다. 흑 손해이다.

14도(중앙) 흑**2**의 귀의 수비엔 백은 **3**으로 지킨 다음, **4**의 단수엔 **5**의 곳을 튀어 오른다.

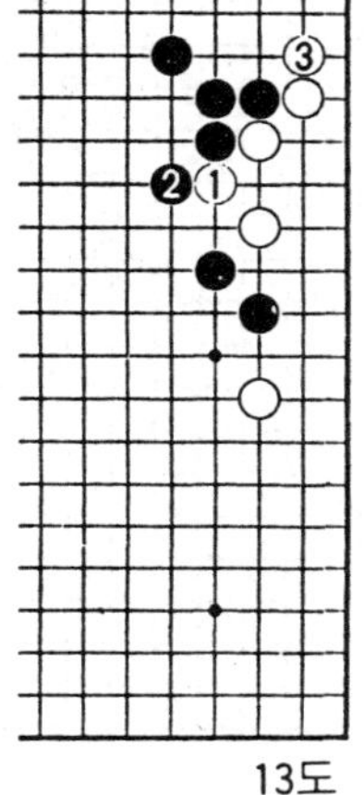

13도

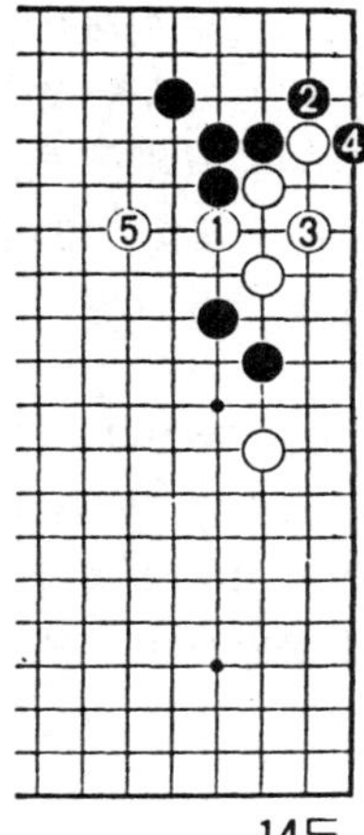

14도

15도 (삶) 백 3 다음 흑 4 의 봉쇄는 백은 5 이하 9 까지 선수로 산다.

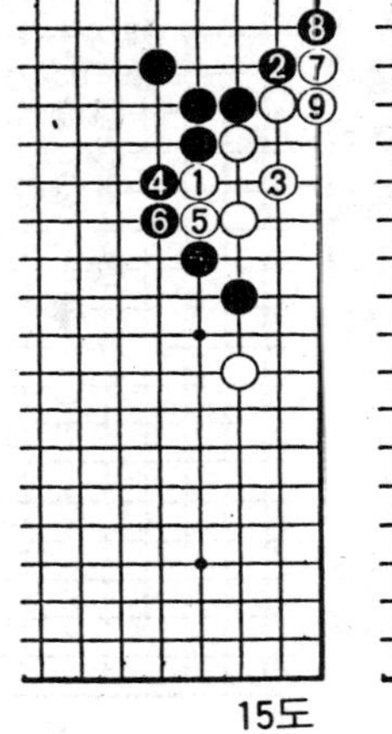

15도

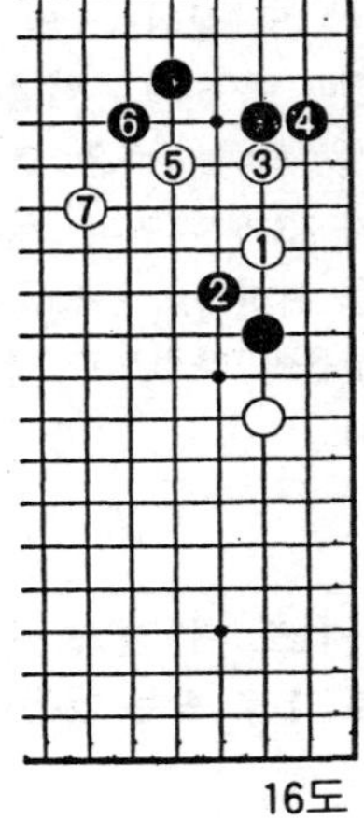

16도

16도 (변화) 백 3 의 붙임에 흑 4 의 내려섬 백 5 에 흑 6 , 백 7 로 가볍게 중앙을 나간다.

17도 (흑 아래젖힘) 흑 4 의 아래쪽 젖힘에 백 5 의 끊음이 맥. 흑 6 에서 백 7 , 9 에서 11, 13까지 모양.

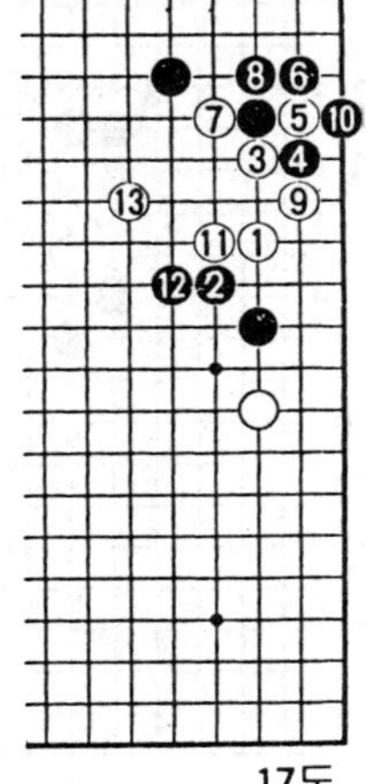

17도

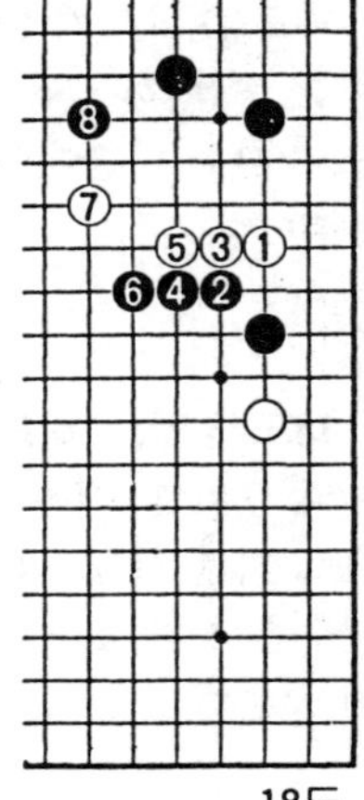

18도

18도 (무겁다) 백 1 은 급소인가? 흑 2 에 백 3 이하 8 까지 백의 불만스런 진행.

제 4 형

다음은 한 칸이 좁은 3 칸 벌림이다. 백의 침입수는?

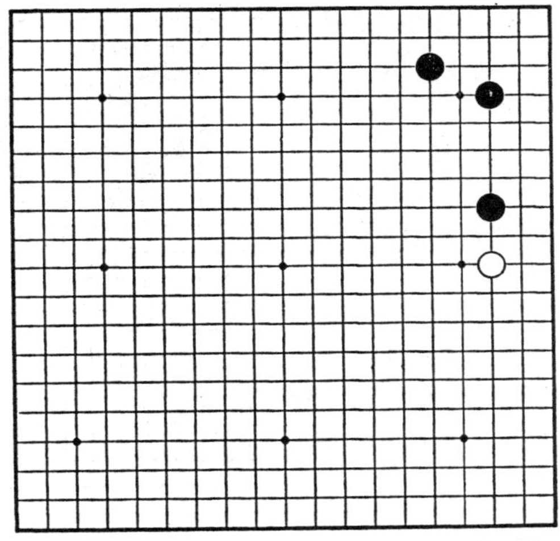

제 4 형

1 도 (침입) 백 1 의 침입에 대해서 생각해 보자.

2 도 (마늘모) 백 1 에 흑 2 의 마늘모, 백도 흑 3 의 마늘모, 흑 4 이하 9 까지 상형이다.

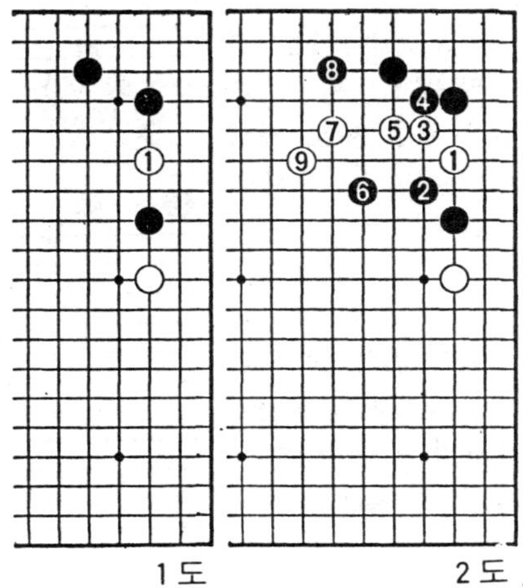

1 도 2 도

3 도 (끊음) 백 **3** 의 나감에서 **5**, **7** 까지 맥점.

백 **9** 하면 흑은 ㉮ 또는 ㉯ 로 응수한다. 백은 장래에 ㉯ 를 노린다.

4 도 (흑의 싸움) 백의 마늘모에 대한 흑 **4** 의 싸움에 대해 살펴보자.

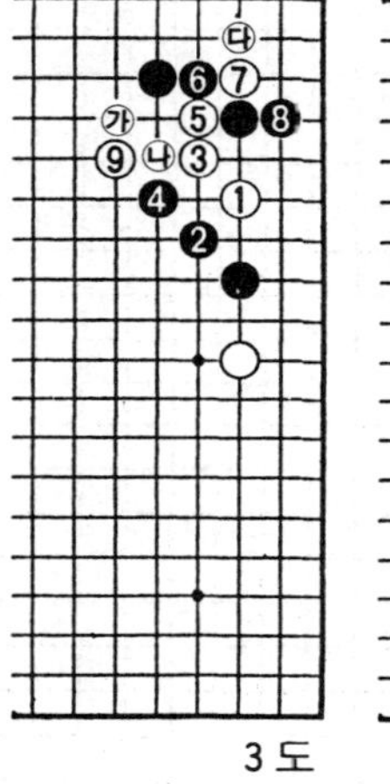

3 도

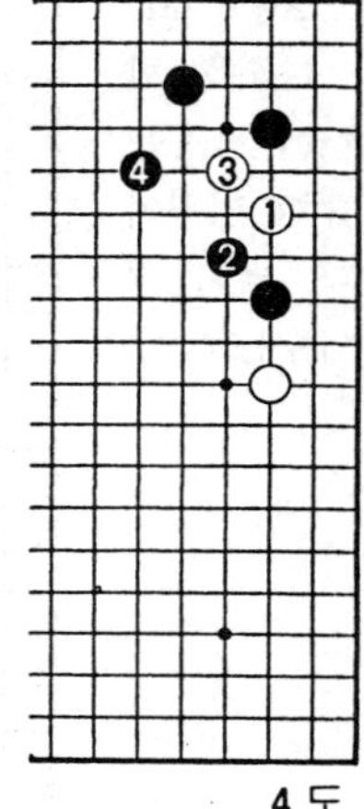

4 도

5 도 (젖혀 끊음) 전도의 백 **1**, 흑 **2** 소환 다음 백 **3**, **5** 로 젖혀 나가는 것이 맥이다. 다음에 —.

6 도 (파괴) 백 **3** 에서 **5** 의 젖혀 끊음, **15** 까지 흑의 포위망을 파괴하여 탈출한다.

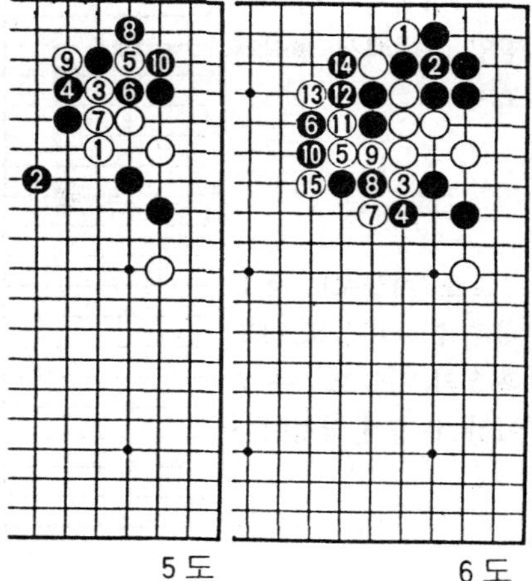

5 도 6 도

7 도(끊음) 여기서 흑 **2** 로 끊으면 백 **3** 으로 잇고, **11**까지의 진행으로 산다.

8 도(무겁다) 백 **3** 의 올라섬은 무거운 수다. 백**17**에 흑**18**까지 외세가 두텁다.

7 도

8 도

9 도(기합) 전도의 흑**12**로 흑 **1**에 두면 이것은 때려낸 돌의 위력이 크다.

10도(변화) **8** 도의 백 **5** 에서 본도의 **5** 로 젖혀나간다.

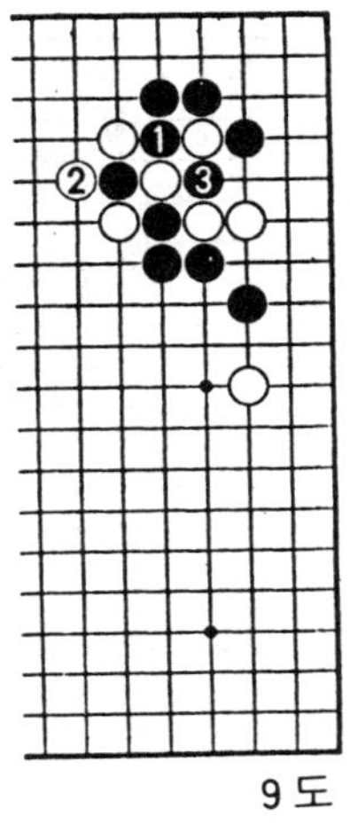

9 도

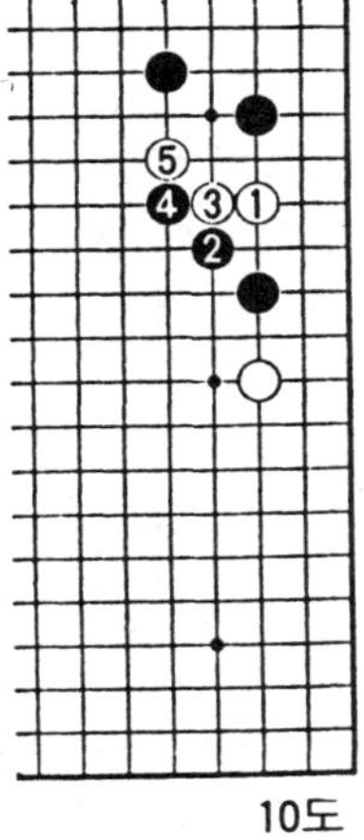

10도

11도 (두터움) 전도 다음에 흑은 1의 2단젖힘의 맥이다. 백 2에서 10으로 나가면 흑의 외세가 두텁다.

12도 (맞) 흑 5의 맞끊음에서 이하 8까지 흑은 9도가 불만이다.

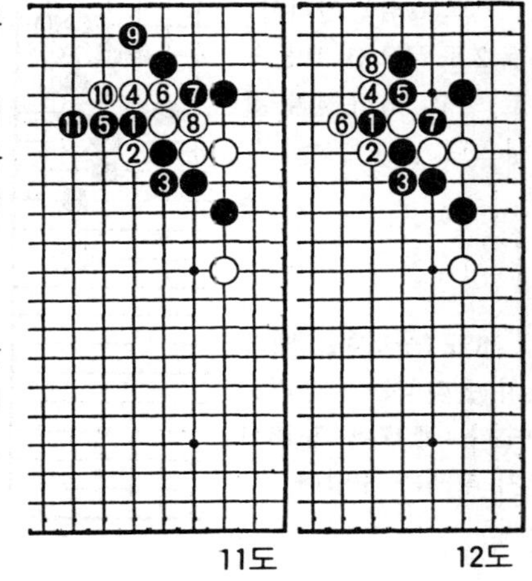

11도 12도

13도 (무겁다) 백 2, 4는 각각이 나쁘다. 흑 5의 마늘모에 백 6의 붙임, 흑 7 이하 13까지 백은 무거운 모양이다.

14도 (건넘) 흑 5의 빈삼각은 강수. 백 6의 내려섬에서 백 8, 10, 12로 건너간다. 이것은 백의 위치가 저위여서 흑이 좋다.

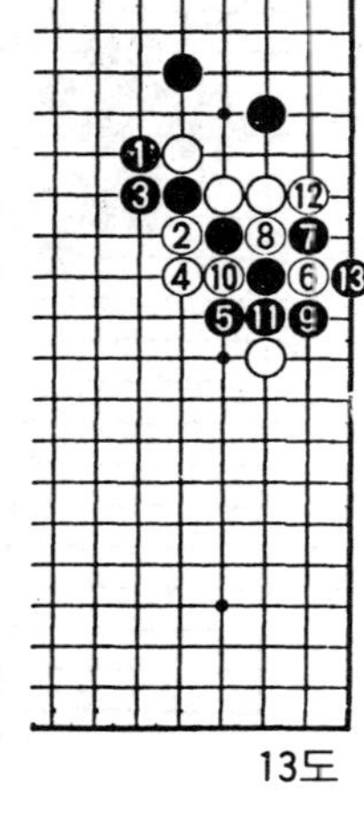

13도

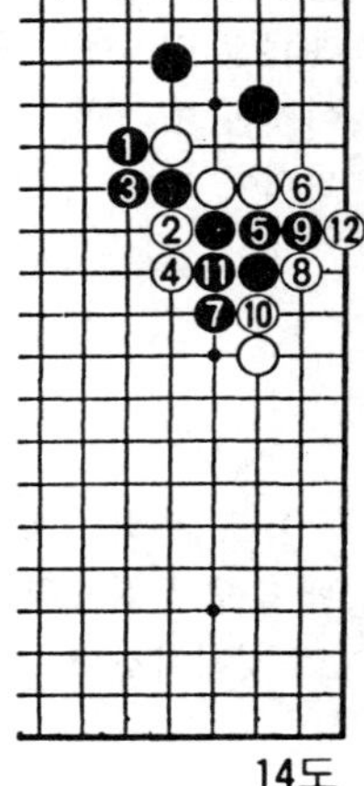

14도

15도 (삶) 흑 1 의 끊음이 있다. 백 2 의 내려섬에 흑 3 이하 10 까지. 이것은 흑이 좋다.

16도 (변화) 백 1 (8 도 백 5), 흑 2 의 끼움에 대하여 백 3 에서 이하 9 까지.

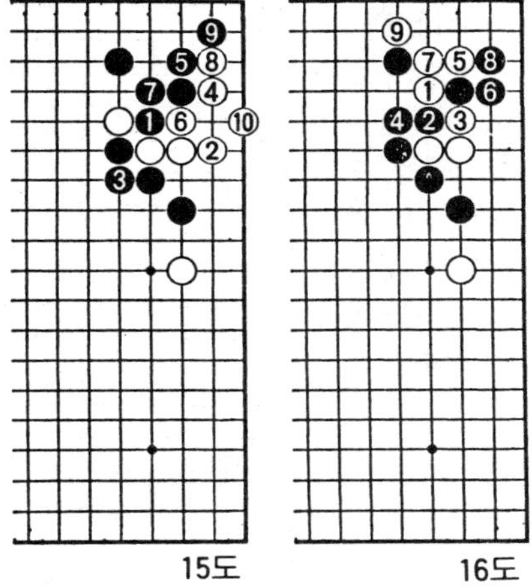

15도　16도

17도 (두터움) 전도 백 7 로 백 1은 좋지 않다. 백 3 에서 7 로 건너서 13까지. 백 15로 살고 흑이 두텁다.

18도 (패) 전도 백 15 를 손빼면 흑 1 의 들여다봄이 있다. 이하 5 까지 패의 수단이 있다.

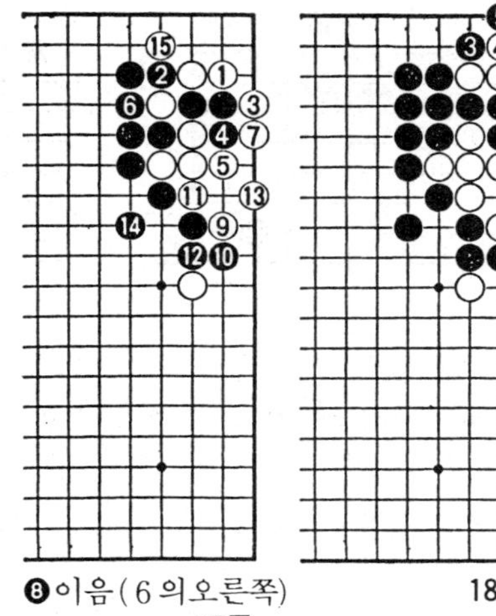

❽ 이음 (6 의 오른쪽)
17도

18도

제 5 형

소목 날일자 굳힘에 양날개를 전개한 형이다. 흑의 이상형이다. 가볍게 침입하여야 한다.

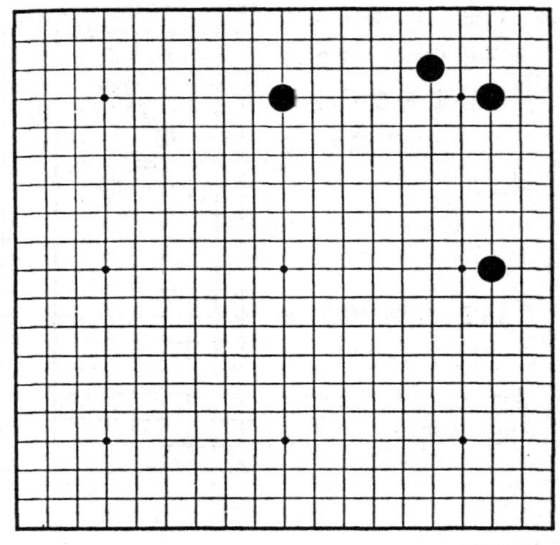

제 5 형

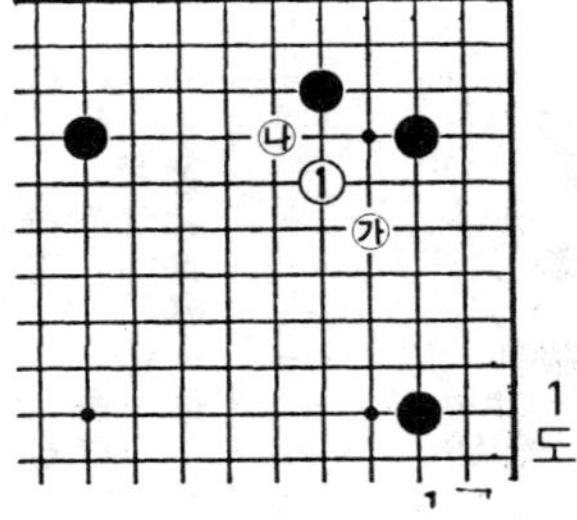

1 도

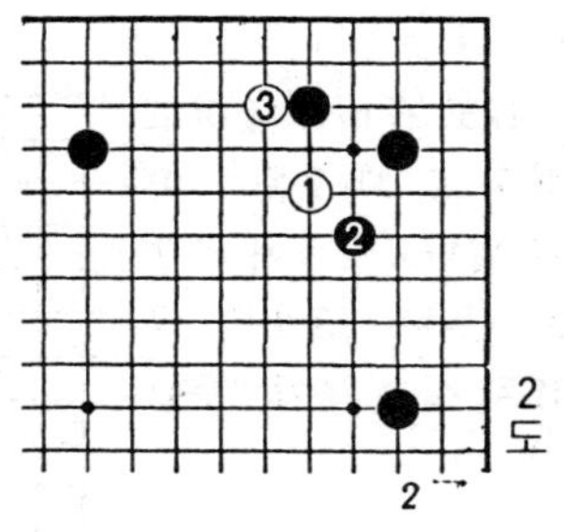

2 도

1 도(응수타진) 백 1 은 소목 날일자 큰힘의 침입의 급소. 반대로 흑이 이곳에 두면 모양이다. 백 1 에 대하여는 흑은 ㉮의 날일자, ㉯의 마늘모가 기본적인 응수이다.

2 도 (상용) 흑 2 는 우변의 집을 확보하기 위한 수. 백 3 이 상용의 붙임.

여기서 흑이 단순히 백을 포위하려고 하는 것은 무리이다.

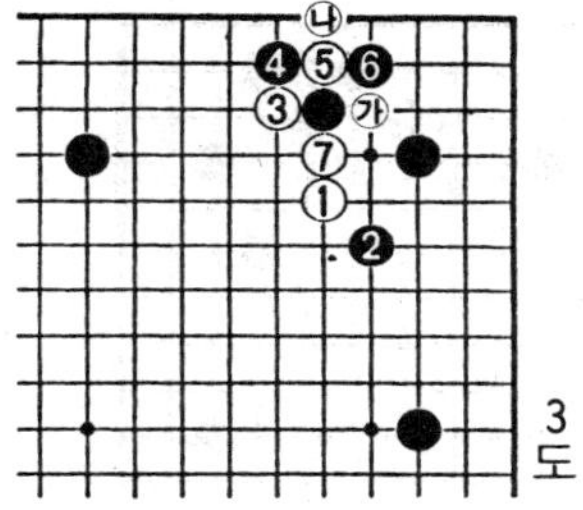

3 도

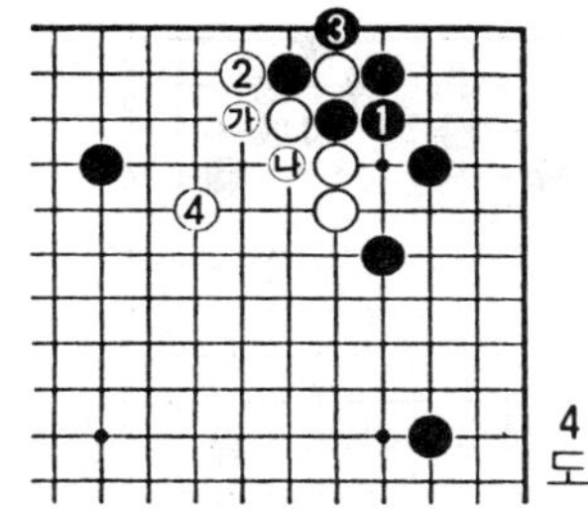

4 도

3 도 (맞끊음) 흑 **4** 의 젖힘에 백 **5** 의 맞끊음은 **3** 의 붙임에 관련된 맥이다. 백 **7** 다음 흑은 ㉮와 ㉯의 곳을 응수한다.

4 도 (경쾌) 흑 **1** 로 이으면 백 **2** 를 선수로 하여 **3** 을 응수시키고 가볍게 **4** 의 곳을 둔다. 백의 모양은 ㉮, ㉯의 곳에 끊음이 있다.

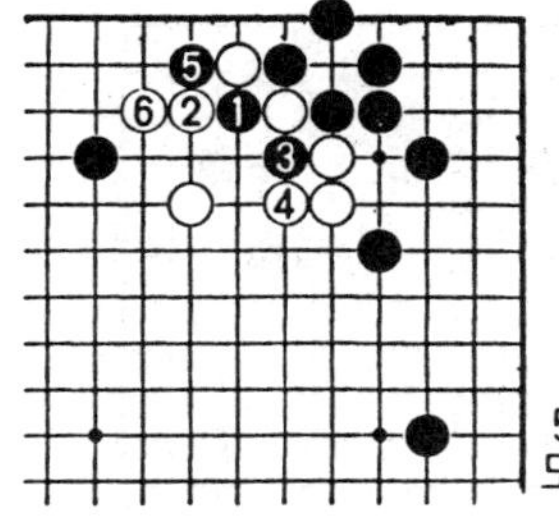

5 도

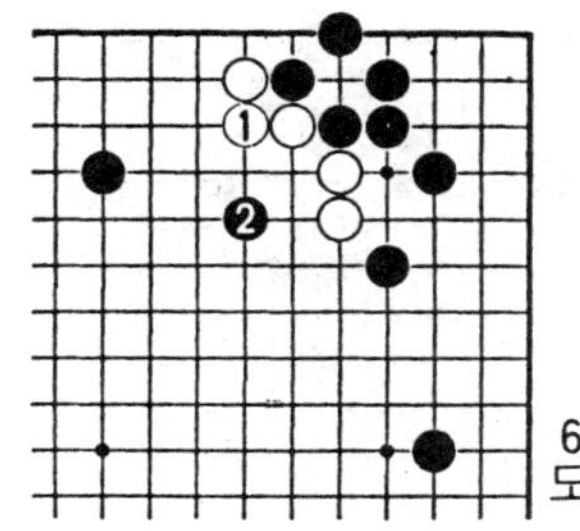

6 도

5 도 (두텁다) 흑 **1** 의 끊음에 백 **2** 의 단수, 흑 **3** 의 한점을 따내면 백 **4** , 흑 **5** , 백 **6** 의 뻗음에 중앙이 두텁지 못하다.

6 도 (무겁다) **4** 도의 백 **4** 로 가볍게 이어 두는 것을 잊어버리면 백 **1** 의 이음은 무거운 수가 된다. 흑 **2** 로 급소에 찔러두면, 백은 결국 도망하기가 용이하지 않게 된다.

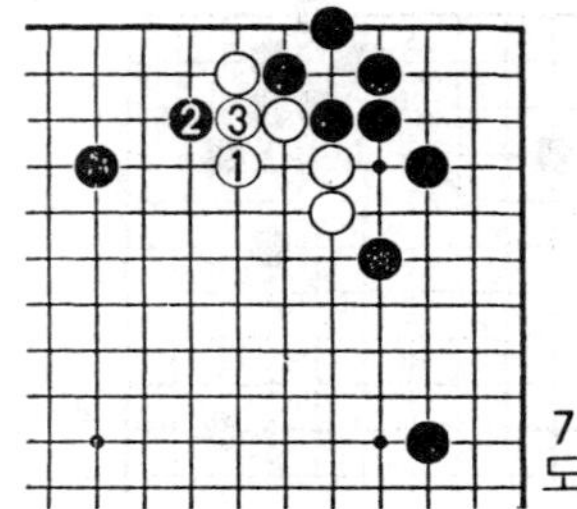

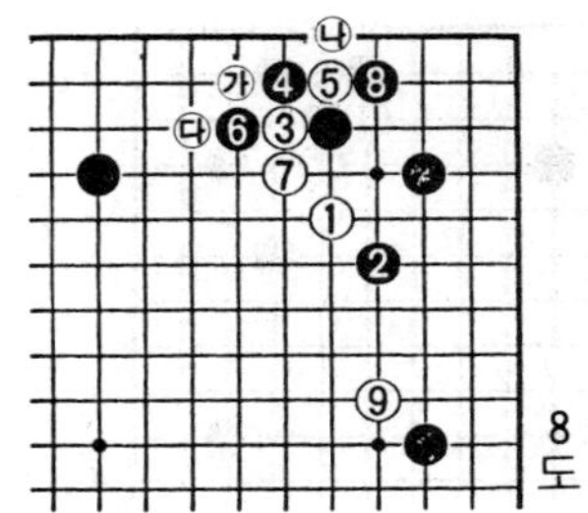

7도 (둔하다) 백 **1**의 호구는 돌을 무겁게 만든다. 흑 **2**의 들여다봄이 백돌을 둔하게 한다.

8도 (강수) 흑 **6**의 껴붙임이 강수. **8**로 한점을 취한다. 다음에 백 ㉮는 흑 ㉯로 딸 경우 백 ㉰의 축이 성립하지 않는다. 다음에 백 **9**로 우변을 둔다.

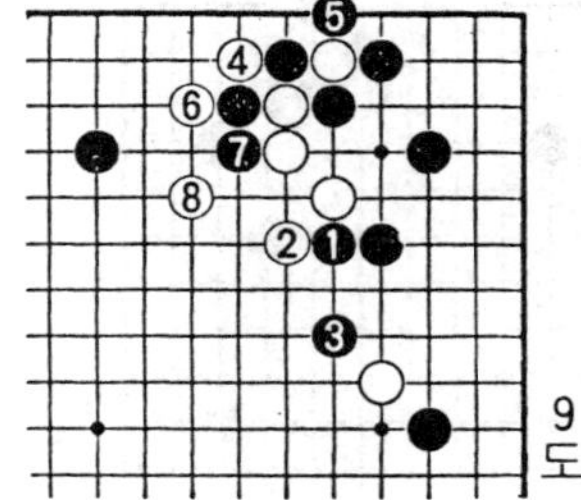

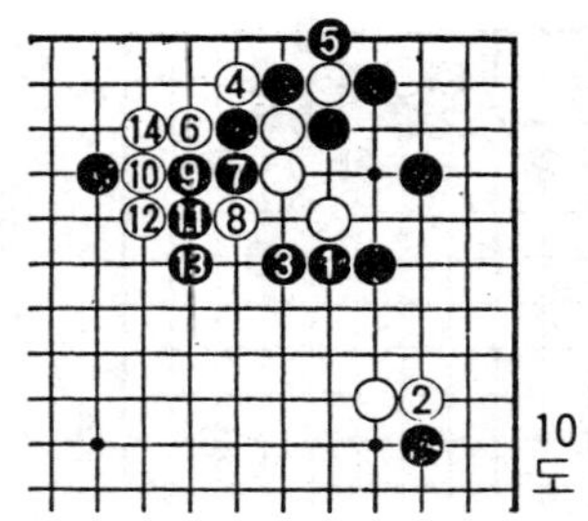

9도 (씌움) 전도 다음에 흑 **1**, **3**으로 머리를 내미는 것은 백 **4**의 끊음에서 흑 **5**의 따냄, 그러면 백 **6**의 단수, 흑 **7**로 피해 나가면 백 **8**의 씌움이 있다.

10도 (상황) 주위의 상황에 따라 백 **2**의 내려섬은 흑 **3**의 뻗음, 백 **4**, 흑 **5**의 선수. 다음 백 **6**으로 단수를 하는 맛이 있다. 흑 **7**로 나가는 것은 **14**까지 되어 흑집이 크다.

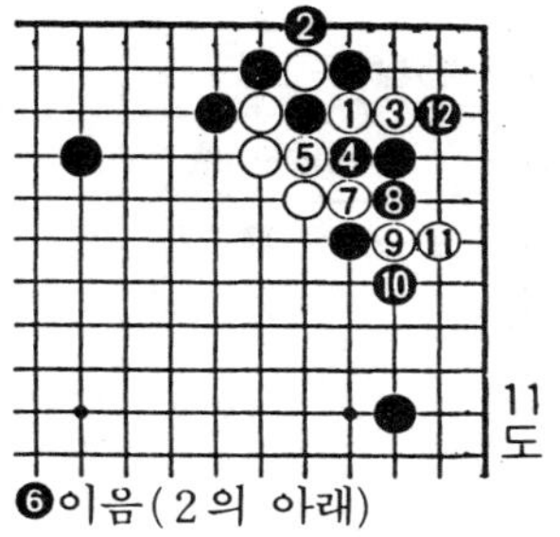
11도

❻이음(2의 아래)

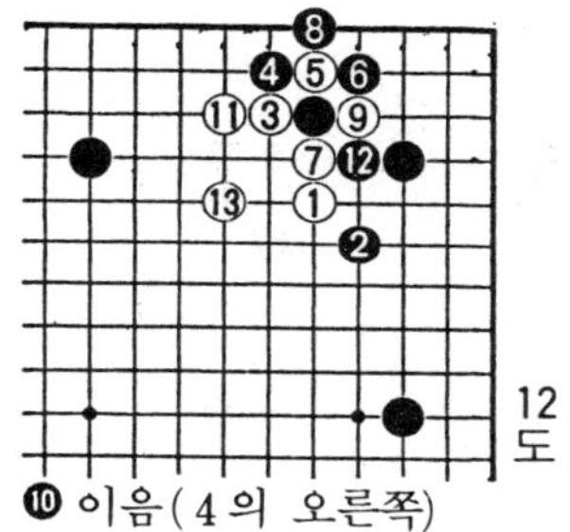
12도

❿ 이음(4의 오른쪽)

11도 (무리) **8**도 백 **9**로 백 **1**의 안쪽 끊음은 무리이다. 흑 **4**로 차단. 백 **7**, 흑 **8**, 백 **9**의 끊음에 흑**10**의 선수 다음 **12**로 귀를 잡는다. 백은 **4**분 **5**열의 상태.

12도 (변화) 백 **7**에 흑 **8**로 두는 것은 백 **9**의 단수. 다음 **11**로 뻗으면 **12**로 부딪힘이 정수다. **13**까지 정형.

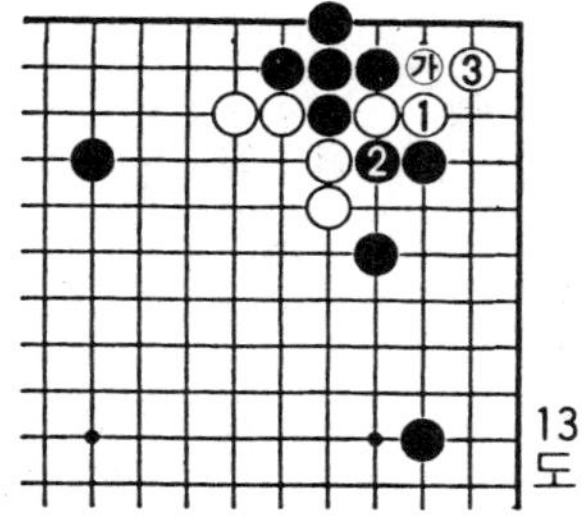
13도

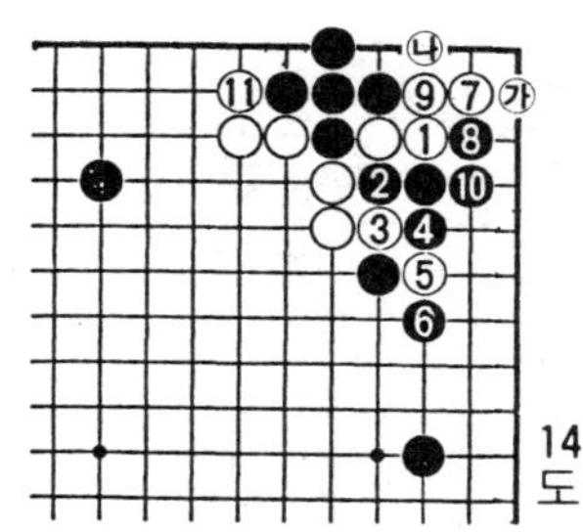
14도

13도 (탄력성) 전도 흑**12**의 수를 소홀히 하면 백 **1**의 느는 수가 있다. 흑 **2**의 끊음엔 백 **3**의 마늘모가 탄력성이 있다. 백 **3**으로 ㉮는 흑이 **3**의 곳에 붙이는 맥이 있다.

14도 (패의 맛) 백 **1**, 흑 **2**에는 백 **3**, **5**의 끊음. 다음에 **7**의 마늘모가 유력하다. 흑 **8**에 이하 **11**까지. 흑 ㉮는 백 ㉯로 패가 날자리.

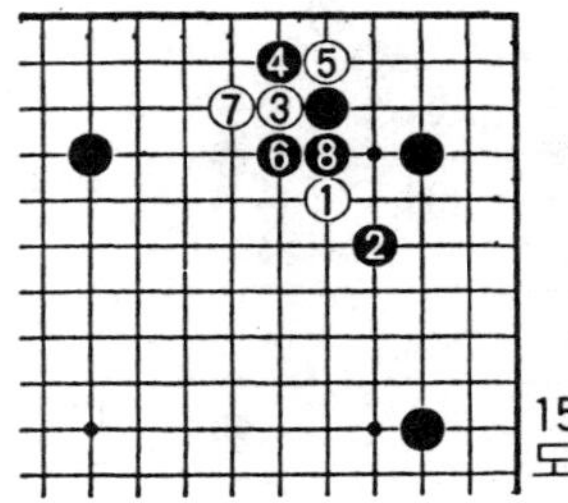

15도

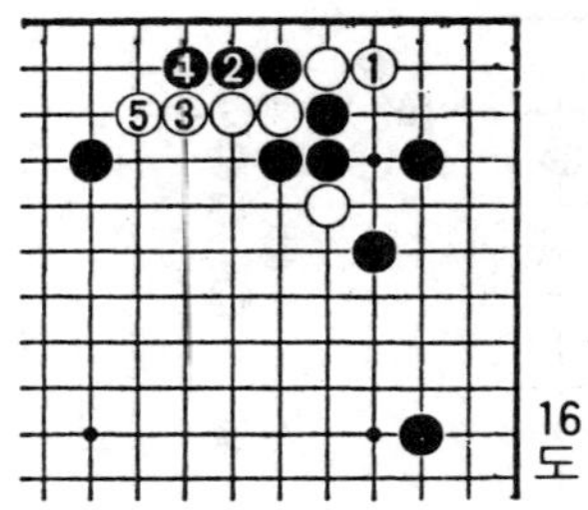

16도

15도 (흑변화) 백 5 의 끊음에 대하여 흑 6 으로 상변을 젖히는 것은 중앙이 두터워져서 좋다. 백 7 뻗음은 흑 8 의 이음. 흑의 변화이다.

16도 (황량) 전도 다음, 백 1의 뻗음에 흑은 2 로 나가면 백 3, 5 로 나간다.

결국 백 1 의 뻗음은 귀의 흑집을 황량하게 만든다.

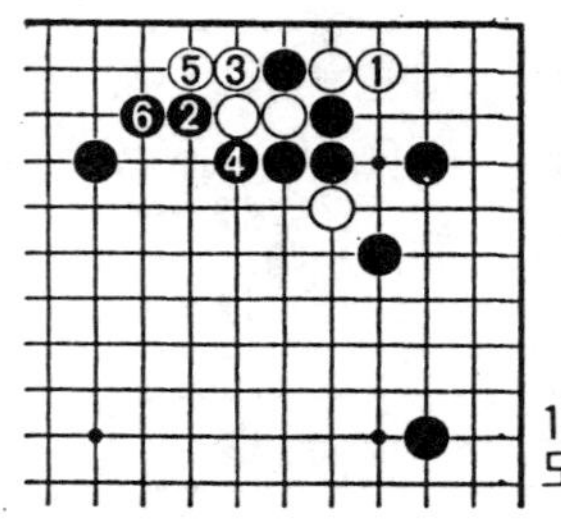

17도

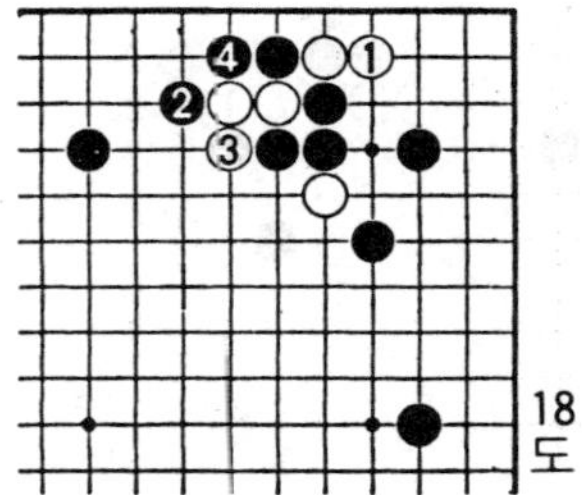

18도

17도 (코붙임) 백 1 뻗음에 흑 2 의 코붙임이 맥이다. 백 3 으로 한점을 잡으면 흑 4 로 상변을 누른다. 백 5, 흑 6 까지. 이것은 코붙임의 외길이다.

18도 (무리) 흑 2 의 코붙임에 대하여 백 3 으로 구부려 두어 윗쪽 중앙으로 나오는 것은 무리한 방법이다. 흑은 4 로 건너가게 된다. 백은 근거를 확보하기 위하여 고전하지 않으면 안된다.

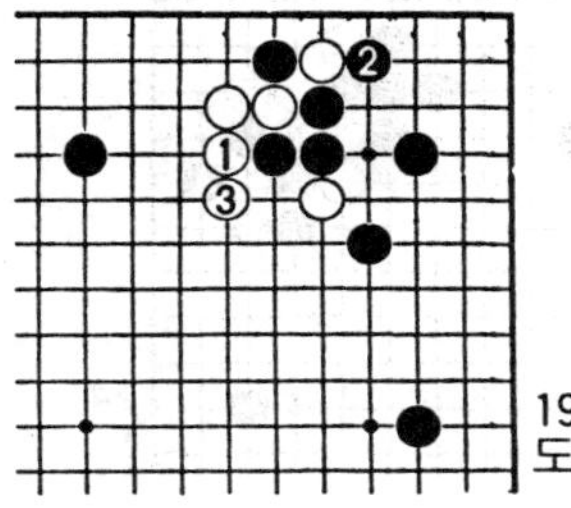

19도

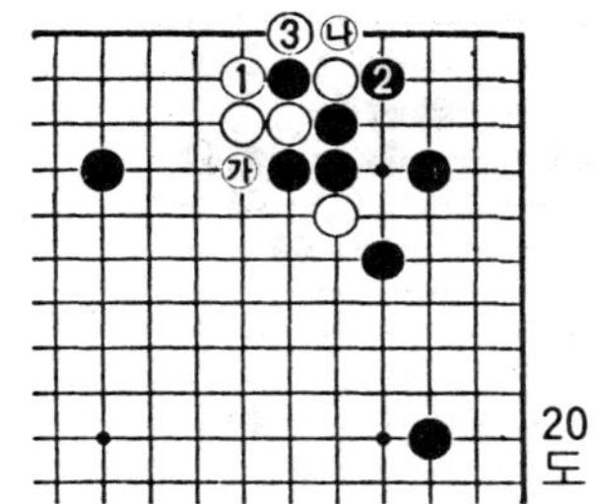

20도

19도 (변화) 백 **1** 로 구부려서 나오는 수도 있다. 흑 **2** 로 한 점을 잡는 것은 백 **3** 으로 나온다.

20도 (불만) **16도** 백 **1** 의 단수는 복잡한 변화를 피한 알기 쉬운 수다. 흑 **2** 는 큰 수다. 백 **3** 으로 사는 모양이다. 이것은 백의 불만이다.

이러한 불만을 없애기 위해서는 어떻게 두어야 할까?

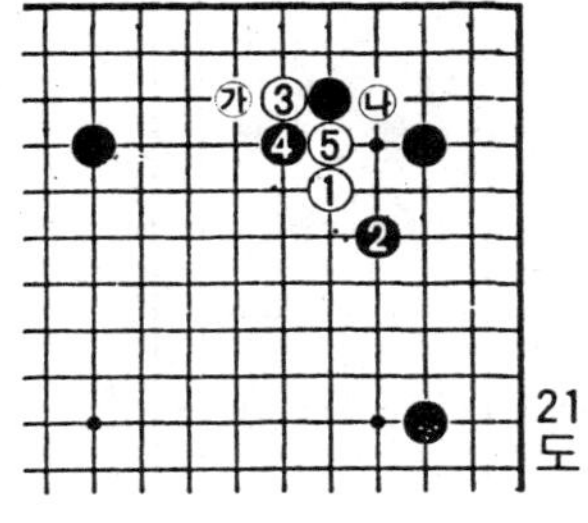

21도

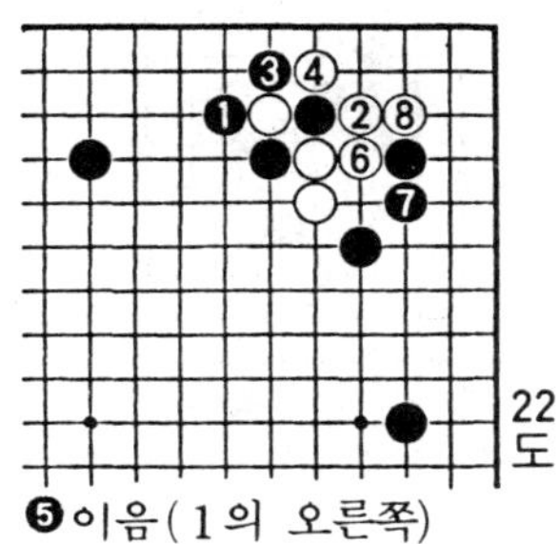

22도

❺이음(1의 오른쪽)

21도 (흑 젖혀나감) 백 **3** 의 붙임에 대해 흑 **4** 의 위쪽을 젖혀나감은 실전적이다. 백 **5** 의 끊음은 기세. 흑은 ㉮의 단수나 ㉯의 뻗음이 있다.

22도 (강수) 흑 **1** 은 강수. 백 **8** 까지 패의 대변화는 위험하다. 백 **8** 로 흑은 귀의 눈모양을 빼앗기고, 중앙의 진출을 막기에 급급해진다.

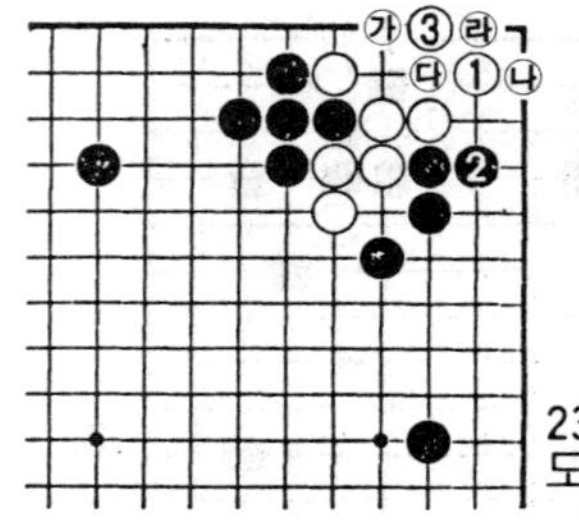

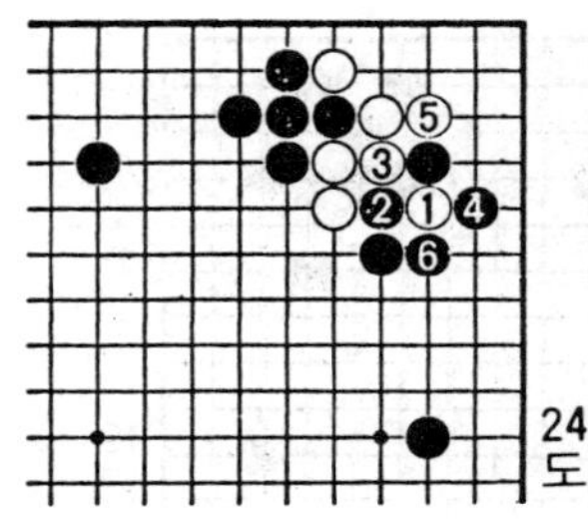

23도 (눈모양) 이 모양은 백 1 의 곳이 눈모양의 급소이다. 흑 2 의 내려섬 다음 백 3 의 마늘모. 이것은 사는 모양. 백 3 으로 ㉮는 흑㉯, 백㉰, 흑㉱까지 패를 피할 수 없다.

24도 (견고함) 22도의 백 6 의 이음에는 백 1 의 붙임. 백 3 이 수순이다. 흑 4 에서 6 으로 따내면 흑이 단단한 모양이다. 백 1 은 손해수다.

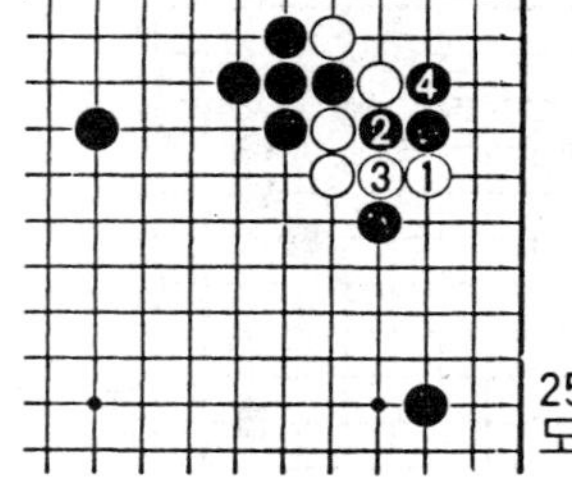

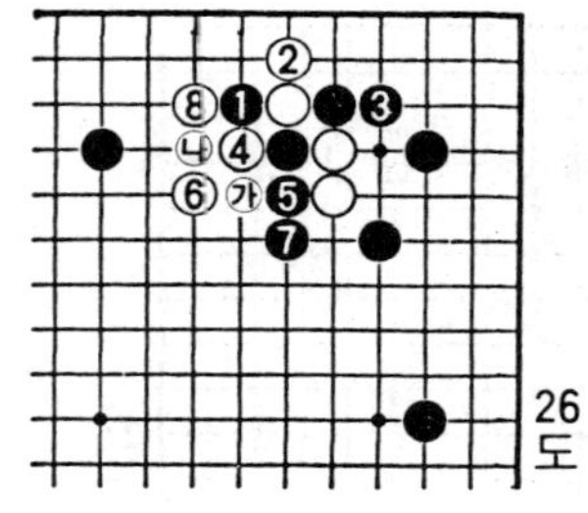

25도 (나쁘다) 백 1 붙임에 흑 2, 4 로 알기쉽게 귀를 잡는다. 흑은 백 4 점을 공격한다.

26도 (두텁다) 흑 1 단수에 백 2 로 내리는 수가 있다. 이하 8 까지, 흑 모양이 두터워 보인다. 백 6 으로 8 은 흑㉮, 백㉯가 된다.

여기서 흑은 3 으로 끌어두는 것이 좋은 수이다.

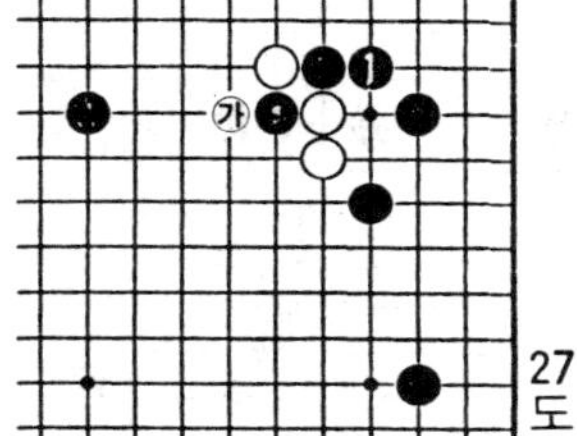

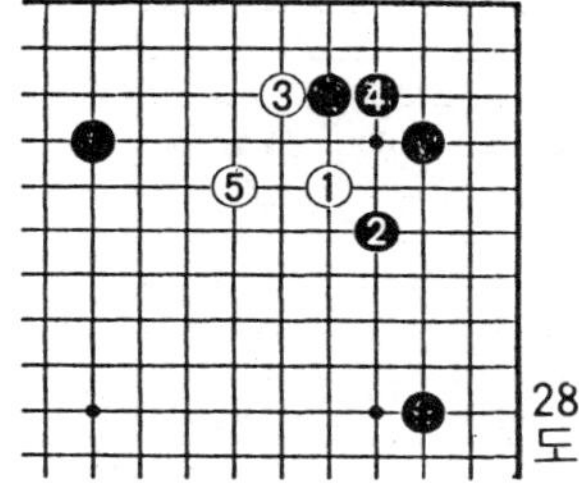

27도 (축관계) 흑 **1** 로 단순히 느는 것은 축관계이다. 백 ㉮ 로 단수하여 축.

28도 (경쾌) 백 **3** 의 붙임에 흑 **4** 의 뻗음은 백 **5** 의 곳에 두어 경쾌한 모양이다.

백이 중앙으로 진출을 시도한 모양이다.

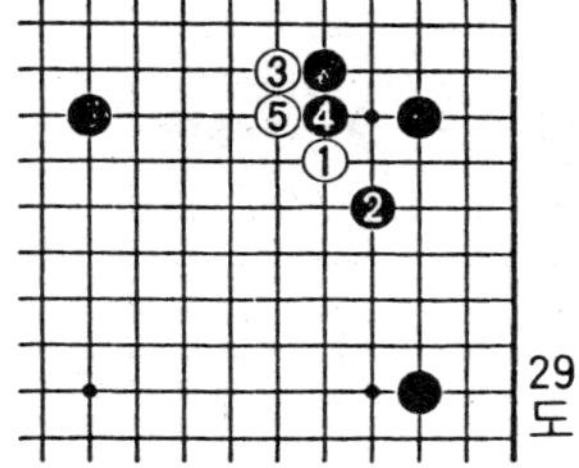

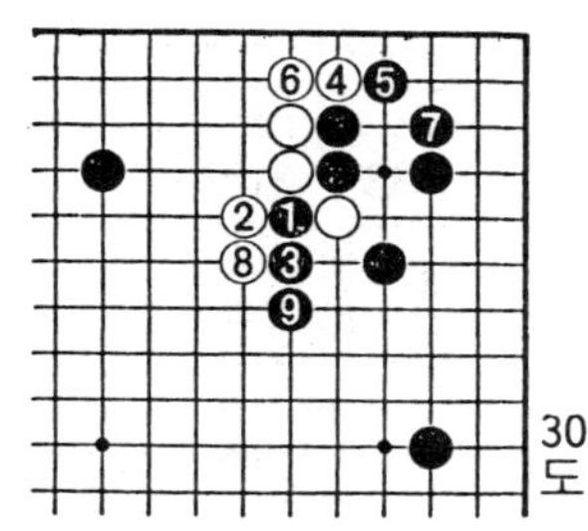

29도 (변화) 흑 **4** 로 올라서는 수는 맥이 나쁘다.
백 **5** 의 막음이 강수다. 다음 흑이 두는 곳은 뻔하다.

30도 (갈림) 다음에 흑 **1** 의 끊음은 백 **8** 까지 두터운 모양.
흑은 오른쪽 변을 넓게 확장하자는 방침이지만, 백도 가만히 보고만 있지는 않는다. 백은 흑의 오른쪽 변에 대해 왼쪽 상변을 두텁게 확보한다.

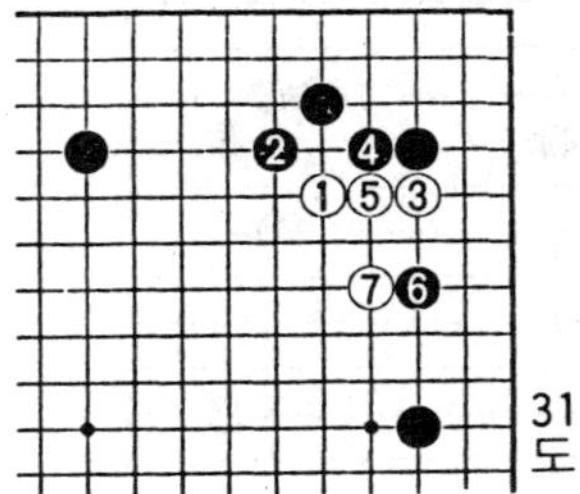

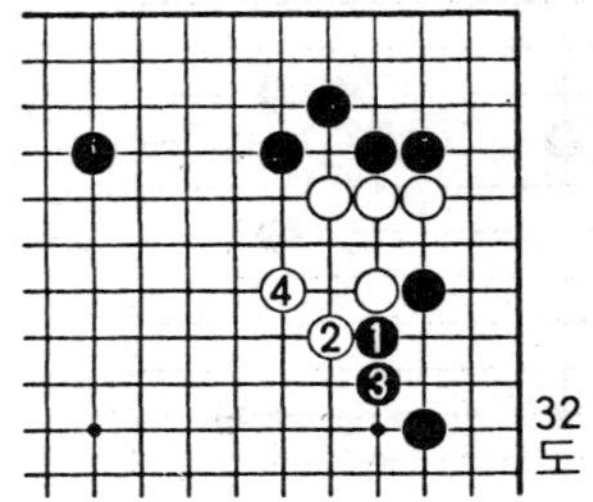

31도 (흑 마늘모) 백 **1** 의 모자에 흑 **2** 의 마늘모는 상변을 견고히 지키는 수.

백 **3** 의 붙임에 흑 **4** 의 올라섬. 백 **5** 의 이음 다음에 흑 **6** 에는 백 **7** 의 붙임이 있다.

32도 (갈림) 전도의 다음에 흑 **1** 에 백 **2** 는 이하 **4** 까지. 성공의 국면.

흑 모양 중에서, 이와같이 땅을 제한하고 있으면 성공한다.

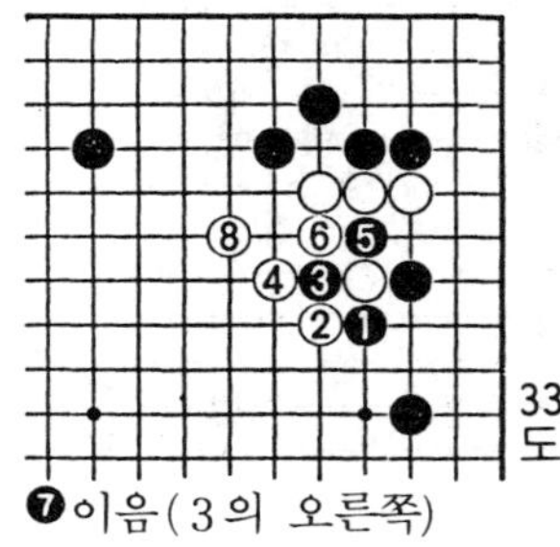

❼이음(3의 오른쪽)

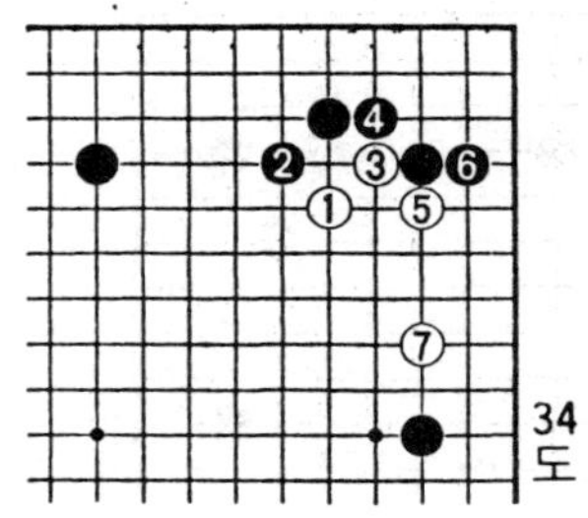

33도 (반발) 백 **2** 에 흑 **3**, 백 **4** 로 반발하는 수가 있다. 흑 **7** 의 때림에 백 **8** 까지 된다.

34도 (모양) 백 **3**, **5** 로 경쾌하게 둔다. 흑 **6** 의 내려서는 점이 요점이다. 백 **7** 까지 모양이다.

여기에서는 흑 **6** 의 내려서는 일착이 아주 큰 수였다. 결국 백은 도망가지 않을 수 없게 된 것이다.

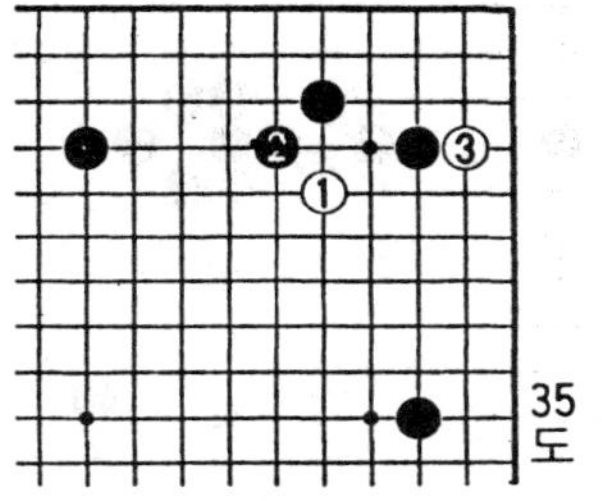

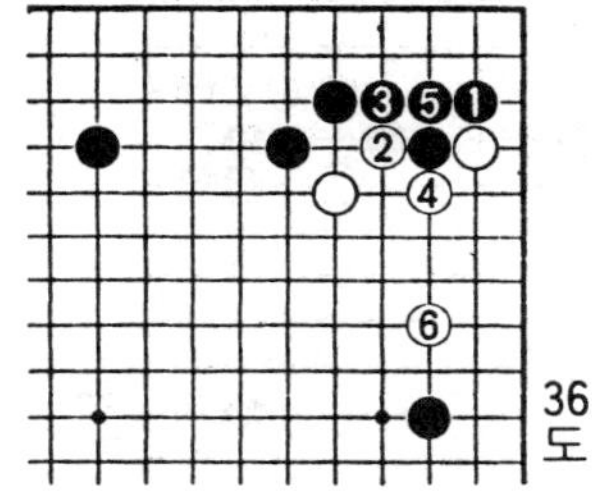

35도 (백 아래붙임) 백 **1** 의 모자에 흑 **2** 의 마늘모는 백 **3** 의 아래쪽 붙임이 있다. 흑의 응수는 어떨까?

차분하게 심사숙고해 보기 바란다.

36도 (선수) 전도 다음에 흑이 **1** 로 응수하면 백은 **2**, **4** 다음 **6** 까지 된다. 이것은 백의 주문이다. 흑의 반격이 있다.

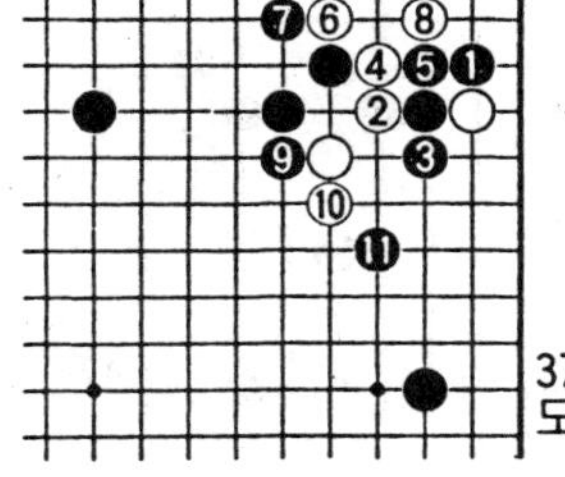

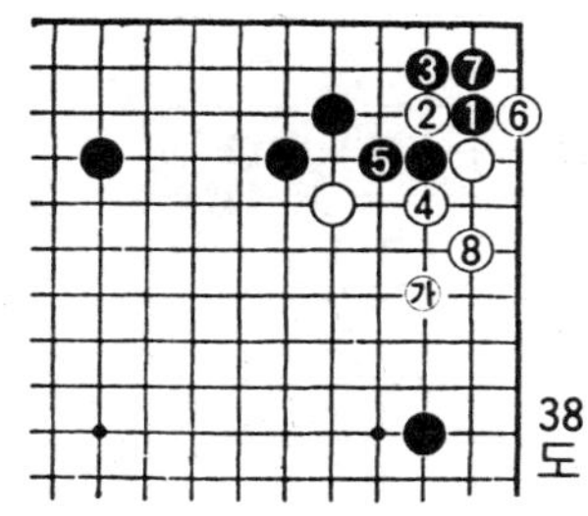

37도 (황량하다) 기합은 흑 **3** 으로 돌파되어 나가는 수다. 백 **4** 는 흑 **5** 가 두터운 수다. 흑**11**까지 흑집이 황량하다.

38도 (맥) 흑 **1** 에 백 **2** 의 끊음이 맥이다. 흑 **3** 은 견실하다. 백 **4**, **6** 으로 젖혀 사석을 활용한다. 백 **8** 의 벌림까지. 흑 ㉮의 급소가 남는다.

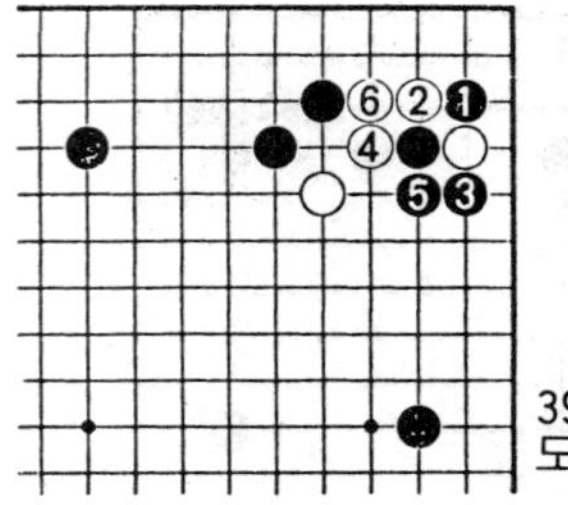

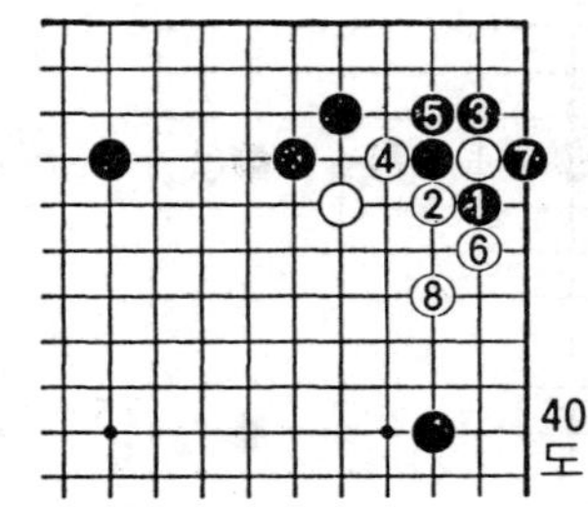

39도 (공격) 백 **2** 의 끊음에 흑 **3** 의 단수가 있다. 백 **4**, **6** 으로 귀쪽이 황량하다.

40도 (변화) 흑 **1** 의 바깥쪽 끊음은 백 **2** 로 두는 수가 있다. 흑 **3**, **5** 다음 흑 **7** 까지 따낸다. 이것은 백이 좋다.

백은 **4**, **6** 을 이용하여 **8** 로 벌려두어 모양을 굳혔다.

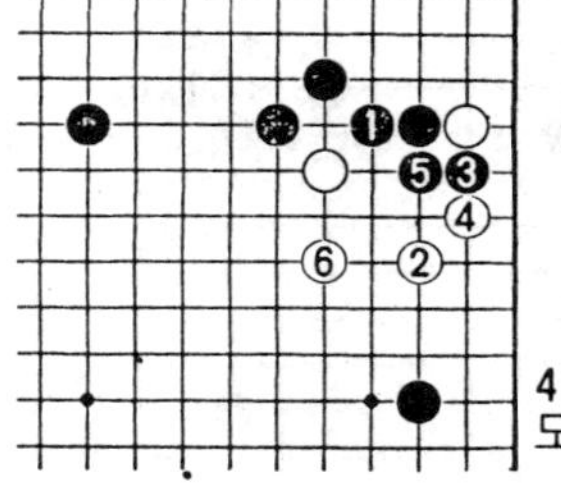

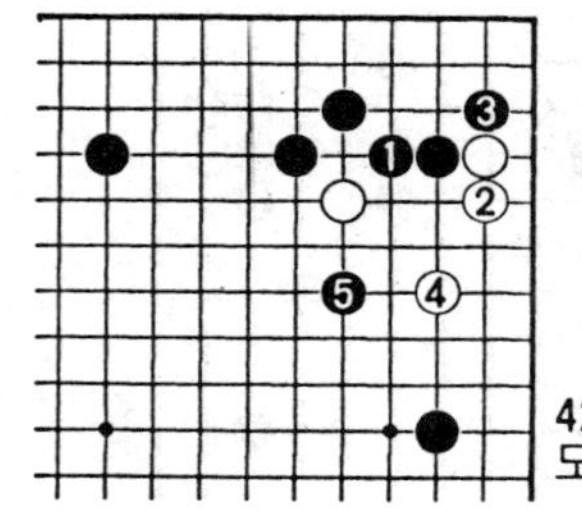

41도 (움직임) 흑 **1** 의 뻗음은 백 **2** 로 모양을 갖춘다. 흑 **3** 의 젖힘에 백 **4** 로 껴붙이고, 흑 **5** 다음 백 **6** 은 본수. 백이 불만이다.

42도 (급소) 백 **2** 가 큰수이긴 하나 무겁다. 흑 **5** 가 급소다.

백은 어떻게 받아야 할지 매우 궁색한 처지에 몰린 형상이다. 이 국면은 흑에게 유리하게 전개된 모양이다.

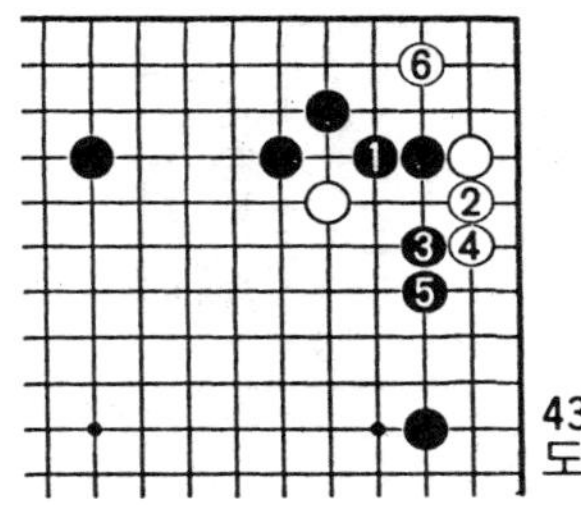

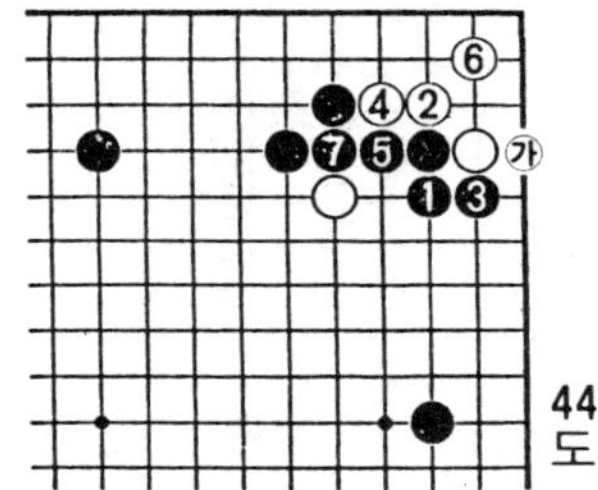

43도 (갈림) 흑은 외세를 생각할 수 있다. 백 4, 6 으로 귀에서 사는 수가 크다.

그래도 경우에 따라서는 치는 방법이 있다.

44도 (강대) 흑 1 로 바깥쪽을 뻗는 것에 대해 백이 귀에서 사는 것은 외세가 너무나 강대하다. 흑 3 도 같은 취지. 흑 7 다음 백이 손을 빼면 ㉮의 단수가 남는다.

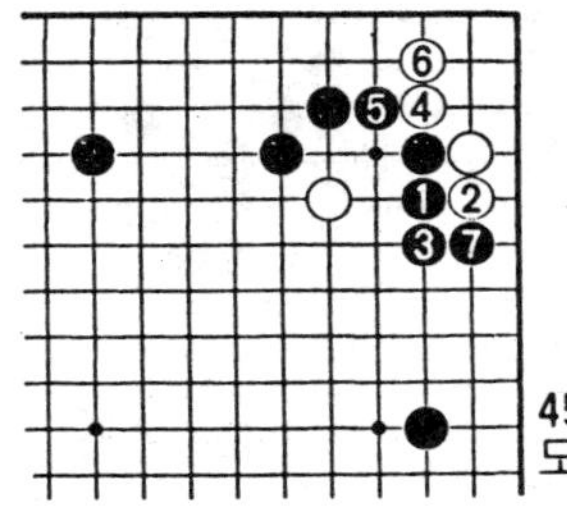

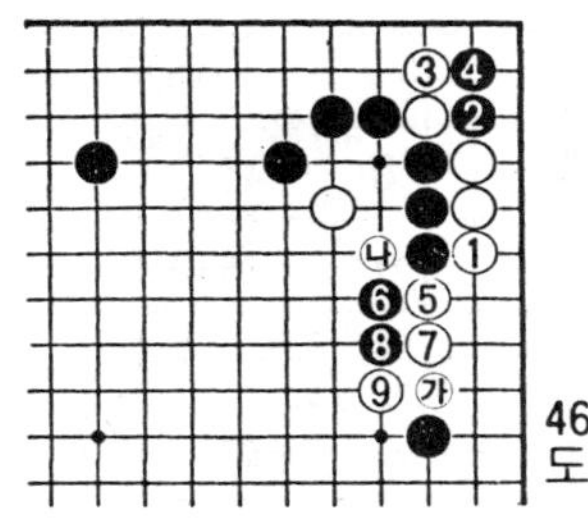

45도 (후수) 백 2 의 뻗음은 넓게 사는 수다. 흑 3 의 뻗음엔 백 4, 6 까지.

흑 7 의 내려두는 수가 두텁다. 후수처럼 보이지만 사실은 그렇지 않다.

46도 (전투) 전도 백 6 으로 본도의 1 로 늘면 흑은 2 의 끊음, 백 3 에 흑 4 이하 9 까지. 흑 ㉮, 백 ㉯의 끊음이 있다.

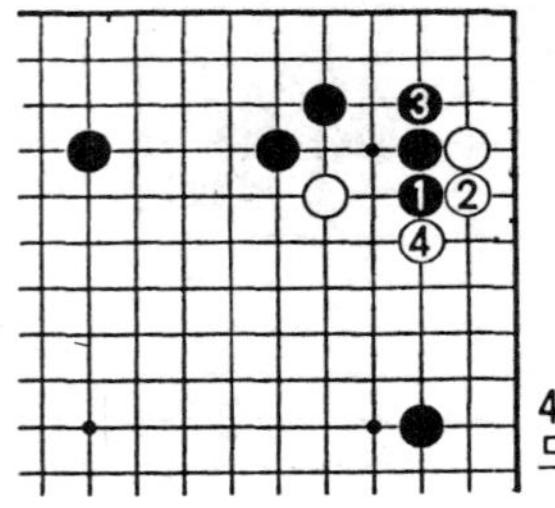

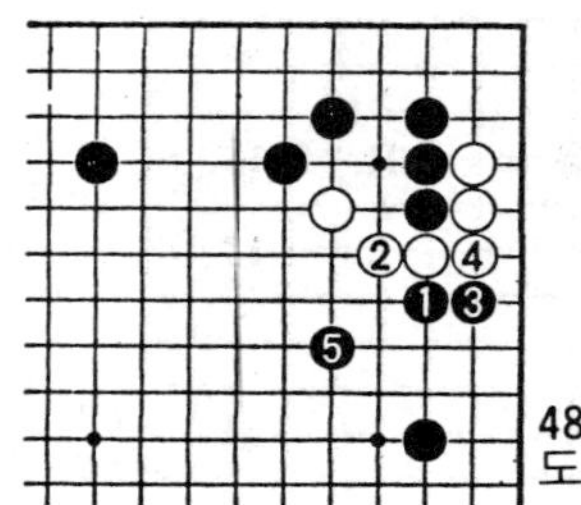

47도 (견실) 백 **2** 에는 흑 **3** 으로 나가는 수가 있다. 이것은 흑이 견실무비한 수이다.

백도 세력을 뻗혀 **4** 로 중앙을 향해 돌진하지 않으면 안된다.

48도 (모양) 전도 다음에 흑 **1** 의 붙임은 급소. 백 **2** 의 뻗음, 흑 **3**, 백 **4**, 흑 **5** 의 날일자로 모양이다.

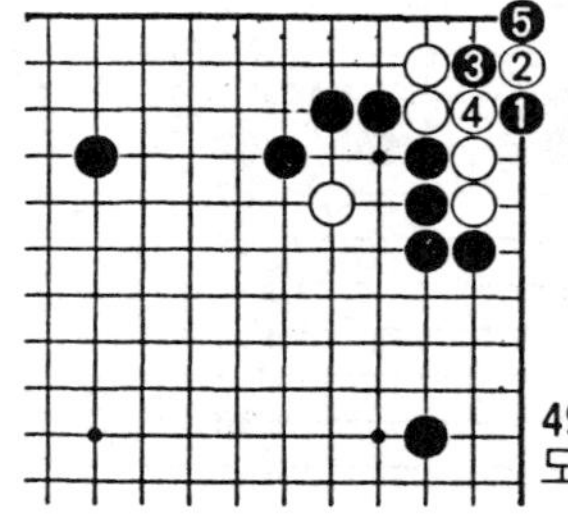

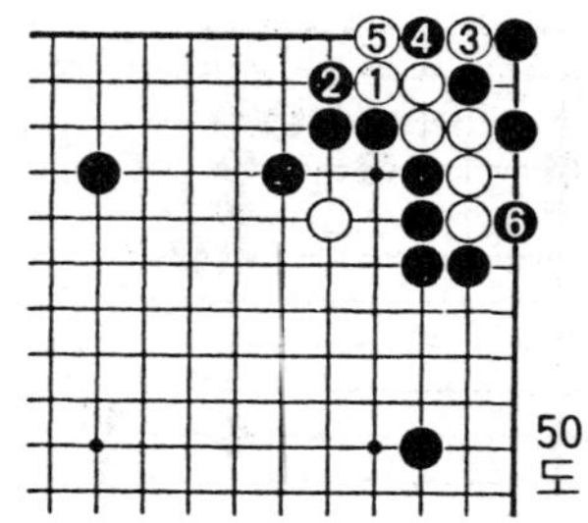

49도 (수가 났다) **45도** 다음에 손을 빼면 흑 **1** 의 치중이 급소다. 패가 난다.

백은 **2** 의 모양이 없어진다. 흑 **3**, **5** 로 한점을 따내면 **4** 눈 중에서, 백도 수를 만들어낼 수가 있다.

50도 (늘어진 패) 전도 다음에 백 **1** 로 나가는 것은 흑 **2** 다음 **3** 의 집어 넣음이 좋은 수순이다. 늘어진 패가 난다.

제 6 형

소목의 날일자 굳힘에 대하여 양걸이를 한 모양이다.

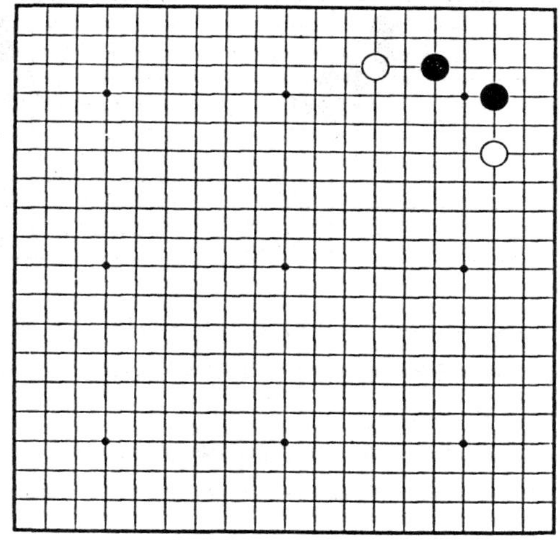

제 6 형

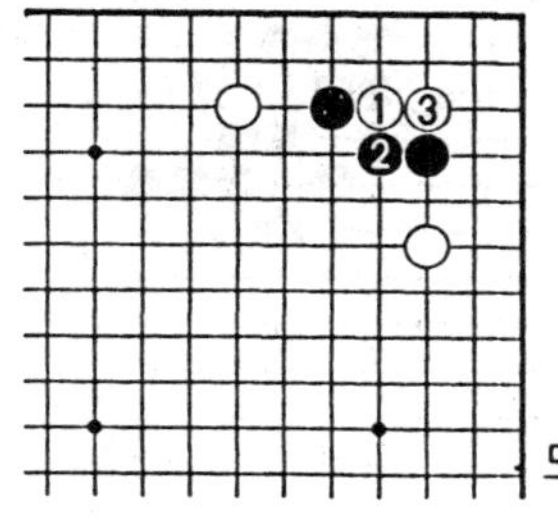

1도

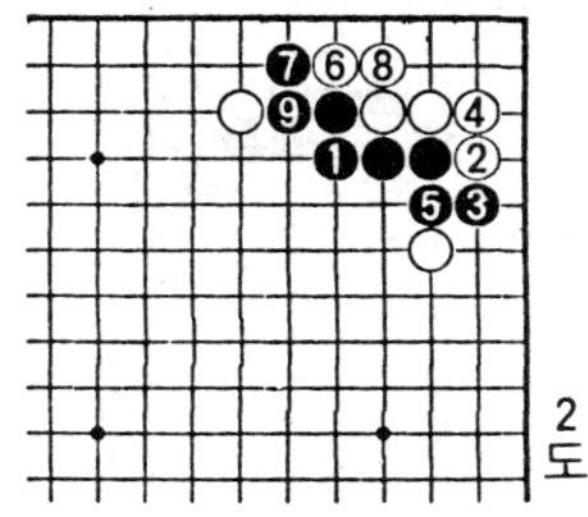

2도

1 도 (붙임) 백 **1** 의 붙임이 급소. 흑 **2** 의 막음은 당연하다. 백 **3** 의 3·3은 귀에서 사는 모양이다.

2 도 (안방차지) 흑 **1** 의 이음이 견실하다. 이것이 온전한 수다. 백 **2** 이하 **8** 까지 선수로 귀의 흑집이 탈환된다.

이 밖에도 백은 필요한 만큼 충분히 중앙을 향해 움직일 수 있다.

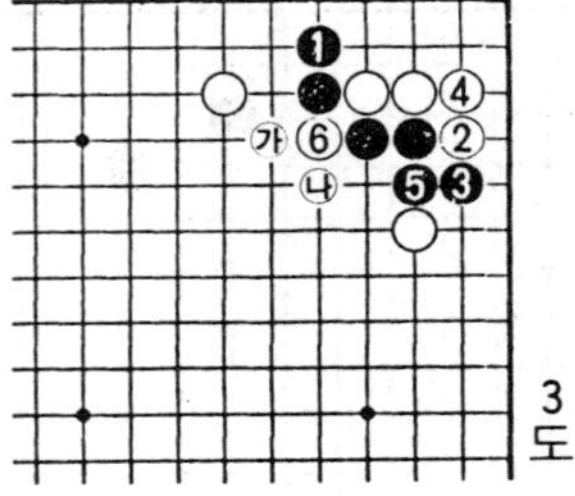

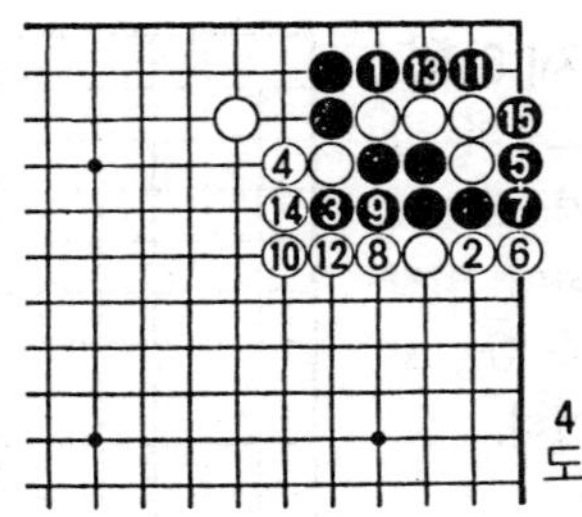

3도 (내려섬) 흑 1의 내려섬은 어떨까? 백 2, 4로 젖혀이은 다음 6의 끊음까지. 흑 ㉮나 ㉯의 곳은 백의 뻗음이 있어 흑이 안된다.

4도 (싸바르기) 전도 다음에 흑 1로 두는 것은 백 2의 내려섬에서 14까지 대사석 작전으로 백은 선수로 강대한 벽을 만든다.

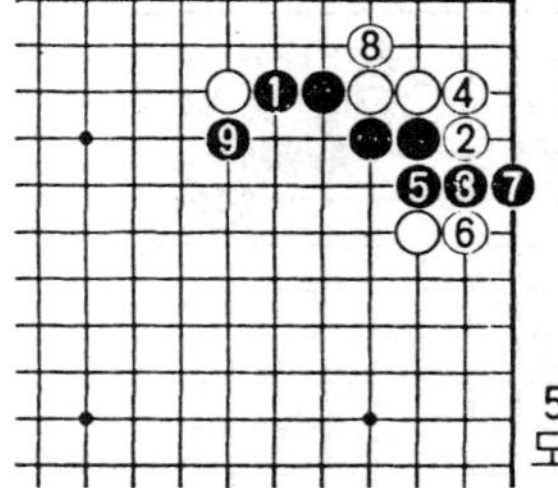

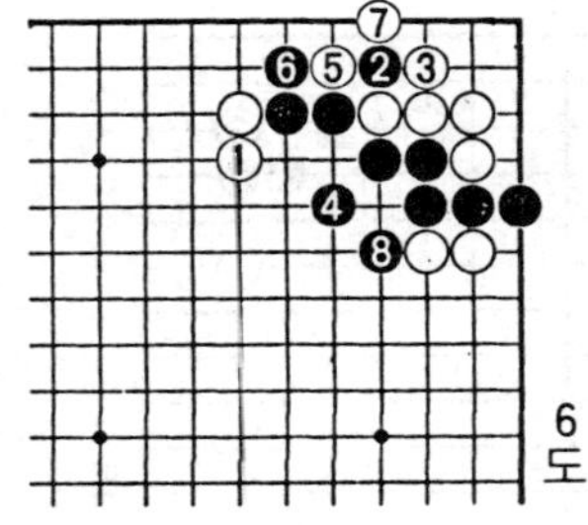

5도 (일응성공) 흑 1의 뻗는 수가 있다. 이것은 완착이다. 백 2, 4의 젖혀이음에서 8까지 알기쉽다. 흑 9의 젖힘으로 일응 성공이다.

6도 (견고함) 전도 백 8로 산다. 이것은 흑 4의 지킴이 수순이다. 백 5, 7로 살면 8까지의 모양이 견고하다.

백 1로 서면 흑은 2로 밀어넣어 유리하게 만든다.

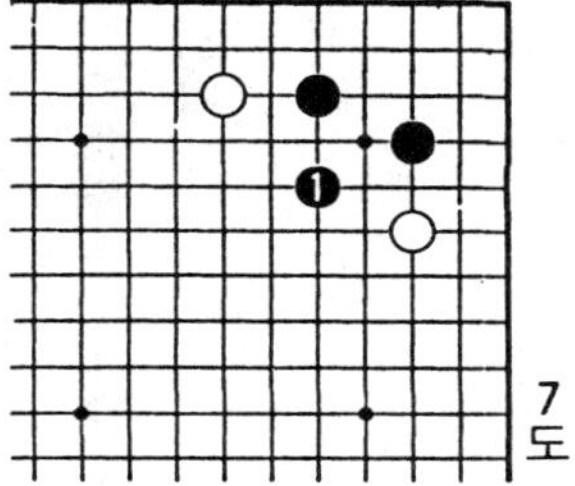

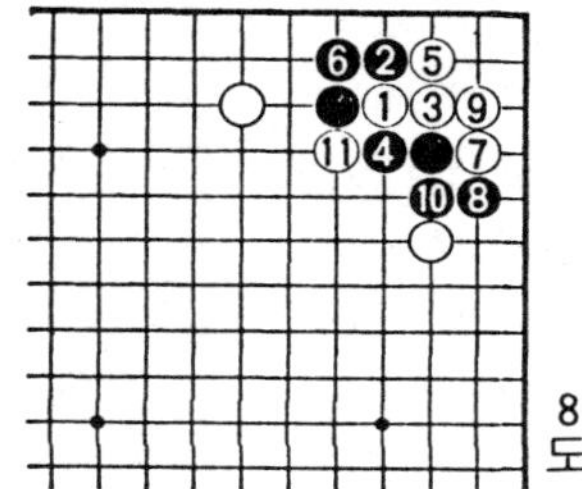

7 도 (지킴) 소속 날일자에 흑 1은 두터운 형세다. 먼저 흑 1로 지키는 것이 견실한 수다.

8 도 (무리) 백 1의 붙임에 흑 2의 젖힘은 이하 11까지 흑이 무리한 모양이다.

백은 3으로 이어두고, 흑 4에는 백 5에서 7, 9로 강경하게 막아두고, 백11의 자르기로 나가면 흑은 싸우지 않을 수가 없다.

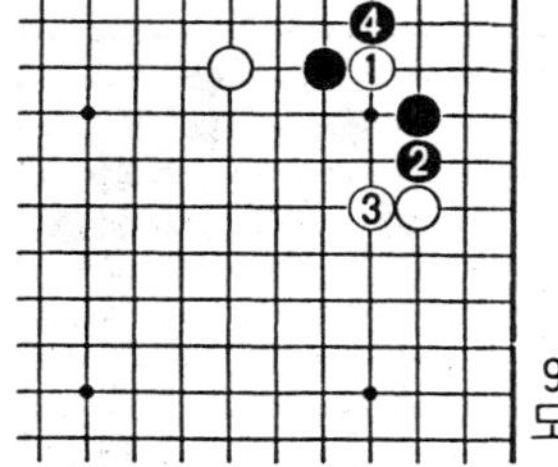

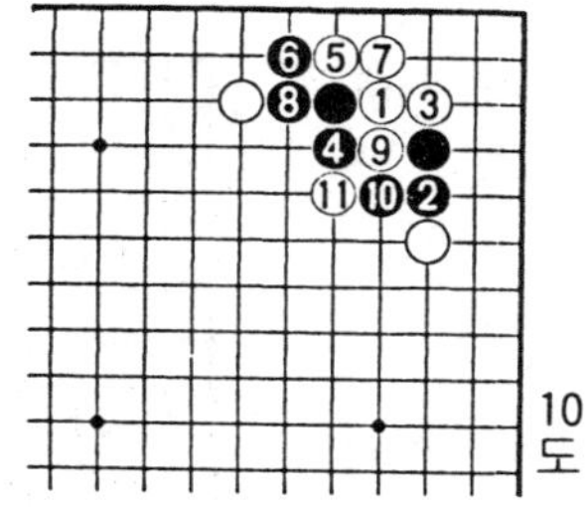

9 도 (전신) 백 1 붙임에 흑 2의 부딪힘은 백 3으로 뻗는다. 이것은 흑의 주문이다. 흑 4의 아래쪽 젖힘으로 변신한다.

10도 (고전) 흑 2의 부딪힘에는 백 3으로 귀쪽을 두는 것이 강수. 다음 11까지 끊어서 흑의 고전이 예상된다.

흑 4의 섬에는 백 5, 7로 막아두고, 9와 11로 붙여 끊으면 흑은 자연히 고전하지 않을 수 없는 것이다.

참고보(경과도) 우변 흑이 화점에 있어도, 좌변의 백이 화점에 있어서는 안된다. 백 1, 흑 8로 모양이 이루어진다. 흑 12, 16은 백을 중앙으로 쫓아 나가서 공격하는 수이다.

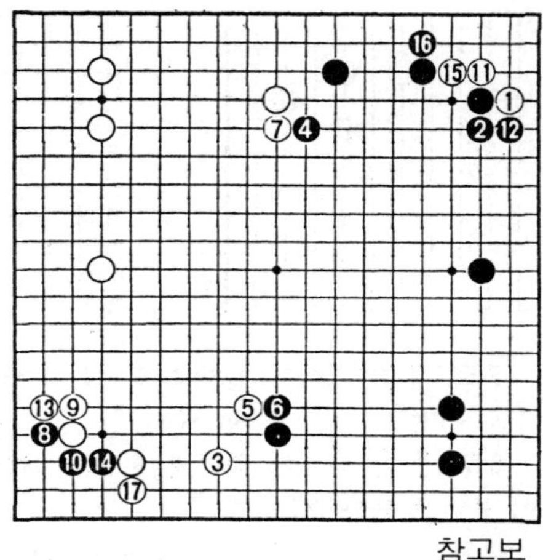

참고보

참고보계속(작전성공) 흑 1로 나가서 15까지. 백이 ㉮의 곳으로 나가면 흑㉯ 백㉰, 흑㉱, 백㉲, 흑㉳, 백㉴, 흑㉵로 흑의 성공이다. 여기서는 흑▲가 기다리고 있다.

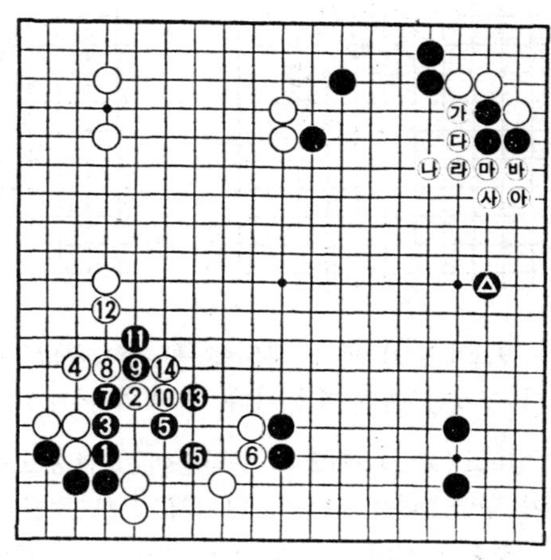

참고보 계속

제 2 장

눈목자 굳힘에 대한 침입

제 1 형

눈목자 굳힘에 대한 것은 단독으로 침입을 한다.

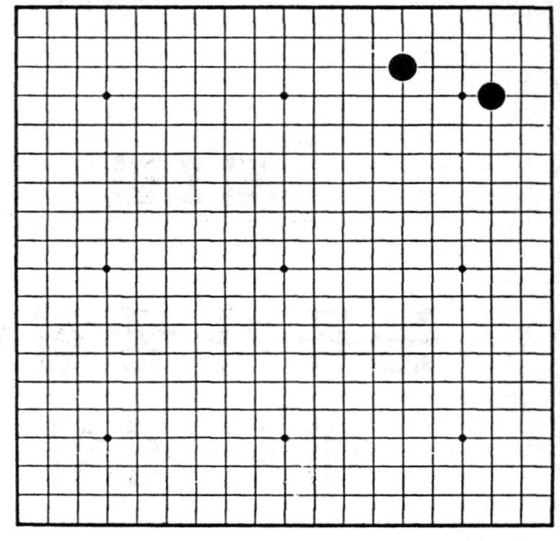

제 1 형

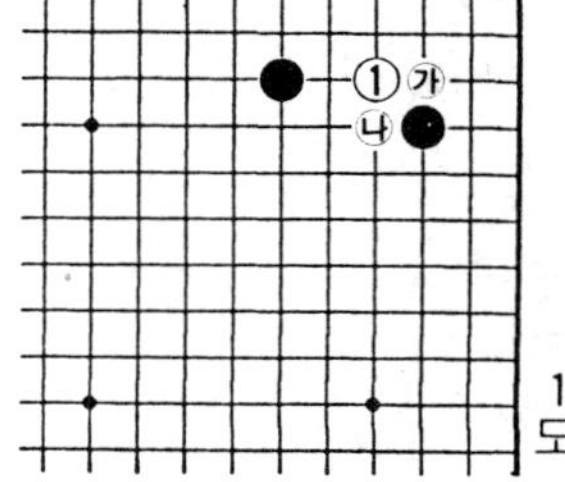

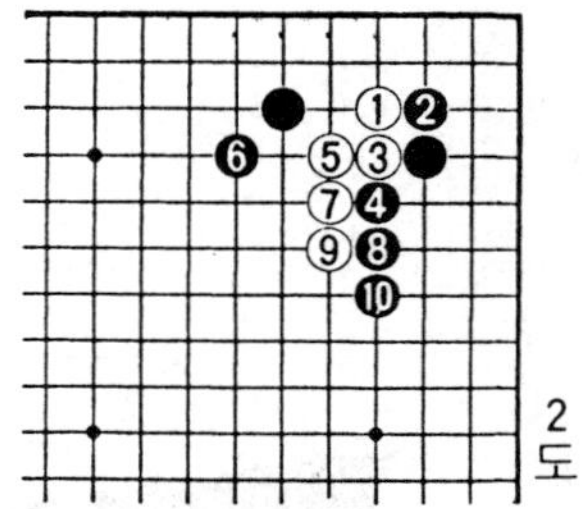

1 도 (침입) 눈목자굳힘에 대한 백 1 이 침입의 급소. 흑의 응수는 ㉮의 내려섬, ㉯의 누름 등이 있다.

2 도 (3 · 3) 흑 2 로 3 · 3 은 좋다. 이하10까지 백을 공격한다.

백 3 에는 흑 4 , 백 5 에는 흑 6 부터 8, 10까지로 자연스럽게 땅을 확보하면서 공격하므로, 흑이 매우 유리한 수이다.

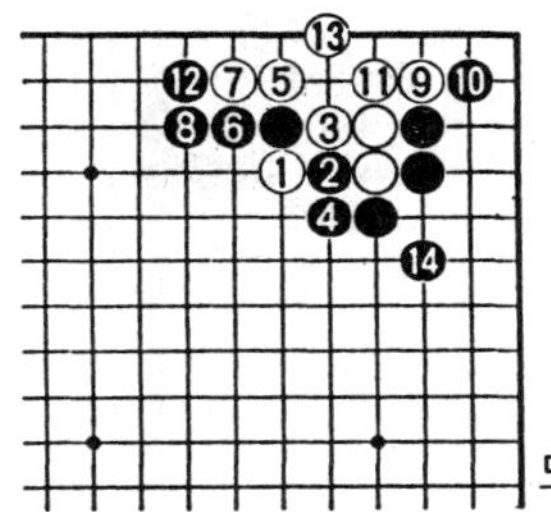

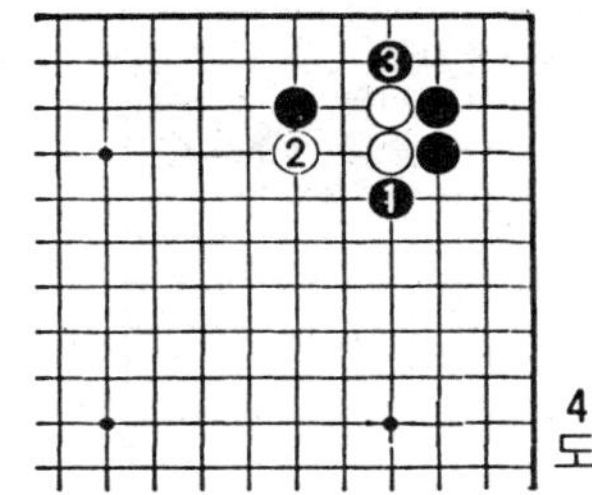

3 도 (건너붙임) 전도 백 **5** 대신 본도의 **1** 로 두는 것은 이하 **14**까지 백이 살수 있으나 좋은 결론은 아니다.

4 도 (아래젖힘) 백 **2** 의 붙임에 대해서는 흑은 아래쪽을 젖힌다.

여기서 흑은 불만이 없다. 백은 약간 움직이지 않으면 안될 형편이다.

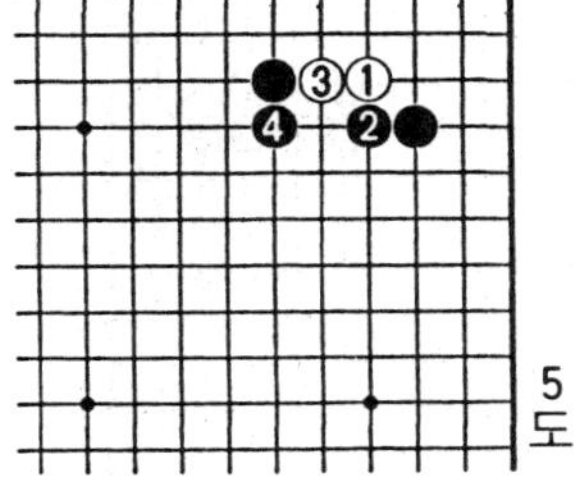

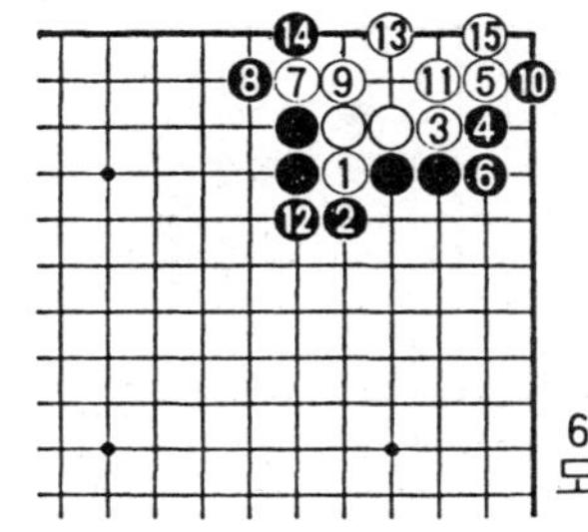

5 도 (위쪽 내림) 백 **1** 의 침입에 흑 **2** 로 상변을 내리고 백 **3** 의 부딪힘에 흑 **4** 로 응수한다.

6 도 (두터움) 전도 다음 백 **1** 로 나가면 이하 **15**까지 진행. 흑**12**가 두터운 수이다.

백은 귀에서 사는 수가 생기지만 중앙과 양 옆 변을 튼튼하게 굳힌 흑의 실리(実利)를 따라갈 수가 없다.

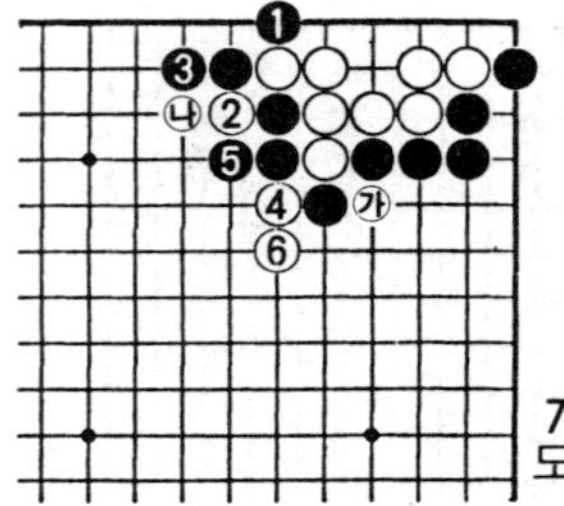
7 도

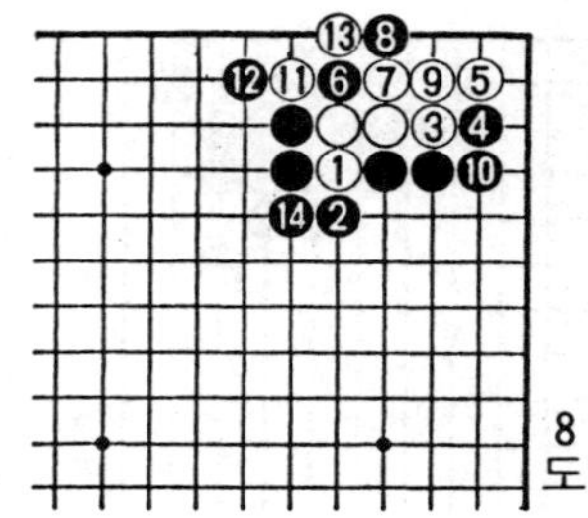
8 도

7 도 (무리) 전도 흑12로 아래쪽을 젖히면 어떻게 될까? 흑은 6의 뻗음이 좋은 수다. 흑은 ㉮의 끊음과 ㉯의 뻗음이 맞보기다.

8 도 (후수) 백 5에 흑 6으로 두는 것은 흑14까지 후수.

그러나 전체적인 국면으로 본다면 흑은 외세가 견고하므로 손해는 아니다.

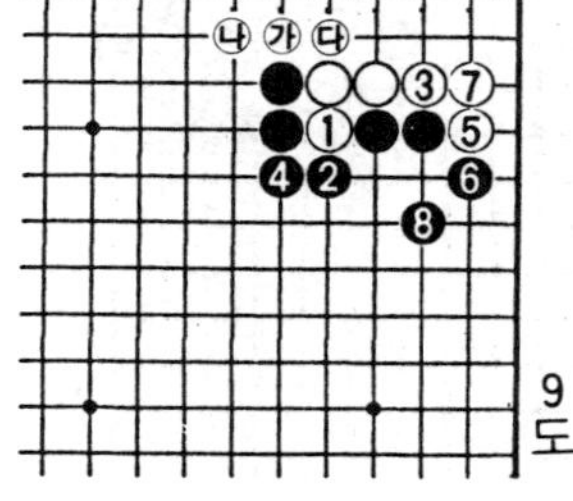
9 도

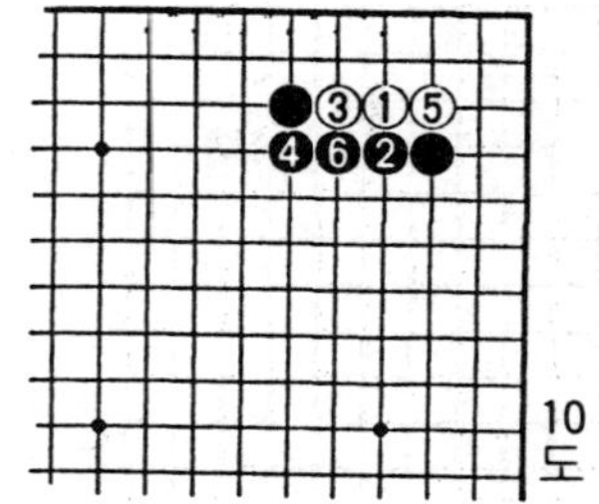
10 도

9 도 (호각) 흑 4로 알기쉽게 두면 백 5, 7로 젖혀이은 다음에 백 ㉮, 흑 ㉯, 백 ㉰의 이음이 남는다.

10도 (벽) 전도 백 1의 나감에서 백 5의 3·3은 안이(安易)하다. 흑이 좋은 모양.

백은 실리(実利)를, 흑은 외세를 다투는 모습이다. 전체적인 국면으로 보아 아직 누가 유리한지 얘기할 수는 없다.

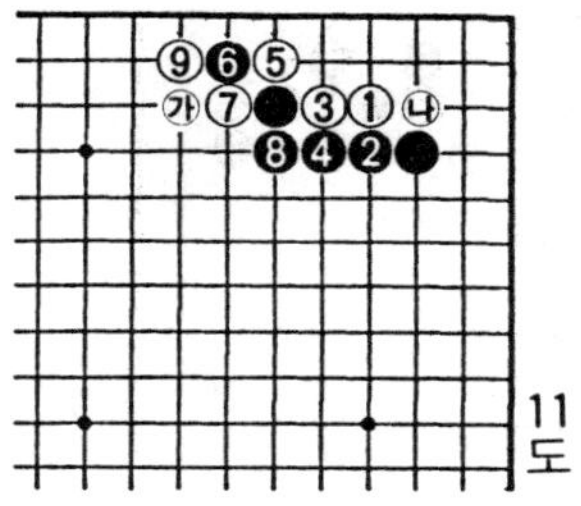

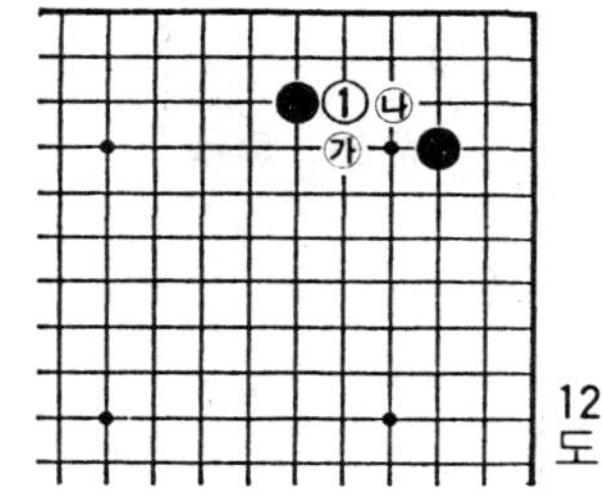

11도(정석) 백 **3** 으로 밀어 이하 **9** 까지. 흑 **6** 에 대한 **7** 의 뻗음은 백 **6** ,흑 ㉮ ,백 ㉯ 정도.

흑 **4** 에 대하여 백쪽의 수순도 의미가 있다.

12도(붙임) 단독으로 **1** 에 붙이면 어떻게 될까? 흑의 응수는 ㉮의 위쪽 누름과 ㉯의 마늘모이다.

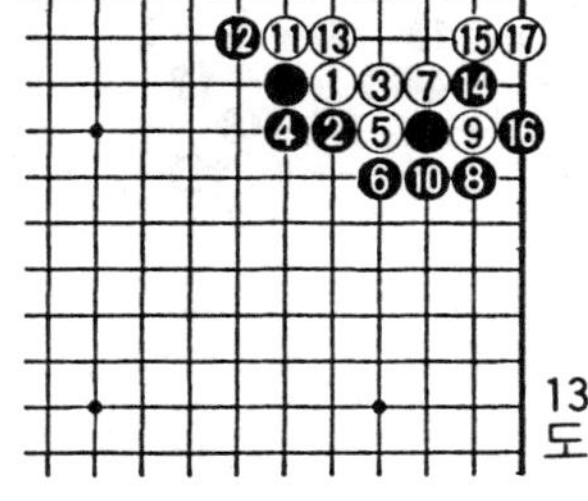

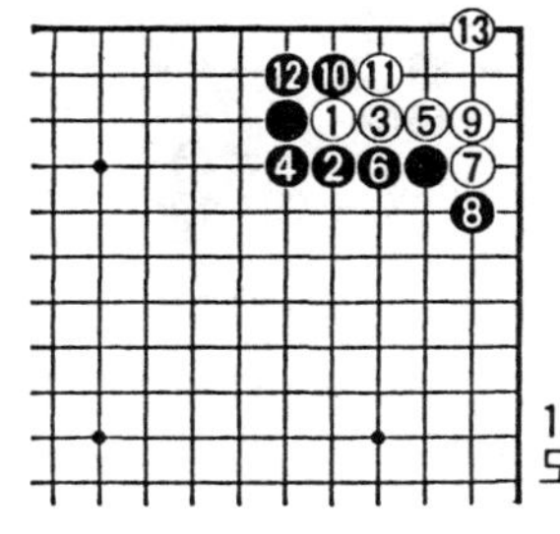

13도(봉쇄) 백 **1** 에 흑 **2** 로 위쪽을 내려서는 것이 상식적인 수이다. 흑**16**으로 백**17**을 강요한다. 백을 완전히 봉쇄한다.

14도(철벽) 백 **5** 에 흑이 **6** 으로 꽉 잇는 것은 이하 **10, 12** 로 젖혀 이어 철벽이다.

흑은 선수로 큰 것을 얻게 된다. 귀에서 백이 살았지만 흑으로서 불만은 없다.

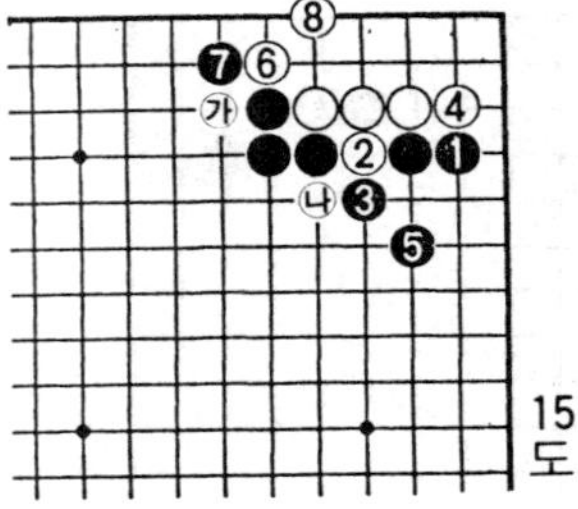

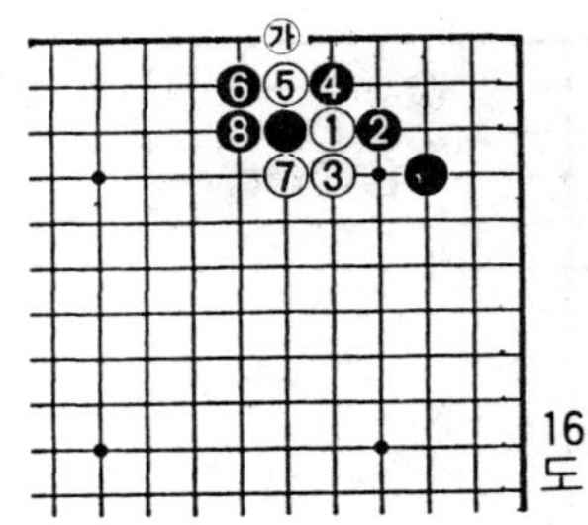

15도 (뒷맛) 전도의 흑 **6** 으로 백 **1** 로 두는 것은 뒷맛이 나쁘다. 백 **4** 에는 흑 **5** 의 지킴이 불가피, 백 **8** 까지 산 다음에 ㉮와 ㉯의 약점이 남는다.

16도 (변화) 백 **1** 에 흑 **2** 는 이하 **8** 까지. 여기서 **8** 의 수로 ㉮의 때림이 있다.

별로 느낌이 없는 수순이다. 그러나 변화가 있다.

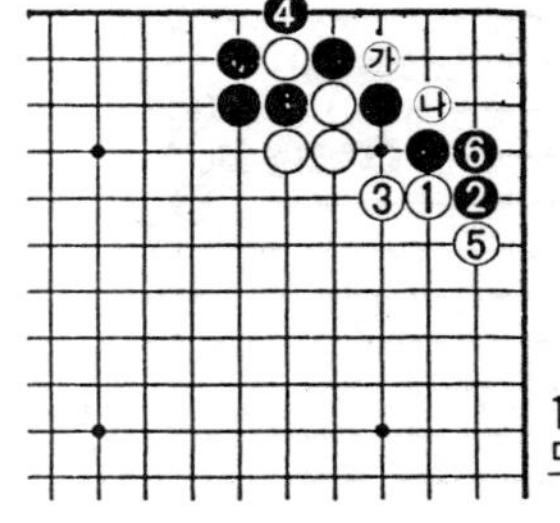

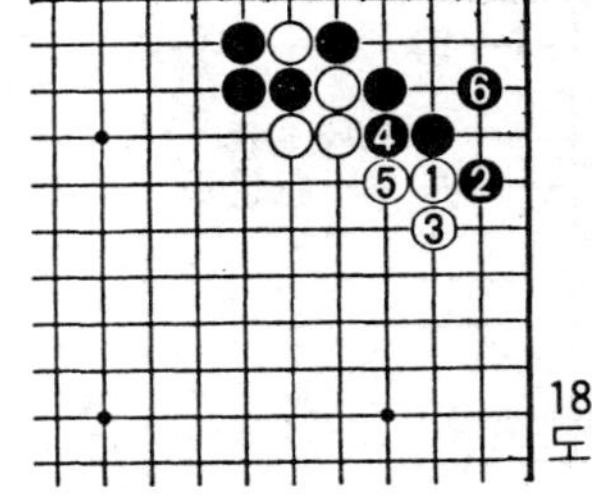

17도 (변화) 전도 다음에 백 **1**, **3** 으로 붙여서 느는 것이 맥이다. 흑 **4** 로 **5** 의 곳을 두면 백 ㉮, 흑 **4**, 백 ㉯로 나간다. 이것은 백이 변화된 모양.

18도 (변화) 흑 **2** 의 젖힘에 백 **3** 으로 느는 것은 흑 **4** 의 빈삼각이 좋은 수. 귀가 크다.

돌이 최대한으로 활용되고 있는 모양이다.

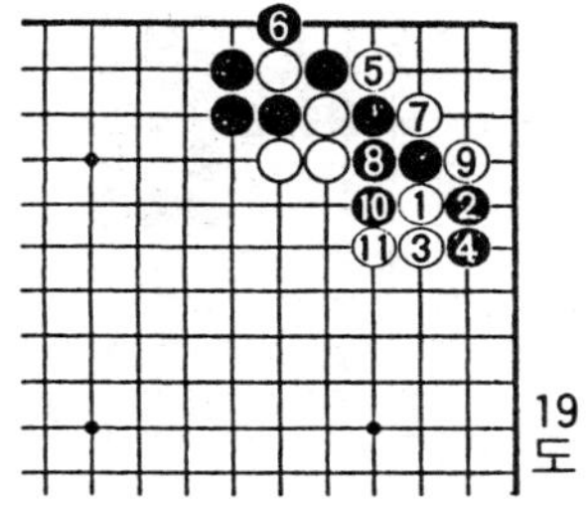

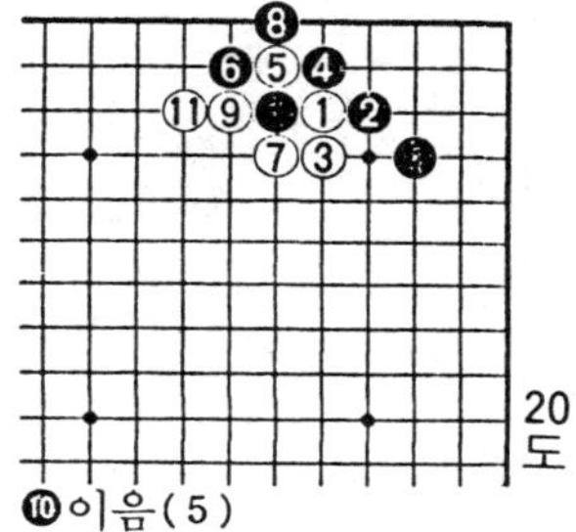

19도 (축) 본도 흑 **4** 의 뻗음은 축관계가 문제이다. 백 **5** 로 끊어 외길 큰변화이다. 백 **3** 의 뻗음이 위험한 수.

20도 (때림) 백 **7** 에 흑 **8** 로 때리는 변화다. 백 **9** 의 단수에 **10**으로 이어 이하 **11**까지 불만이 없다.

흑**10**에 **11**로 이어두면 패는 성공한다.

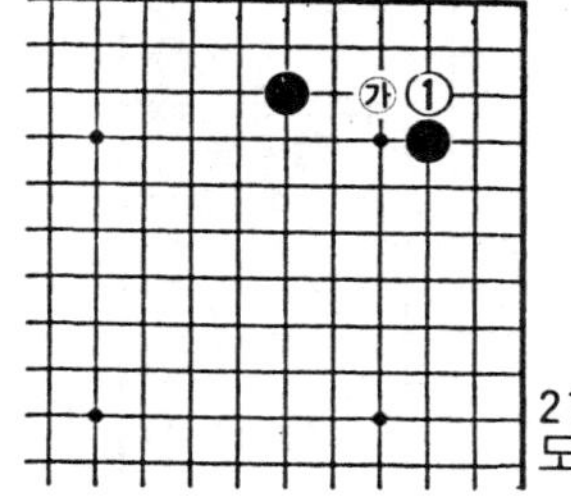

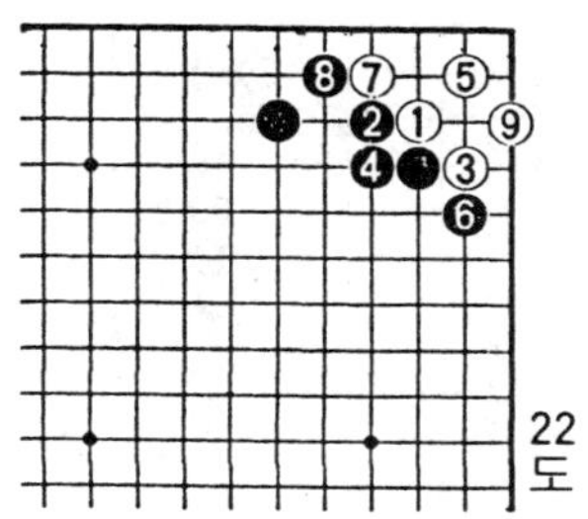

21도 (3·3 붙임) 백 **1** 에 붙이면 어떨까? 흑의 응수는 ㉮의 곳이 있다.

22도 (견실) 흑 **2** 는 알기쉬운 두터운 수. 백 **3** 의 젖힘이 맥이다. 이하 **9** 까지 흑은 외세를 얻는다.

여기에서 흑**4** 로 두는 것이 가장 견실하여 좋은 수이다. 백 **5** 는 사는 모양을 갖추는 맥이다.

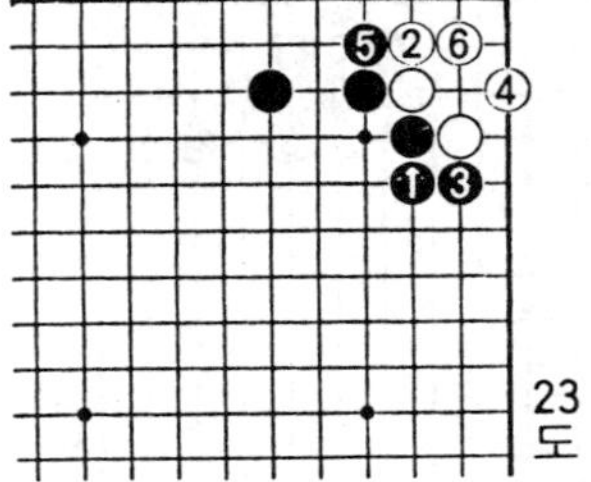

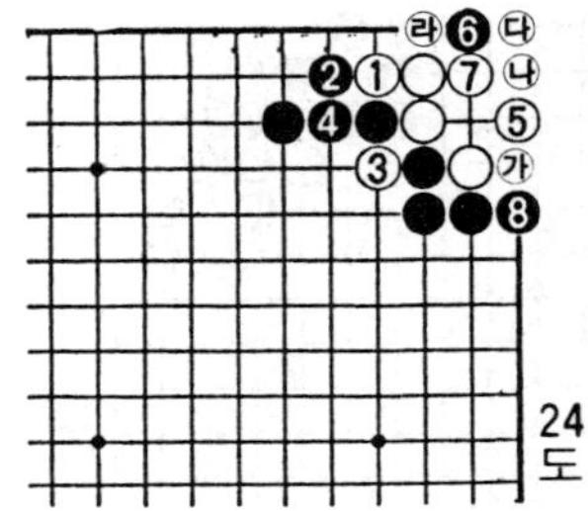

23도 (우변을 강하게) 전도의 흑 **4** 의 수로 흑 **1** 로 뻗는 것은 우변에 중점을 둔 수이다. 흑 **3** 에 백 **4**, 흑 **5** 에 백 **6** 으로 산다.

24도 (패) 전도 백 **4** 대신 백 **1** 로 두는 것은 악수이다. 흑 **6**, **8** 다음 패가 난다. 백 ㉮, 흑 ㉯에 백 ㉰는 흑 ㉮가 있다.

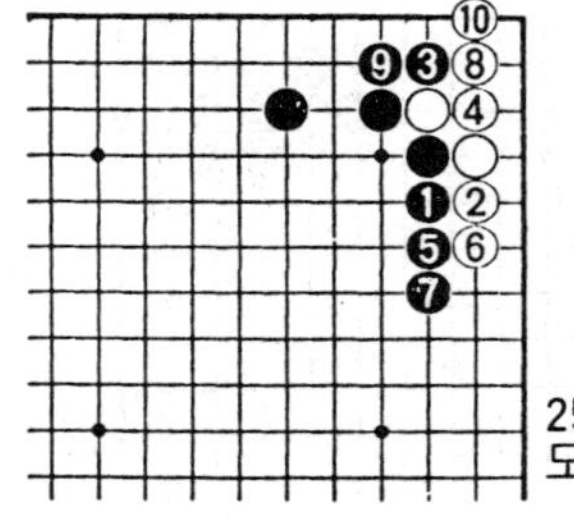

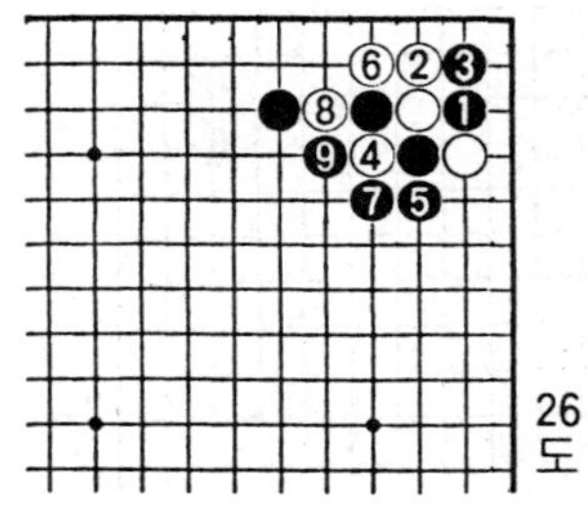

25도 (변화) 흑 **1** 에 백 **2**, 이하 **10** 까지 평범하다. 흑 **5**, **7** 로 흑이 두터운 모양.

여기서 흑이 너무 누리하게 두어서는 안된다. 평범하게 두는 쪽이 오히려 유리하다.

26도 (난해) 흑 **1** 의 끊음에 이하 **9** 까지는 상당히 난해한 모양이다.

제 2 형

눈목자 굳힘에서 3칸 벌림에 대한 구상이다. 이 포진에서 급소의 침입은?

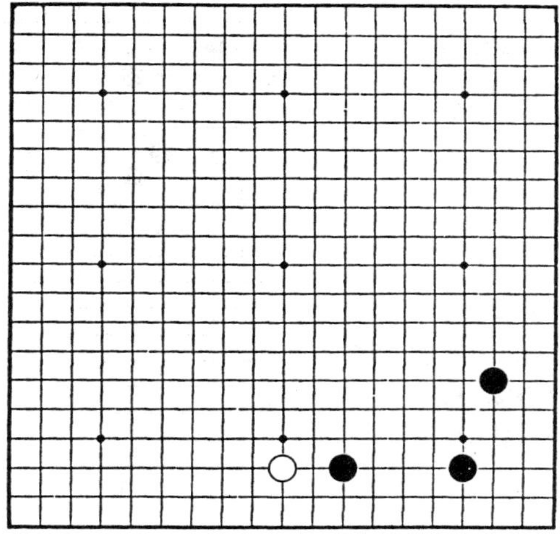

제 2 형

1도 (침입) 3칸 벌림의 가장 기본적인 침입.

2도 (전투) 흑 **2**의 마늘모는 ㉮에 두는 것보다는 견실한 수. 백 **3**, **5** 다음 흑 **6**까지 전투의 모양이다.

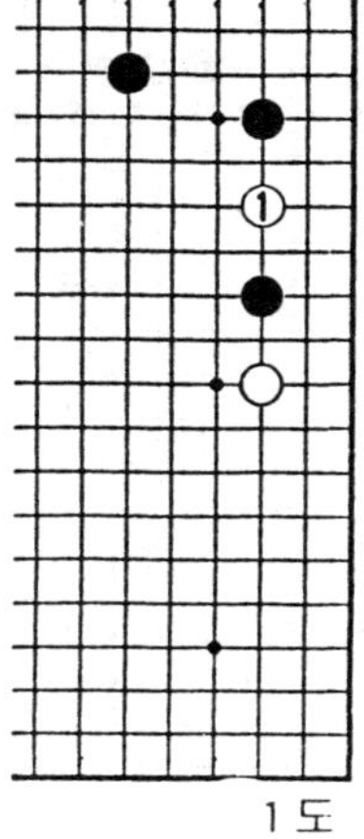

1도

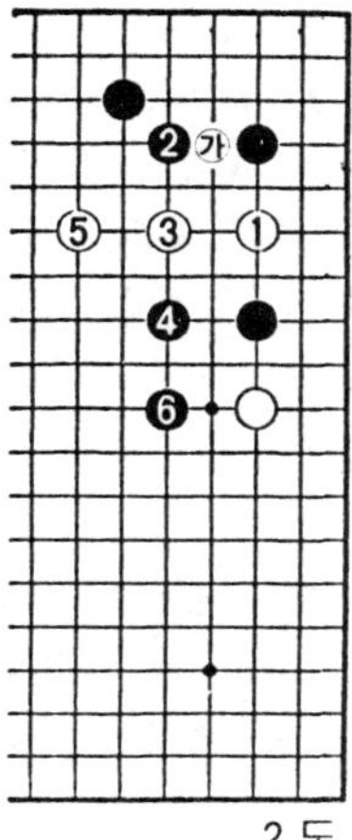

2도

3 도 (붙임) 백 **3** 에 대하여도 생각해 볼 수가 있다.

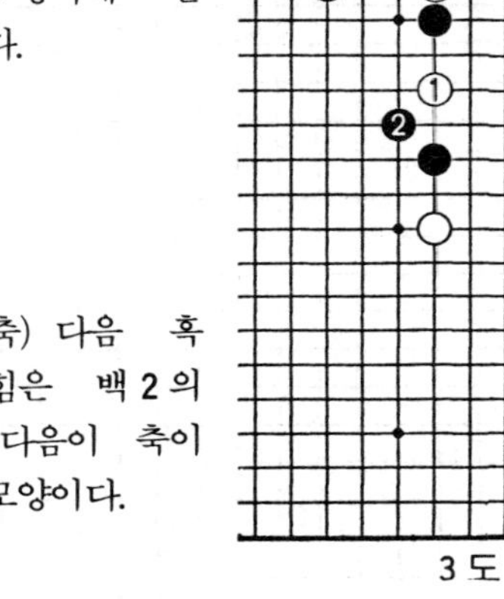

3 도

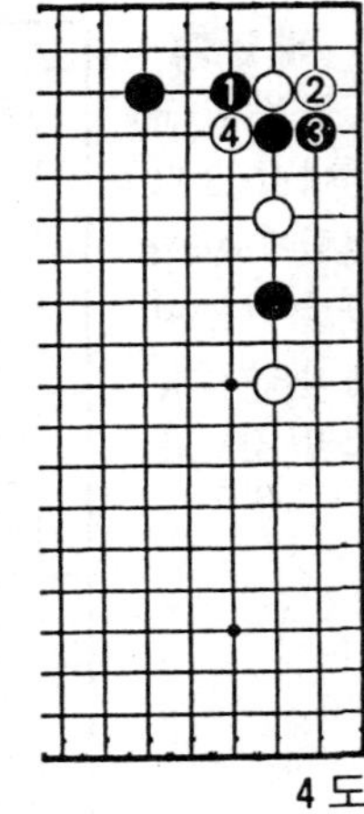

4 도

4 도 (축) 다음 흑 **1** 의 젖힘은 백 **2** 의 내려섬, 다음이 축이 유리한 모양이다.

5 도 (축) **4 도**의 백 **4** 로 1 의 곳의 끊음은 다음 **5** 의 끊음이 있긴 한데 흑 ㉮, 백 ㉯, 흑 ㉰로 백이 무리한 모양이다.

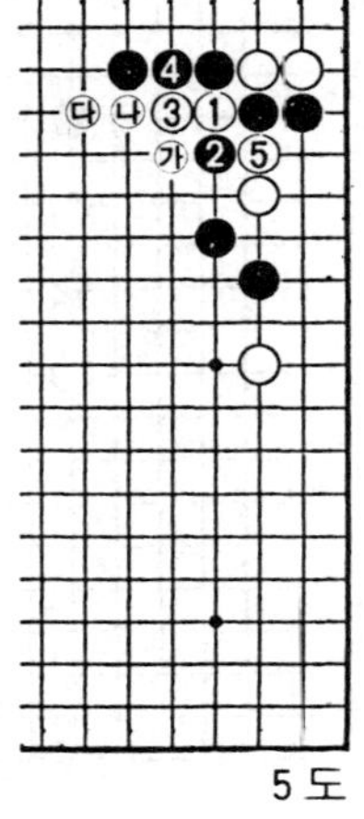

5 도

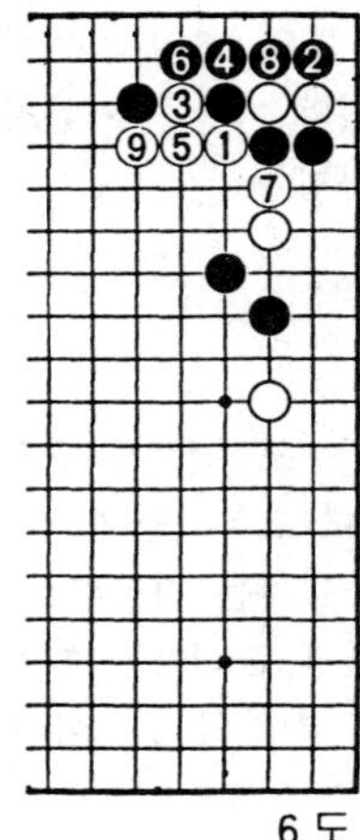

6 도

6 도 (배붙임) 흑은 전도의 축이 불리할 경우는 흑 **2** 의 배붙임이 있다. 백은 2 점을 사석으로 이용한다.

7도 (평범) **4**도의 흑 **3** 대신 **1**로 반발하는 것은 백이 가볍게 **2**, **4**로 건너가 버린다.

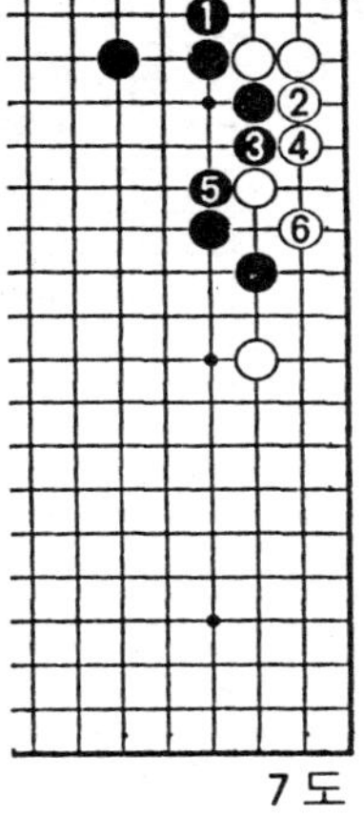

7 도

8도 (변화) 흑 **2**의 젖힘은 변화이다. 흑 **3**의 이음이 여유가 있다.

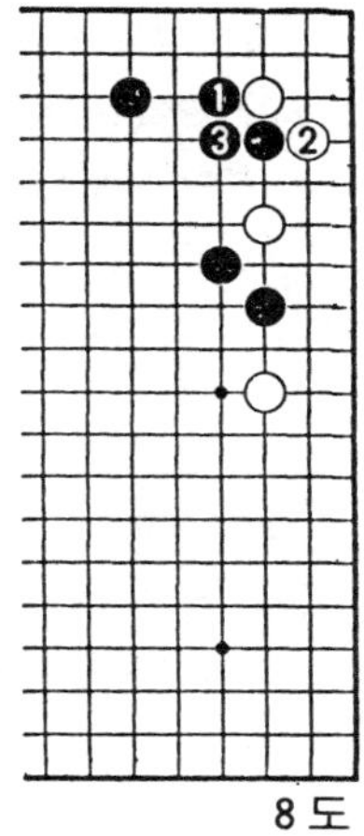

8 도

9도 (백성공) 백 **1**이 상용의 맥점. 흑 **5**는 절대의 내려섬이다. 귀에서 성공.

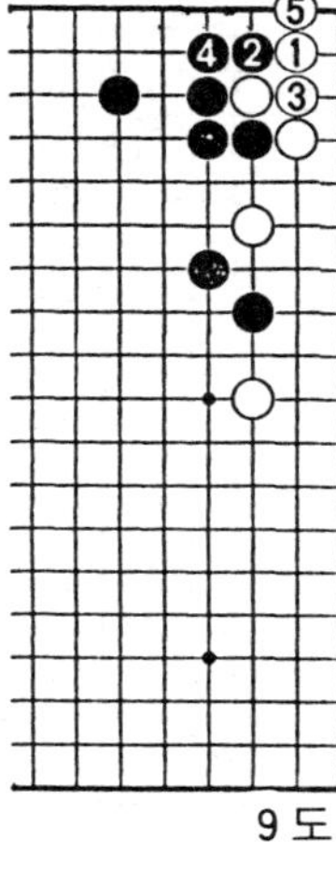

9 도

10도 (강수) **8**도 흑 **3**의 이음으로 **1**의 끊음은 강수이다. 백 **2**의 내려섬은 당연하다.

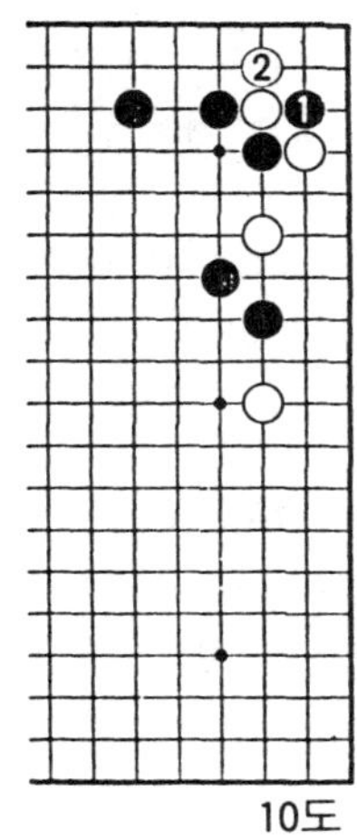

10도

11도 (무리) 흑 3은 무리. 백 14까지 이것은 흑이 나쁘다.

12도 (변화) 흑 1 단수에 백 2, 흑 3의 이음 백 4, 6은 흑 5, 7이 있다.

11도

12도

13도 (패) 전도 흑 1의 내려섬은 기합이다. 백이 ㉮의 곳을 끊으면 패. 여기서 흑 1로 ㉯의 곳을 두는 것은 좋지 않다.

14도 (끊음) 백 2의 끊음은 복잡한 변화를 나타낸다.

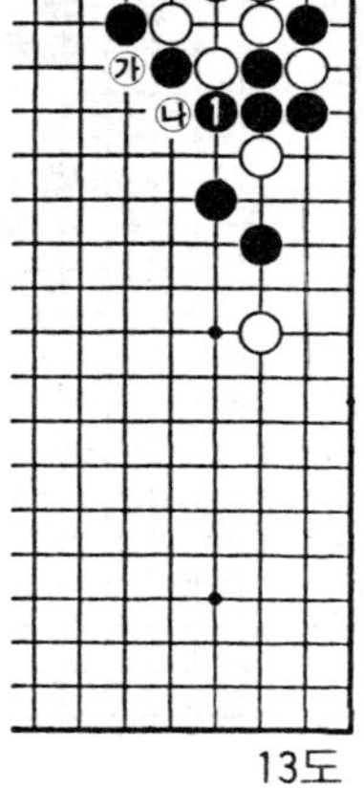

13도

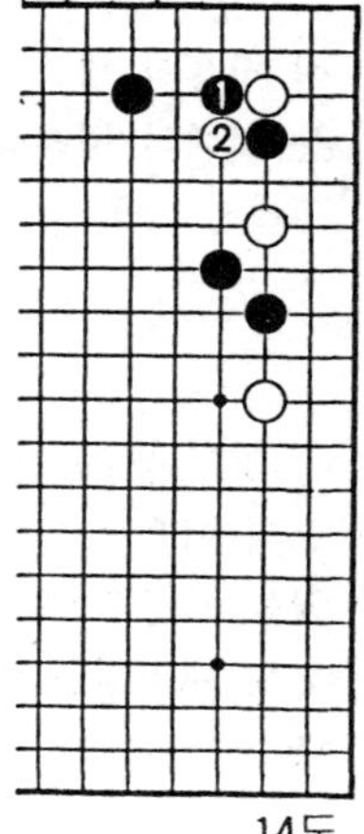
14도

15도 (고통?) 흑 3 의 단수에 백의 응수는? 흑 5, 7 로 백이 고통스러운 모양이다.

16도 (중앙) 백 1 과 흑 2 의 교환은 백 3, 5 로 중앙을 나간다. 백 ㉮의 곳에 두어 건너감을 노린다.

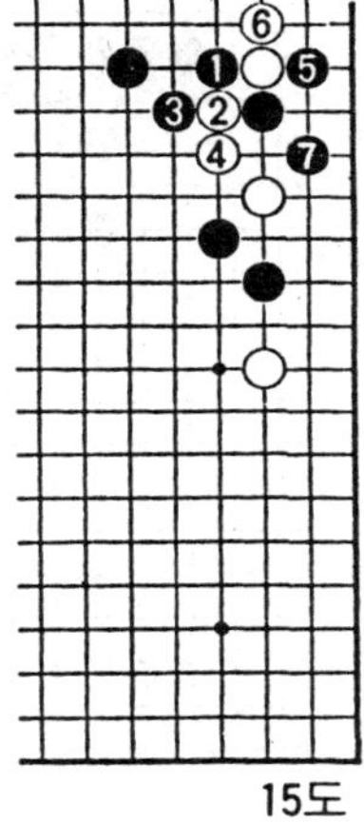

15도

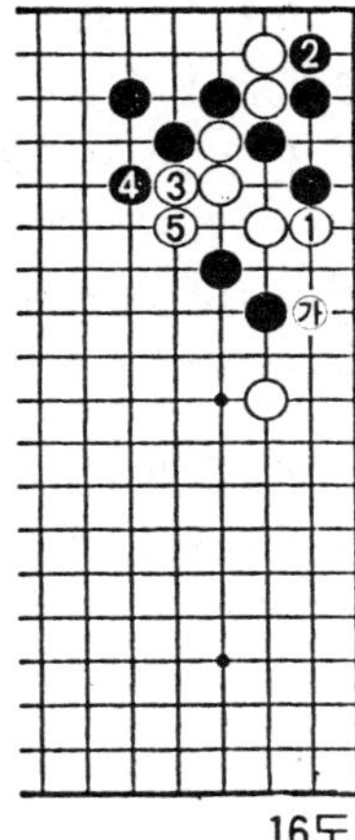

16도

17도 (삶) 흑 3 에 백 4 의 젖힘은 백 6, 8 까지 사는 모양.

18도 (변화) 흑 1 에서 백 6 까지는 하나의 모양.

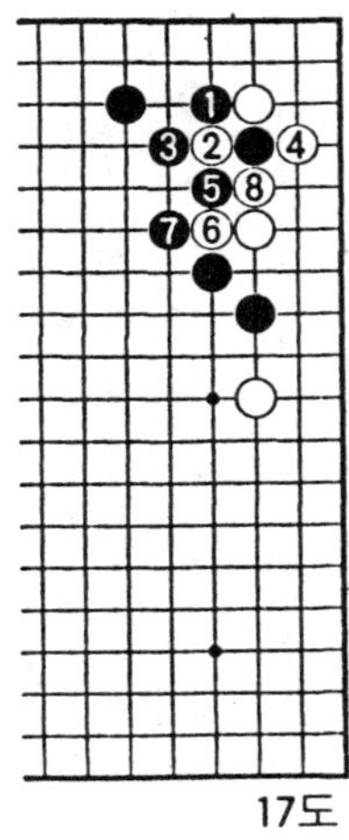

17도

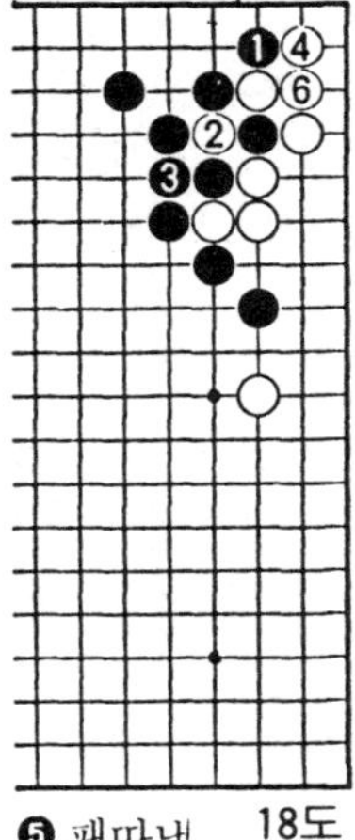

❺ 패따냄

18도

19도 (축) 15도의 흑 3으로 1의 단수는 백2 다음 흑3의 이음이 있다. 백은 축이 유리하면 6의 곳을 내린다.

20도 (변화) 백은 축이 불리하면 백6, 8로 둔다.

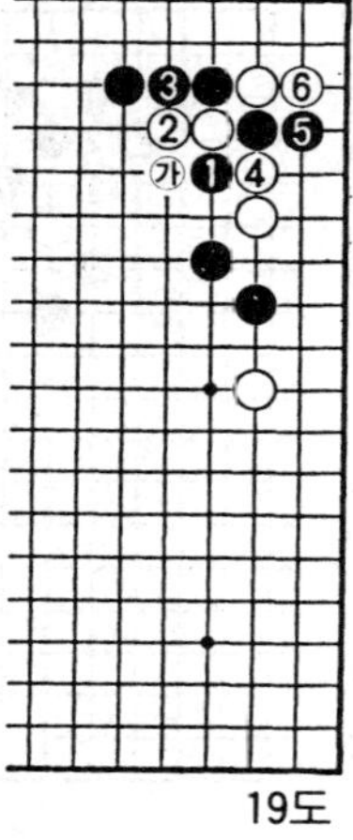

19도

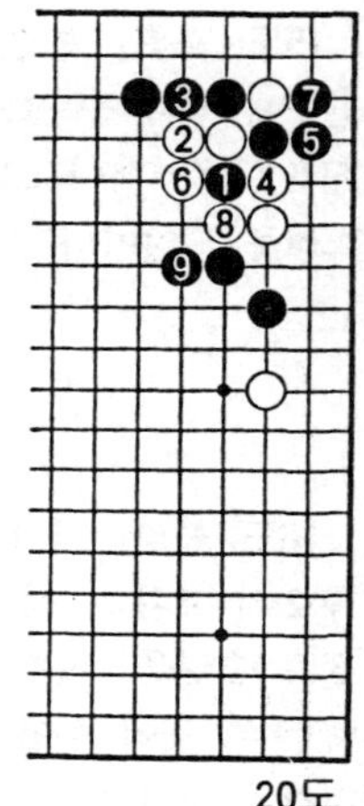

20도

21도 (올라섬) 백 1로 변화를 구할때 흑 2로 올라서는 것은 흑의 손해수이다.

22도 (변화) 백 3, 5의 젖혀이음에 흑12까지 흑의 불만이다.

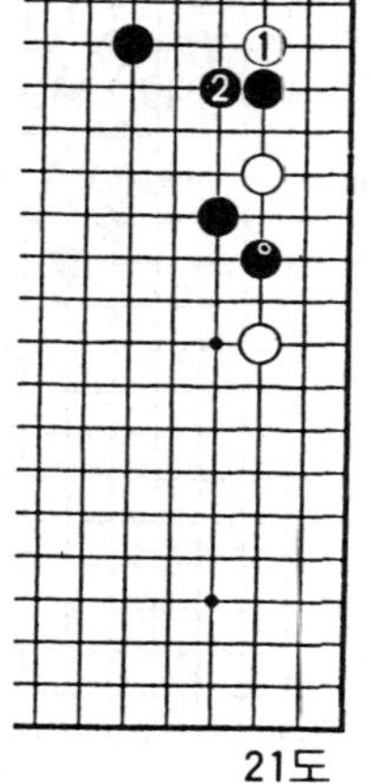

21도

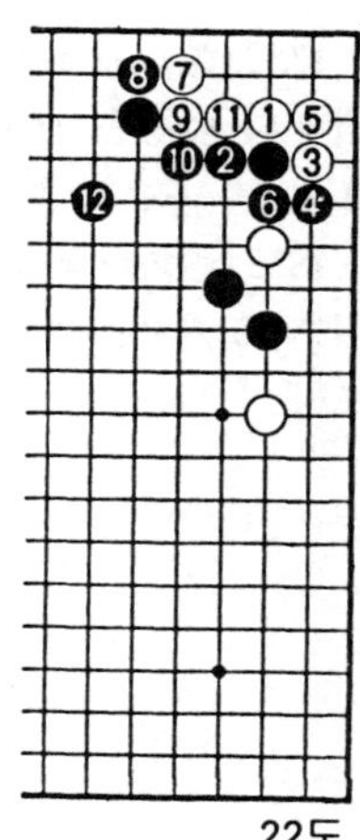

22도

제 3 형

눈목자 굳힘에 5칸의 벌림이 있는 상태다.

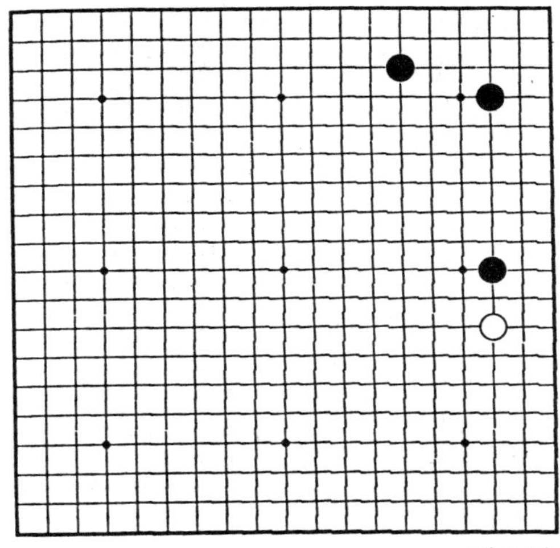

제 3 형

1도 (가득참) 백 1로 바짝 육박하는 구도가 급소.

2도 (한걸음) 백의 다른 침입은 백 1의 곳으로 발이 늦다.

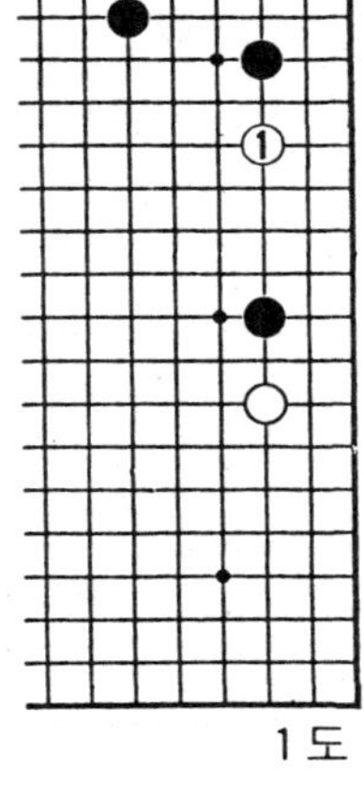

1도

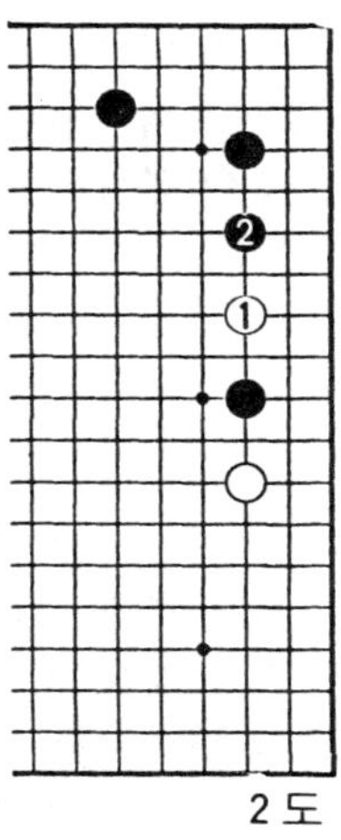

2도

3 도 (온건) 흑 1 에 대하여 백 2 의 마늘모는 온건한 수이다. 백 3 의 한칸이 요점이다.

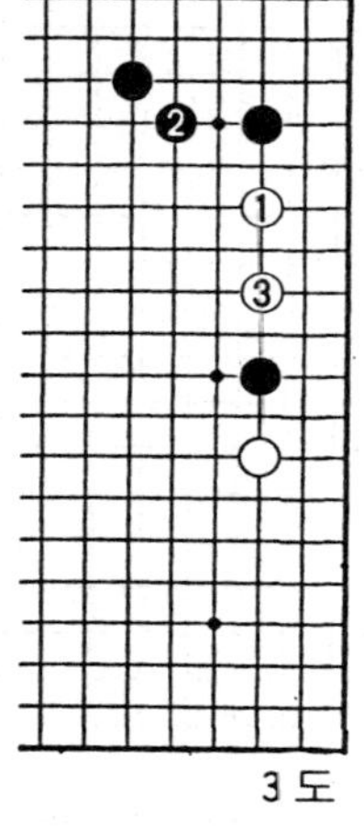

3 도

4 도 (경합) 다음에 흑 1 의 한칸은 백 2 의 눈목자로 달린다. ㉮의 한칸이 쟁점이다.

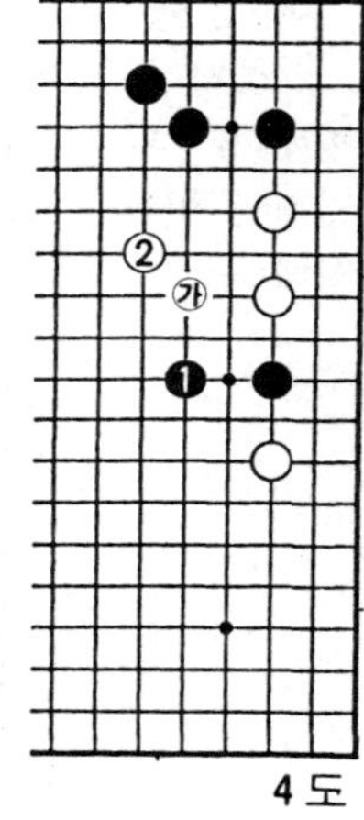

4 도

5 도 (날일자) 백 1 에 흑 2 의 날일자는 백 3 의 붙이는 맥점이 있다.

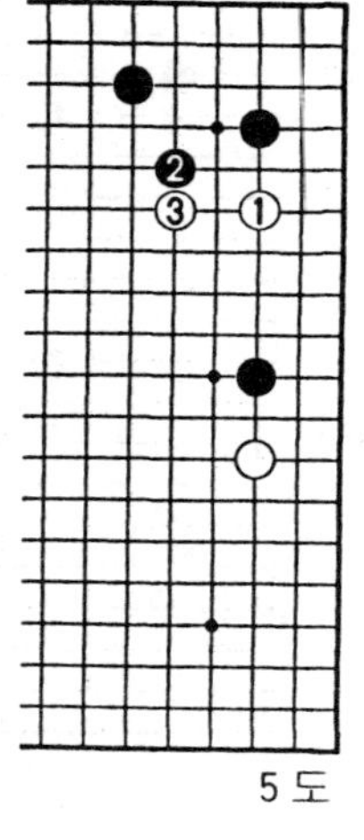

5 도

6 도 (모양) 다음에 흑 1 의 젖힘, 백 2 다음 6 까지. 다음 백 ㉮로 두게 되면 변의 흑이 엷어진다.

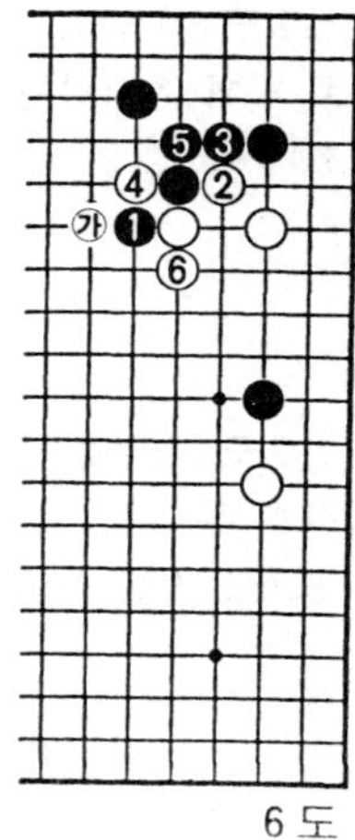

6 도

7도(협공) 흑 **2**는 백의 근거를 빼앗는 수이다.

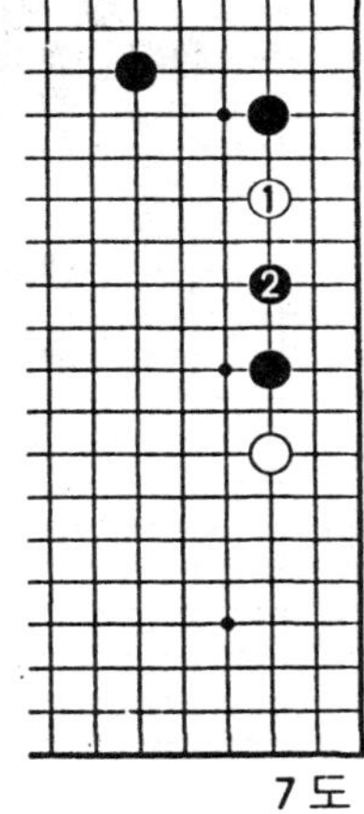

7도

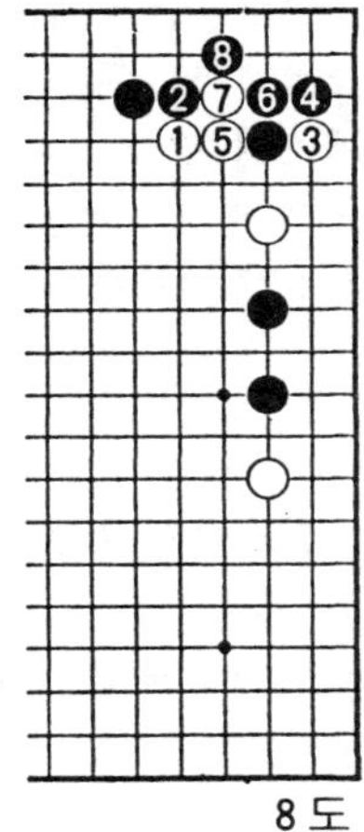

8도

8도(맥) **1**이 모양의 급소. 다음 **3**에서 **7**까지 기본적인 맥이 생긴다.

9도(모양) 전도 다음에 백 **1**의 끊음에는 흑 **2**, 백 **3**에는 흑 **4**를 응수시키고 **5**로 모양을 갖춘다.

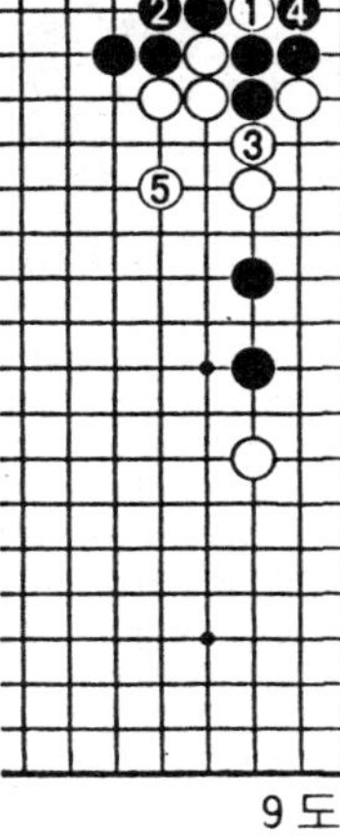

9도

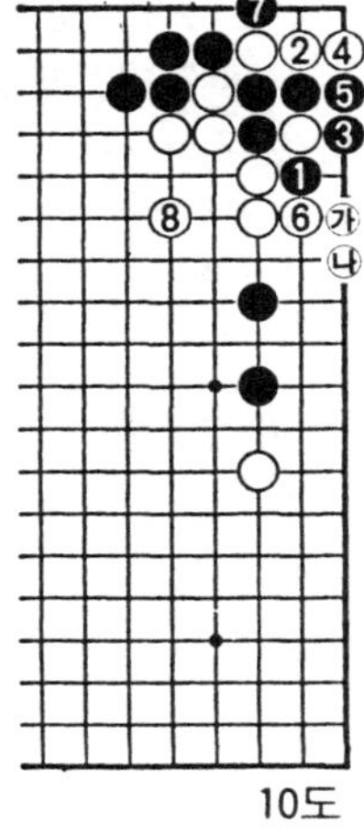

10도

10도(선수) 전도의 흑 **4** 대신 본도의 **1**로 끊으면 사석 작전이 생긴다.

11도(경합) **9**도 흑 **2**로 **1**로 두는 것은 백 **2**의 뜀이 있다. 흑 **3**엔 백 **4**, 백 ㉮의 뒷맛이 남는다.

12도 전도 흑 **3**으로 **1**의 곳을 구부리는 것은 백 **2**, 흑 **3** 다음 **4** 까지—.

11도

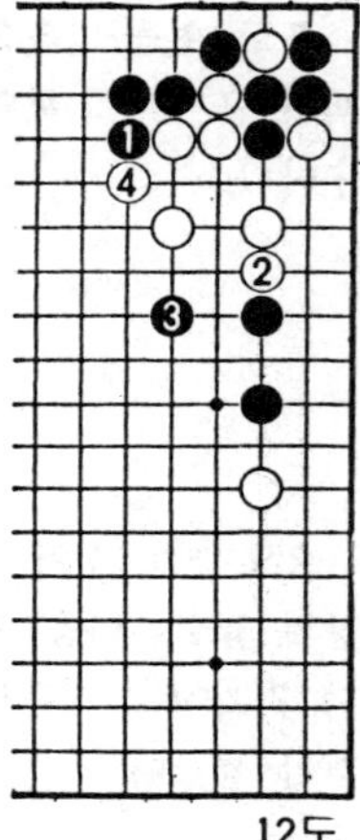

12도

13도(절단) 단지 백 **1**은 흑 **2**, **4**. 흑 **6** 다음 ㉮와 ㉯의 곳을 노린다. 백의 커다란 손해이다.

14도(불만) 백 **5**, 흑 **6**, 백 **7**의 단수가 모양이다. 흑의 불만이다.

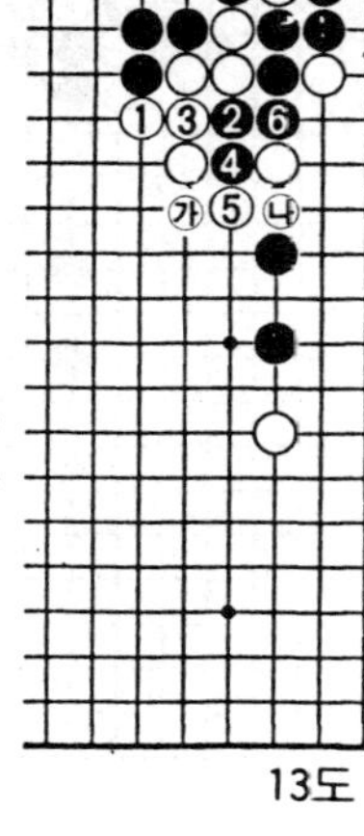

13도

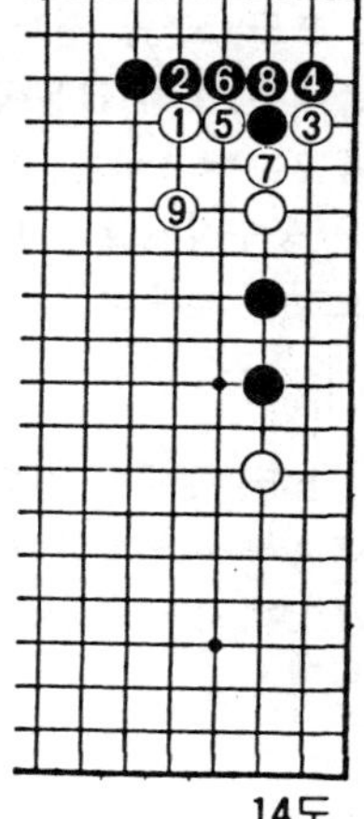

14도

15도 (지킴) 백 **3** 의 붙이는 수는 흑 **4**, 백은 **5** 의곳 급소를 지킨다. ㉮와 ㉯의 곳이 노림으로 남는다. 흑이 손을 빼면—.

16도 (삶) 장래 **1** 의 밀고 나감이 있다. 이하 **7** 까지 산다.

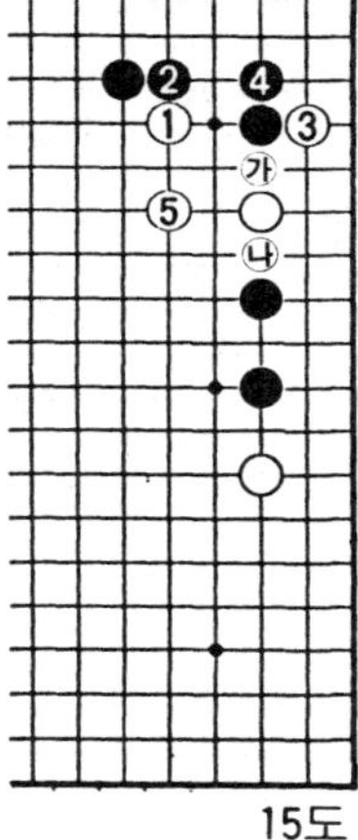

15도

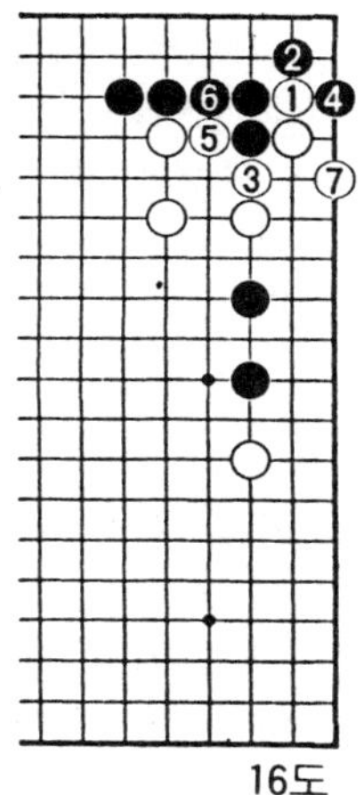

16도

17도 (붙여뻗음) 백 **3** 에 흑 **4** 의 부딪힘은 백은 5 의 곳 급소를 노린다.

18도 (두터움) 흑 **1** 에서 **3**, **5** 로 둔다. 흑 **11**까지 만족스런 모양.

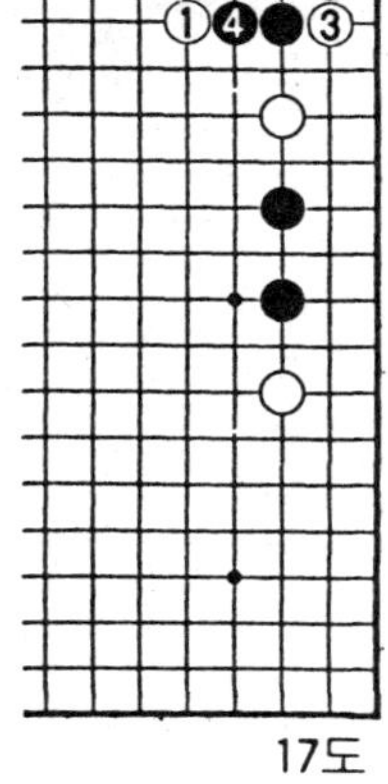

17도

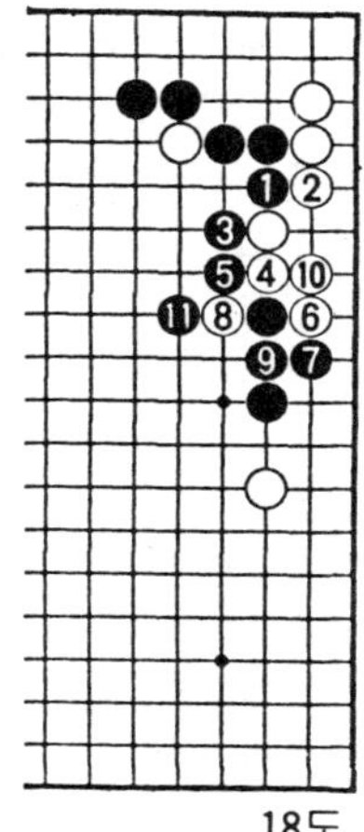

18도

19도 (귀의 침입) 백 1로 붙이는 수가 있다. 흑 2의 올라섬으로 귀에서 사는 수가 있다.

20도 (넓다) 다음 1에서 9까지 상용의 방법. 흑10은 ㉮의 곳을 두는 수도 있다.

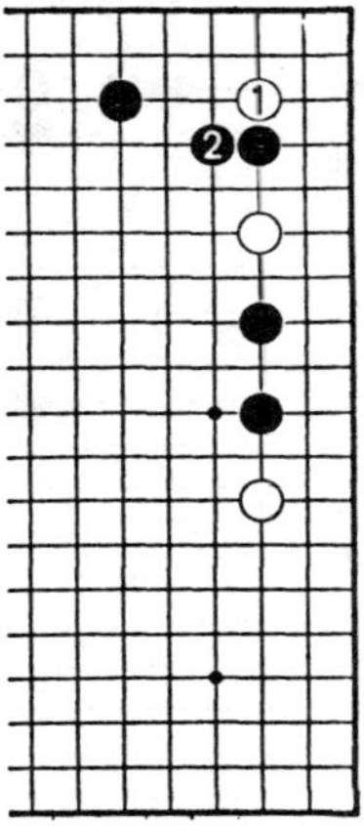

19도

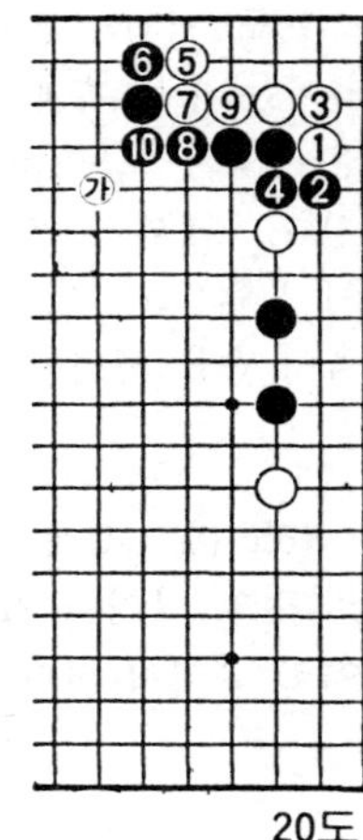

20도

21도 (두텁다) 전도의 흑 6으로 1로 위쪽을 느는 것은 백 불만이다.

22도 백 1에 흑 2는 백 3 이하로 건너가 산다. 이것은 20, 21도의 두터움이 움직이는 방향이 각각 다르다.

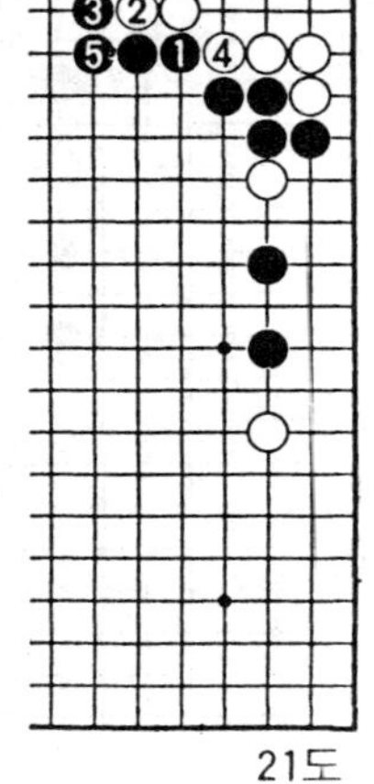

21도

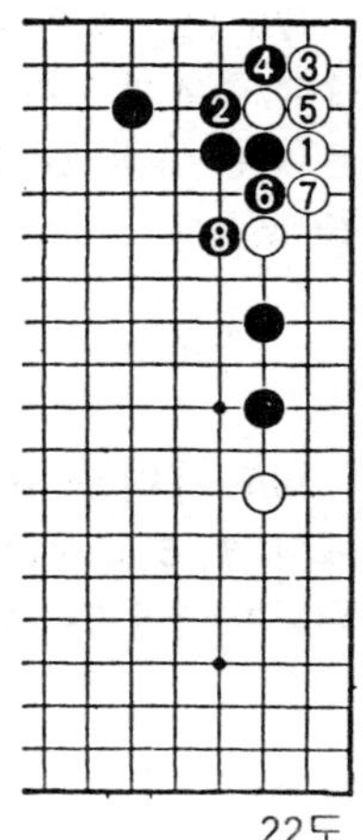

22도

23도 (후수) 백 1에 흑 2, 백 3, 5로 젖혀 잇는다. 9까지 후수로 산다.

24도 (붙여뻗음) 백 1에 귀로 들어가는 것은 흑 2, 백 3에 대한 흑 4의 대책에 대해 알아 보자.

23도

24도

25도 (삶) 백 1, 3으로 붙여느는 것은 흑 4 다음 5의 내려섬이 있다. 이를 손빼면 어떻게 될까?

26도 (패) 흑 1, 3의 2단젖힘이 있다. 이것은 패의 맥이다. 다음에 백 ㉮는 흑 ㉯로 받아서 패.

25도

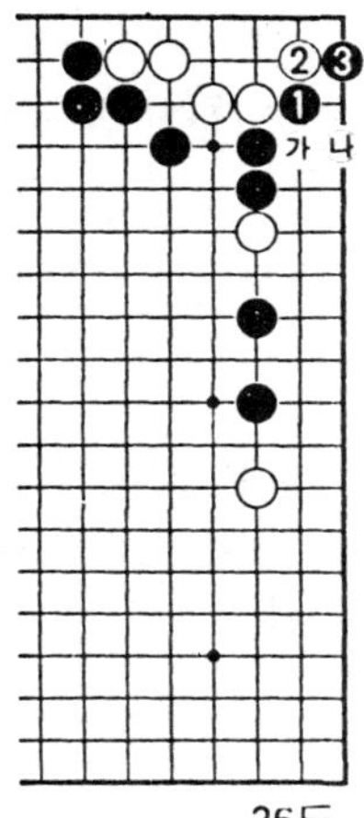

26도

27도 (두텁다) 흑 2의 뜀에 축관계이다. 백 9로 살아 상당히 두텁다.

28도 (귀에서 삶) 흑 2는 축이 불리할 때 붙이는 맥이다. 백 3, 5로 살면 흑 6까지 두터운 모양이다.

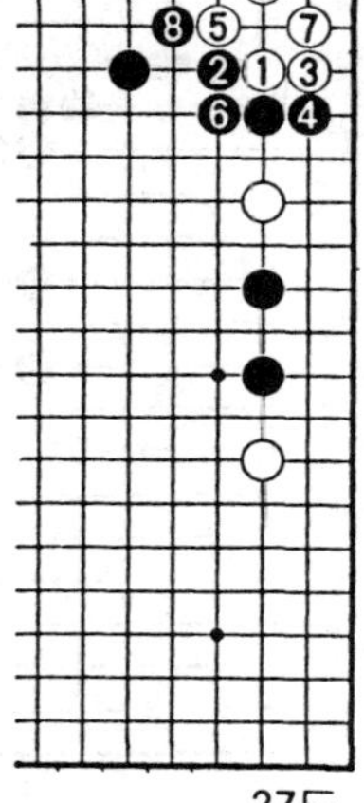

27도

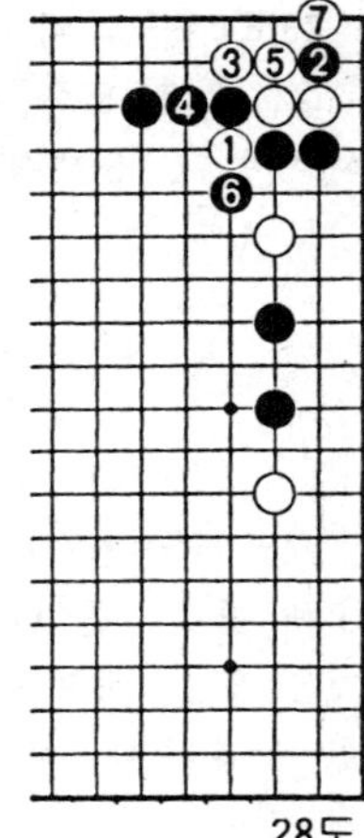

28도

29도 (외부) 백은 3 이하 9로 지켜 모양이다.

30도 (동형) 백 1, 3은 축관계가 영향이 있다.

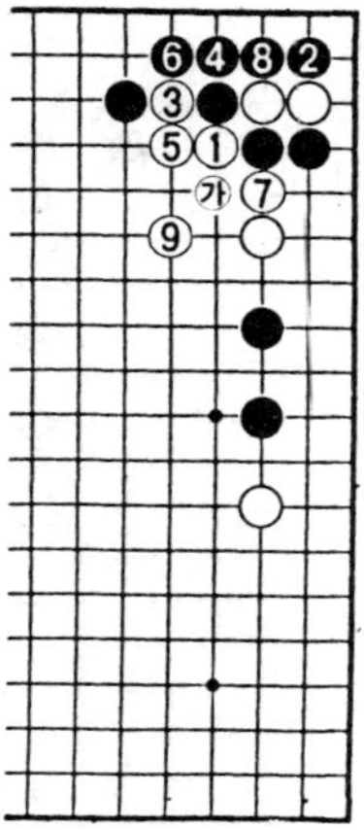

29도

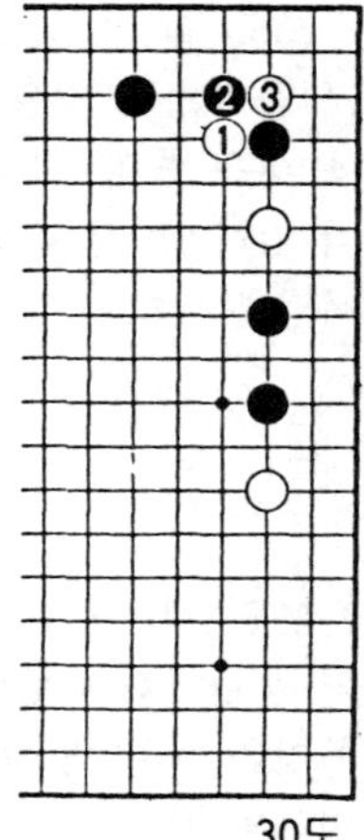

30도

31도 (축) 흑 1 단수 다음 3의 이음은 축이 유리하면 6의 곳을 내린다.

32도 (저항) 흑 1 이하 5의 이음까지. 백 6으로 저항하여 변화가 생긴다. 7의 아래 붙임이 맥이다.

31도

32도

33도 (모양) 다음에 백 1의 곳을 두면 흑 2, 4로 받는다. 백은 5, 7 다음 귀에 맛을 남겨둔다.

34도 (주의) 백 1의 젖힘은 나쁘다. 흑 2로 나가서 백이 전멸을 한다.

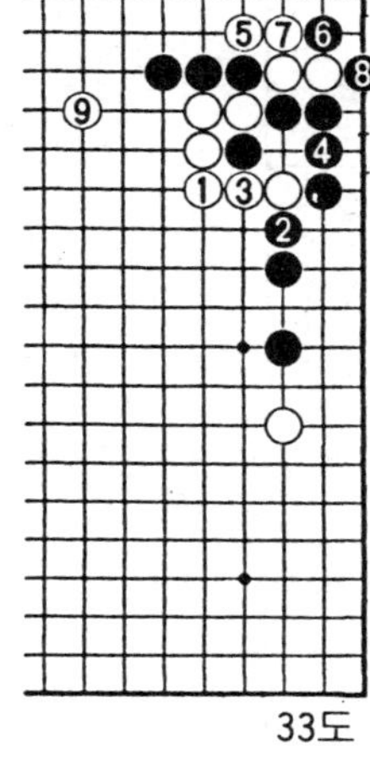

33도

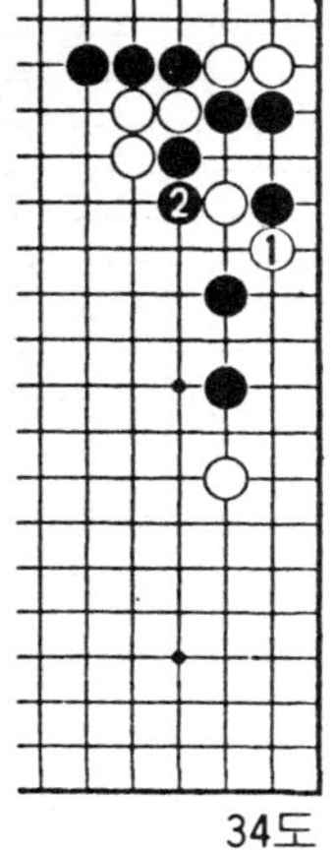

34도

제 4 형

다음은 눈목자 굳힘에 2칸 벌림이다. 좋은 모양인데 백은 어떻게 두어야 할까?

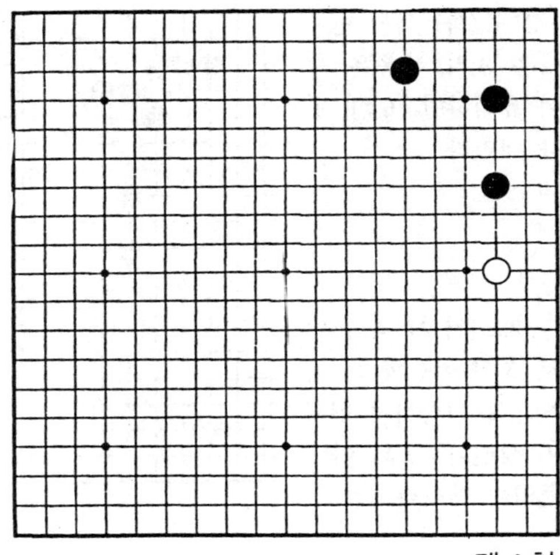

제 4 형

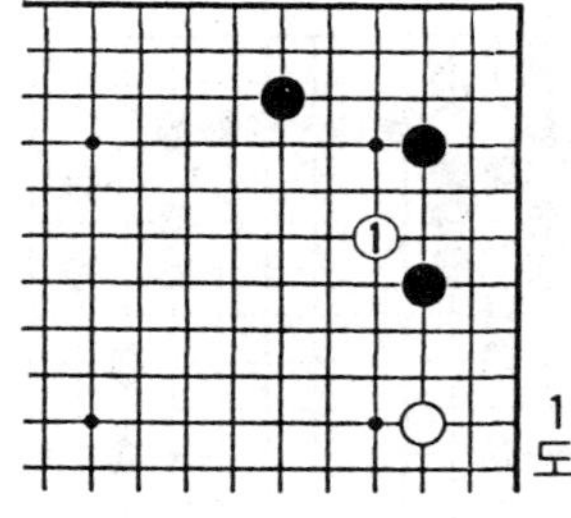

1도

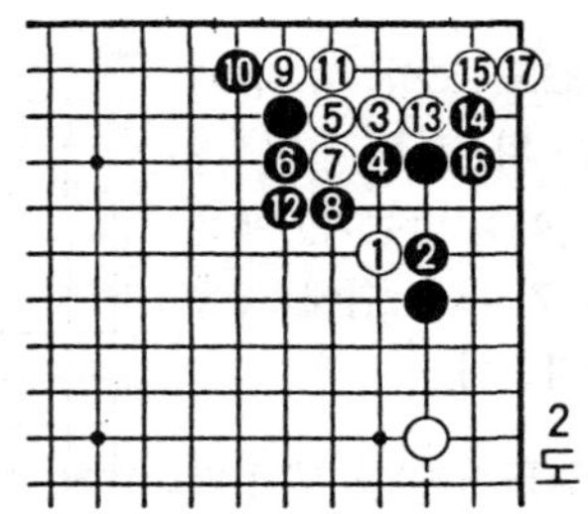

2도

1도 (어깨짚기) 백 1의 어깨짚기에 대한 흑의 응수는? 간단하면서도 쉽지 않은 문제다. 차분하게 변화를 생각해 보자.

2도 (변화) 백 1에 대하여 흑 2의 받음이 상식적인 수이다. 다음 백 3의 침입과 관련하여 이하 17까지 흑은 외세가 두텁다.

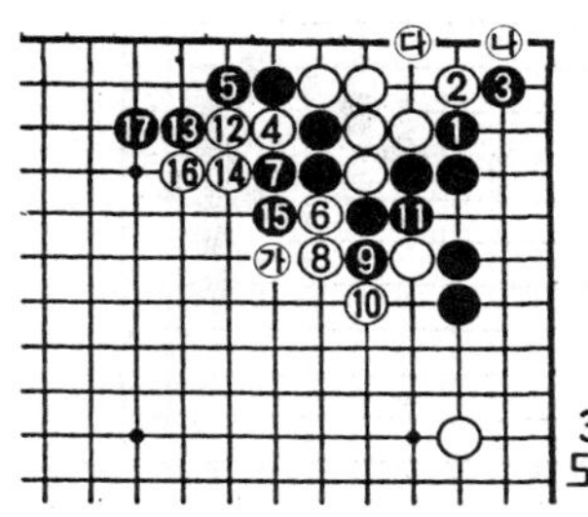

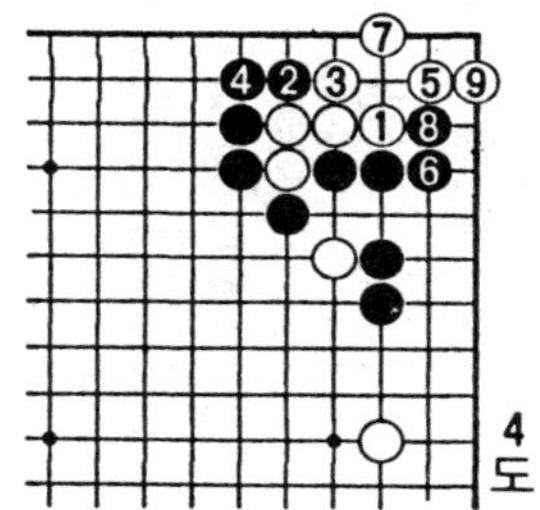

3 도 (축) 전도 흑12의 이음으로 흑 1 로 내려서 축 관계가 생긴다. 다음 ㉮의 축이 문제다. 백 4 의 끊음으로 ㉯의 젖힘은 흑 ㉱의 치중이 있다.

4 도 (두텁다) 2 도 백 9 , 11의 젖혀 이음으로, 백 1 은 다음의 9 까지로 흑이 두터운 모양.

특히 흑 2 , 4 의 착수는 백 9 까지의 진행을 유도하고 있다.

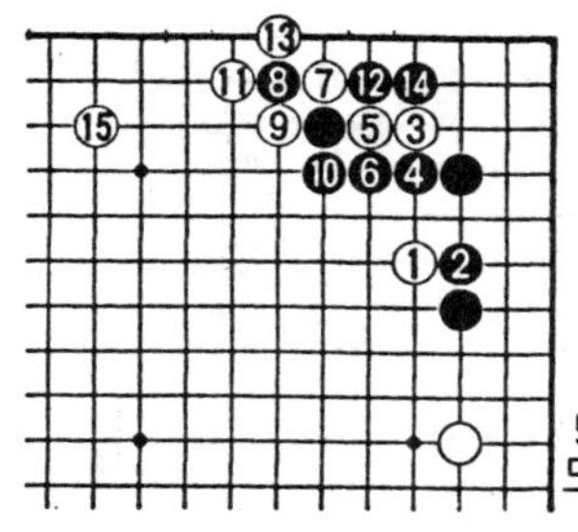

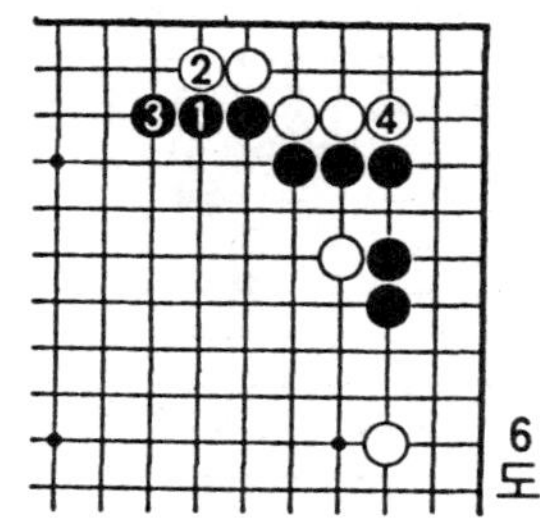

5 도 (불만) 백 5 에 흑 6 , 그리고 8 의 2 단젖힘까지. 흑은 귀의 2 점을 잡을 수 있으나 불만이다.

백15의 달림이 너무나 좋다.

6 도 (실리) 전도 흑 8 의 2 단젖힘으로 1 의 곳을 느는것은 백의 집이 커서 흑의 불만이다.

백은 2 , 4 로 3 · 3을 차지하게 된다. 흑은 실리(実利) 가 없다.

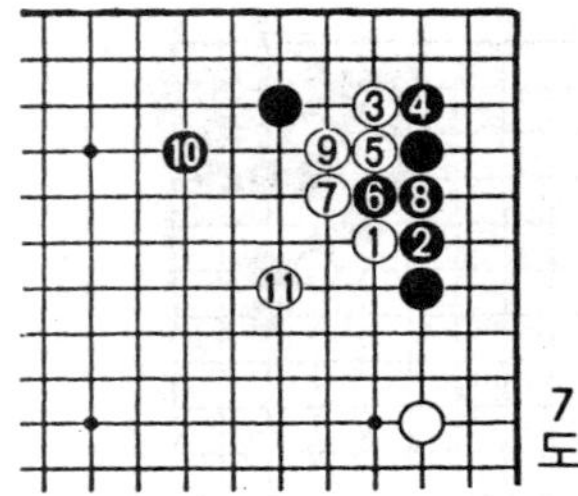
7도

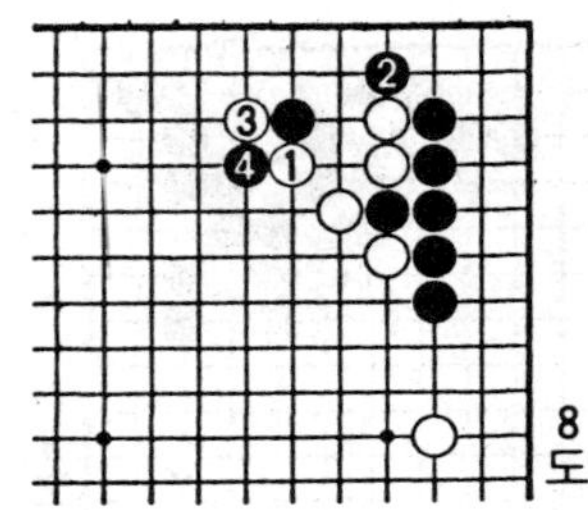
8도

7도(중앙) 백 3으로 두는 것에 대하여 흑 4의 3·3으로 받을 수 있다. 백 5, 흑 6까지 백 7의 한점을 움직인다. 백 9의 이음에 흑10의 날일자는 조화. 백도 11로 경쾌하게 둔다.

8도(무겁다) 전도 백 9로 1의 곳을 두는 것은 2의 젖힘으로 백모양이 무겁다. 백 3은 흑 4가 있어 백이 곤란하다.

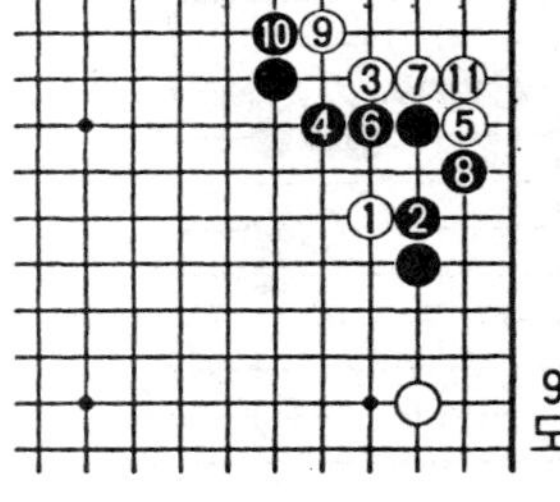
9도

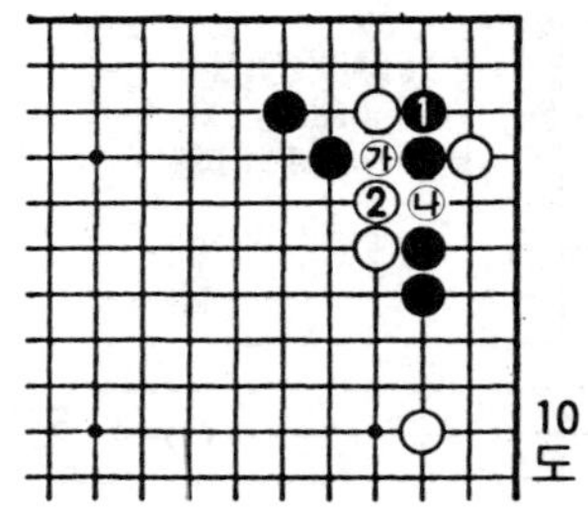
10도

9도(붙이는 맥) 백 3에 대하여 흑 4의 마늘모는 맛이 나쁘다. 흑 6의 이음, 11까지 후수로 산다.

10도(무리) 전도의 흑 6의 이음 대신 1의 곳을 내려서는 것은 나쁘다.

백 2는 평범. 백 ㉮와 ㉯는 맞보기. 흑은 응수가 궁하다. 이 그림에서는 백의 성공이라 볼 수 있다.

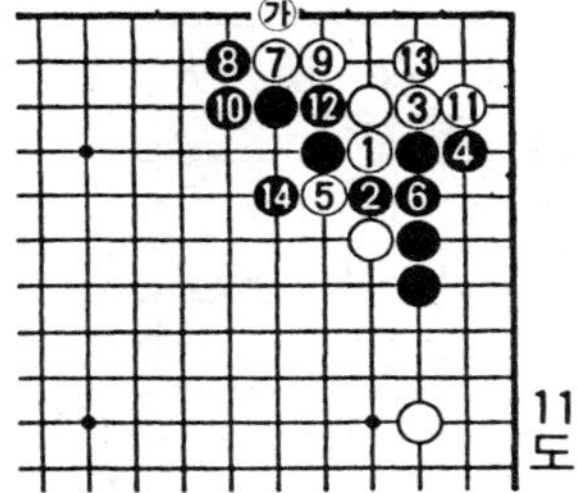

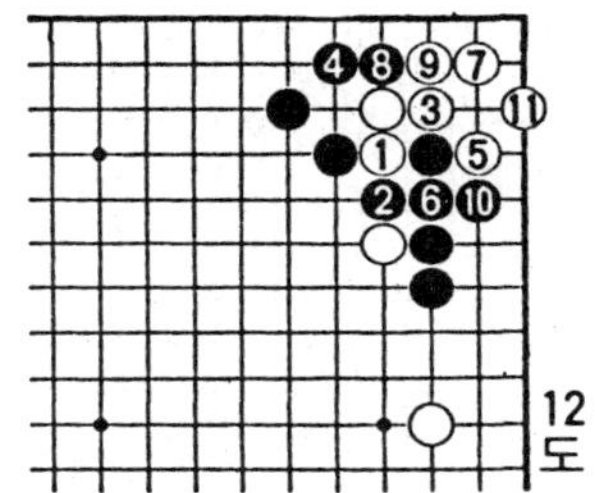

11도 (나감) **9** 도의 백 **5** 로 **1** 의 곳을 나가는 것은 흑 **2**, 백 **3** 의 3·3 으로 꺾는다. 흑 **4** 의 내려섬에 백 **5** 에서 **7** 까지. 이 모양은 흑의 뒷맛이 나쁘다.

12도 (모양) 흑 **4** 로 마늘모라면 7 까지로 살게 된다. 여기서는 백 **7** 이 모양이다.

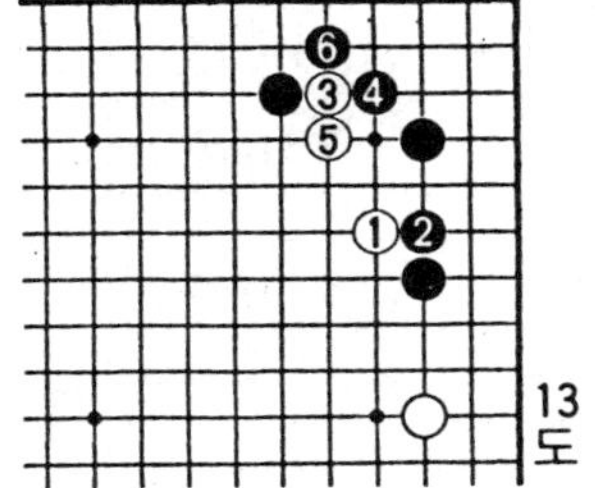

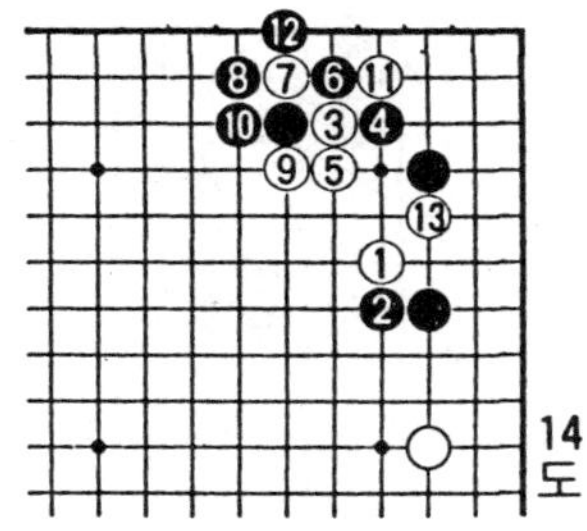

13도 (이맥) 백 **1** 에 흑 **2** 로 받을 때 **3** 의 붙임은 이맥. 흑 **4** 의 마늘모에 백 **5** 의 올라섬이 불가피할 때 흑 **6** 으로 둔다.

14도 (변화) 백 **1** 에 흑 **2** 로 올라설 때 백 **3** 의 붙임은 흑 **4** 의 마늘모, 백 **5** 다음 이하 **13**의 마늘모까지—.

흑 **4**, **6**일 때 백은 **7** 부터 **9**, **11**로 이익을 보게 된다.

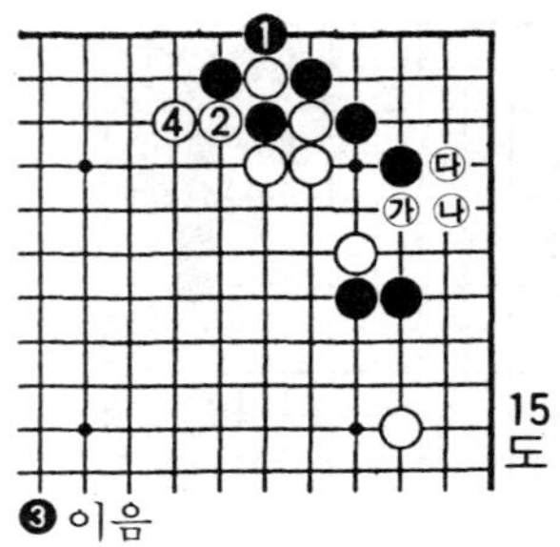

❸ 이음

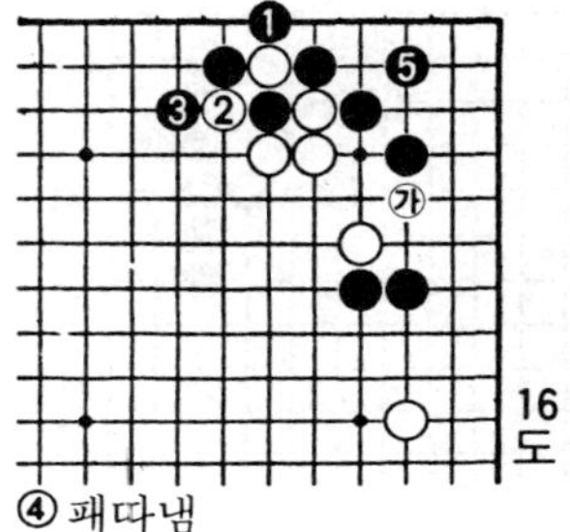

④ 패따냄

15도 (변화) 전도의 흑10에는 흑 **1** 로 때리는 수가 있다. 백 **2** 의 단수가 이 한수. 흑이 이으면 **4** 로 는다. 이다음에 백에서 ㉮의 곳을 두면 흑㉯, ㉰로 응수한다.

16도 (맛이 좋다) 흑이 한점을 때려낼 때 백 **2** 의 단수. 여기서 흑이 3 으로 젖히면 백 **4** 로 때린다. 흑 **5** 의 지킴으로 ㉮의 맥을 방지한다.

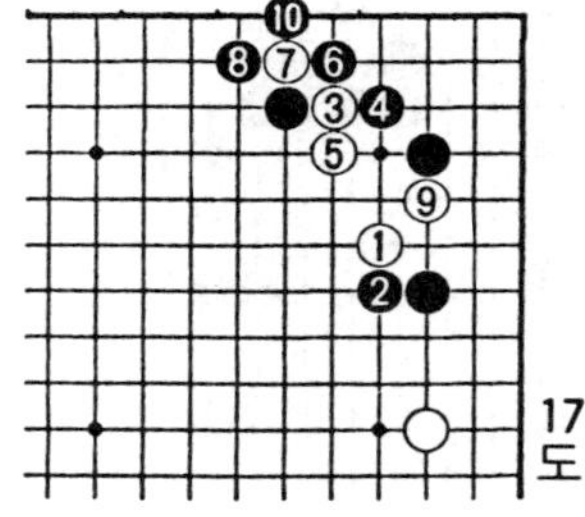

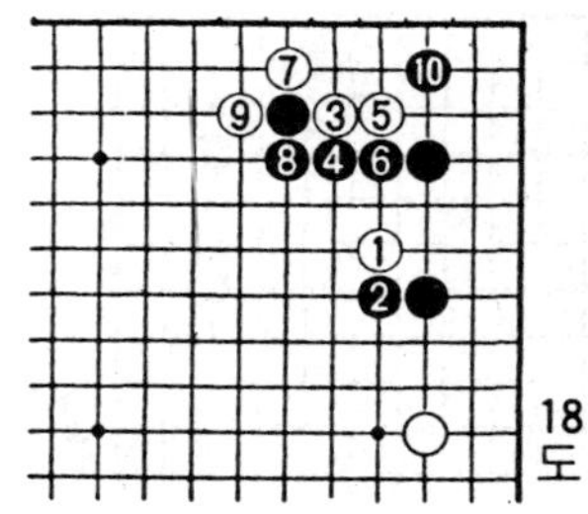

17도 (단순침입) **14도**의 백 **9 , 11**의 단수를 생략하고 단순히 **9** 까지 두는 것은 백이 좋지않다.

18도 (실리) 백 **3** 의 붙임에 흑 **4** 의 젖힘은 귀에 대한 흑의 실리가 좋다.

백 **7** 일때 **8** 로 이어 두고, 백 **9** 일때 흑**10**으로 귀를 지키는 것이 유리하다. 흑 8 은 좋은 수이다.

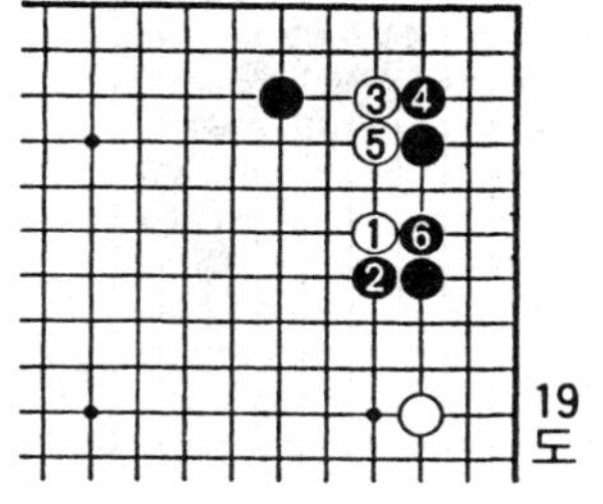

19 도

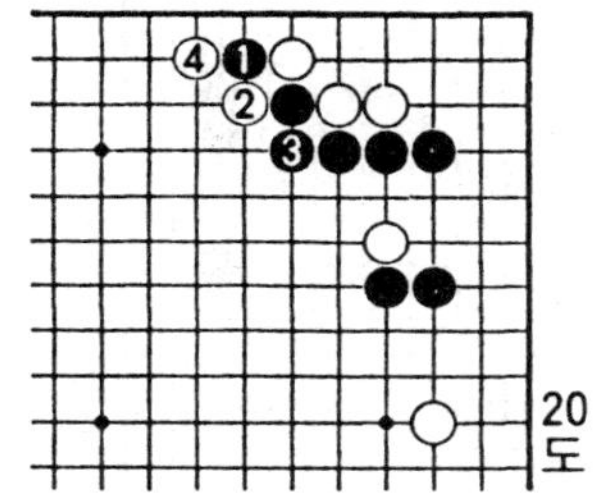

20 도

19도 (단순) 흑 **2** 의 올라섬에 백 **3**, **5** 로 두는 것은 너무나 단순해서 백이 무거운 모양이다.

20도 (좁다) **18도** 흑 **8** 의 이음으로 2 단젖힘을 하는 것은 백이 **2**, **4** 로 끊어잡아 두터운 맛이 떨어진다.

이것은 결국 흑이 좋지 않은 수순이다.

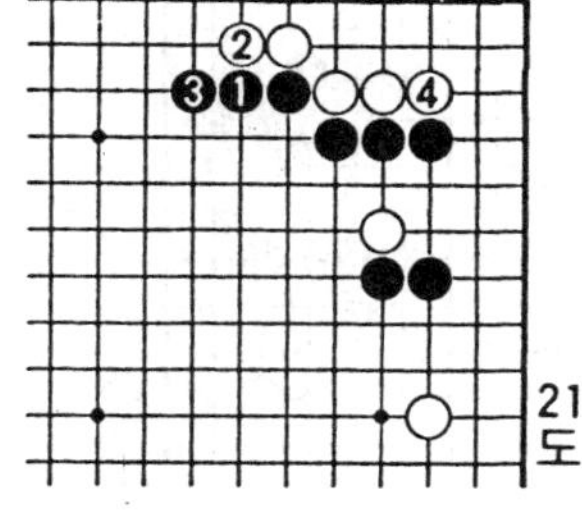

21 도

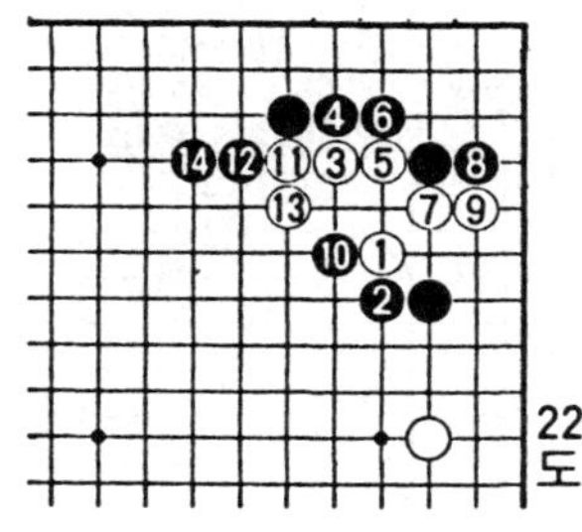

22 도

21도 (달다) 흑 **1** 의 느는 수가 있다. 백은 **2** 로 밀어 흑 **3** 으로 늘 때 **4** 로 귀에 근거를 마련한다. 이것은 흑이 즐거운 모양.

22도 (속맥) 백 **1**, 흑 **2** 의 교환은 백 **5** 까지 결행되어 속맥이다. 백이 무거운 모양이다.

백 **9** 일때 때 흑10의 젖힘이 급소이다.

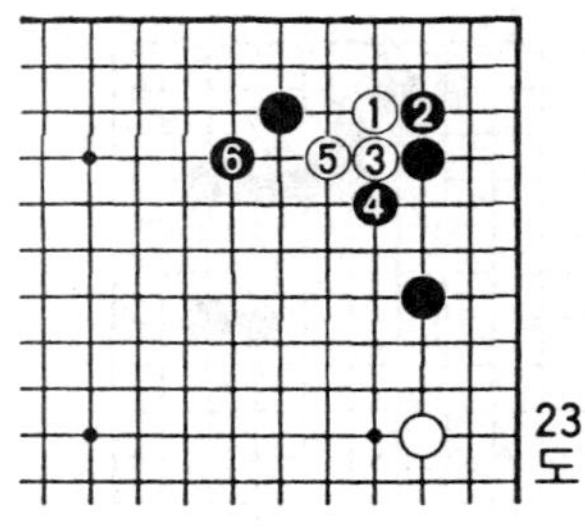

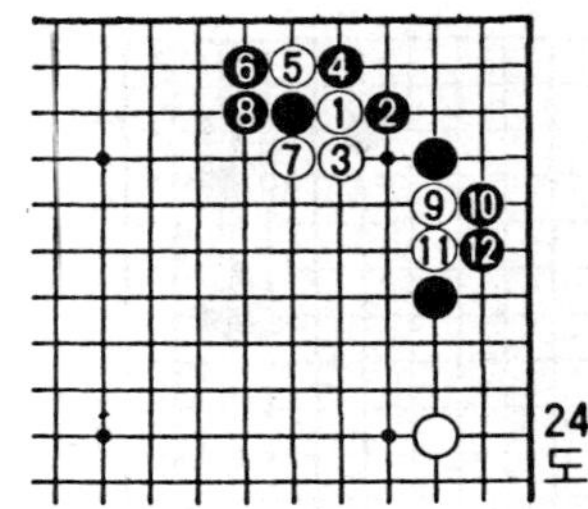

23도 (우형) 이 구도에는 백이 단독으로 귀에 침입을 한 모양이다. 백 1 에서 흑 2, 백 3 의 빈삼각 다음 흑 4 의 머리누름이 통렬하다. 백 5 의 우형으로 나가면 흑 6 으로 조화있게 공격.

24도 (건넘) 백 1 의 붙임에 흑 2 의 마늘모, 이하 흑12까지 흑은 건너간다.

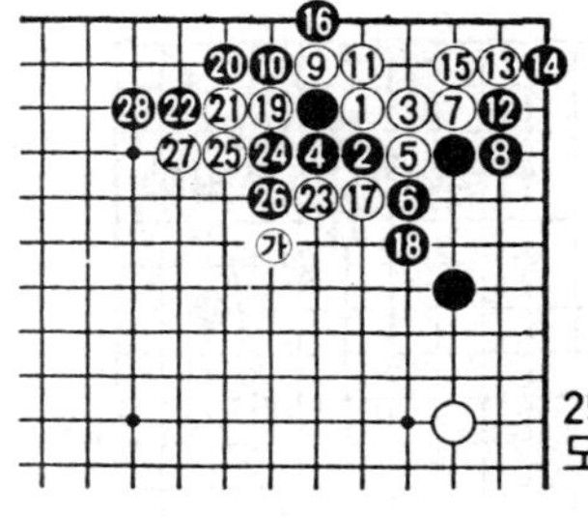

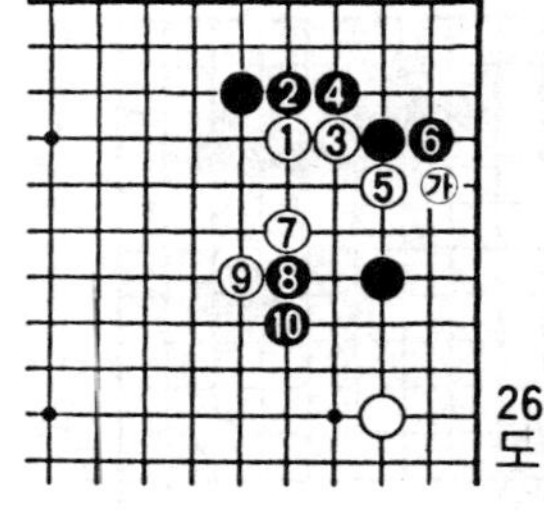

25도 (축) 흑에게 축이 유리할 경우는 백 1 의 붙임은 위험하다. 백17이하 28까지 외길의 수순이다. 여기서 백 ㉮가 성립하는지가 관건이다.

26도 (공격) 백 1 로 위쪽에서 두는 것은 감각이 둔하다. 백 7 은 모양이다. 흑은 ㉮의 곳을 건너감을 노린다. 이하 8, 10까지로 공격한다.

제 5 형

눈목자 굳힘에 2칸벌림으로 제 4 형과 같은 모양인데 상변에 백 돌이 있는 점에 유의하여야 한다.

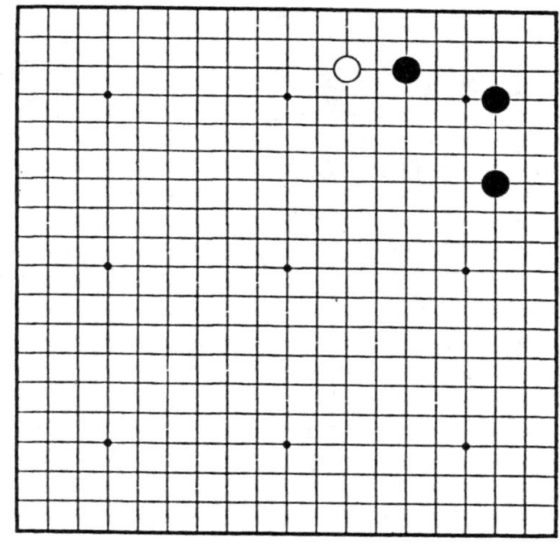

제 5 형

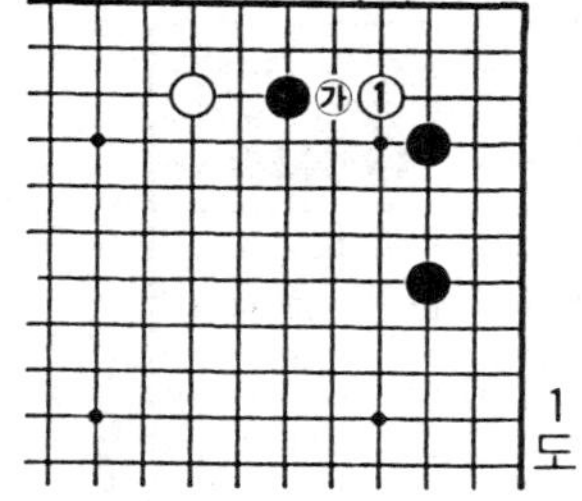

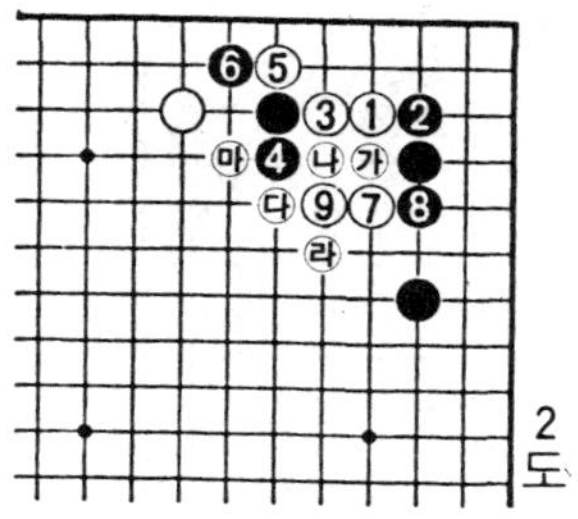

1 도 (귀) 눈목자 굳힘에 있어 직접 백 **1** 로 귀쪽을 침입하는 것은 어떨까? ㉮의 곳이 성립할까?

이후의 변화를 음미하여 보자.

2 도 (상형) 백 **1** 에 대하여 흑 **2** 로 귀를 수비하는 것은 이하 7 까지 상형인데 흑 **8** 로 ㉮는 백 ㉯, 흑 **9**, 백 ㉰, 흑 ㉱, 백 ㉲가 된다.

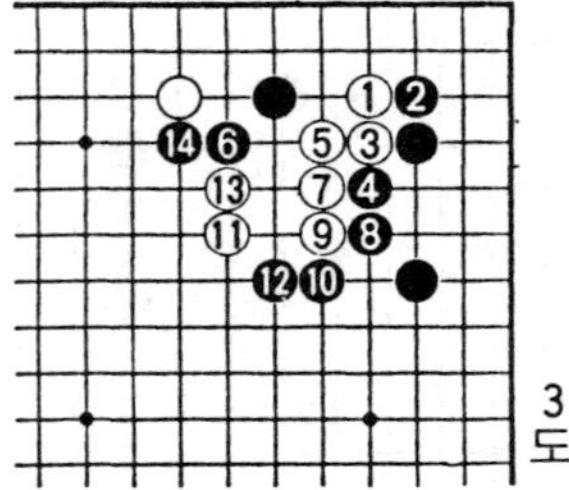
3 도

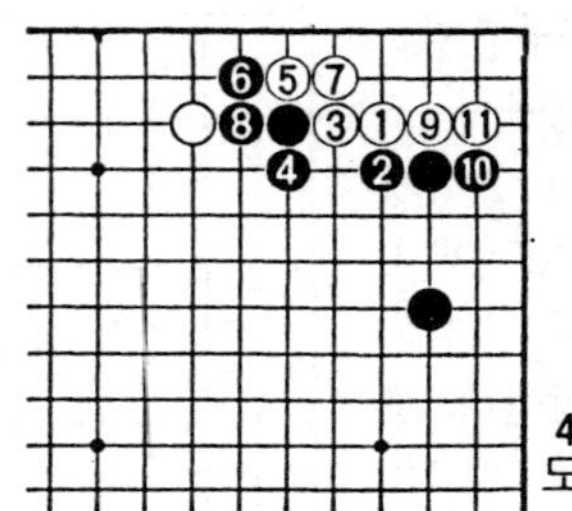
4 도

3 도 (변화) 백 3 의 위쪽을 올라서면 흑 4 의 젖힘으로 백 5 의 빈삼각의 우형이다. 이하 흑14까지 백이 무거운 모양.

4 도 (흑 불만) 백 1 에 흑 2 로 뒤쪽을 두는 것은 이하 3 에서 11까지 귀에서의 완벽한 방어벽을 구축.

결국 흑은 면백(面白)이 없다. 여기서는 백이 성공하고 있는 모양이다.

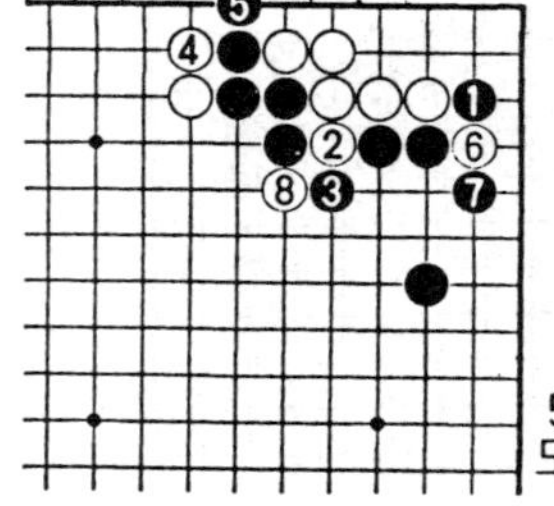
5 도

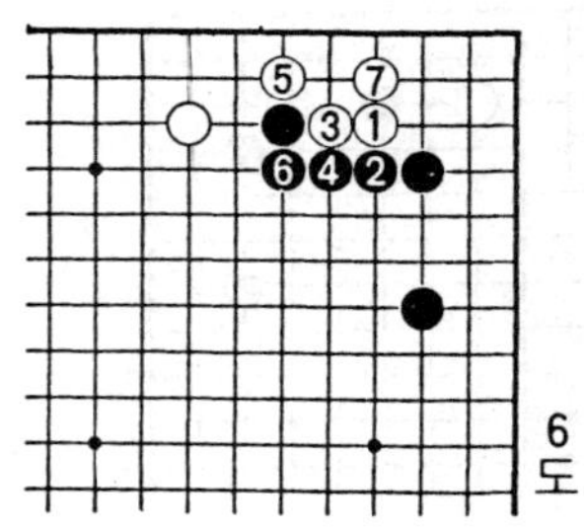
6 도

5 도 (흑 무리) 전도의 10의 내려서는 수로 1 의 곳을 젖히는 것은 흑 2 로 나와 백 4 로 5 를 응수시킨 다음 8 의 끊음이 있다.

6 도 (변화) 흑 2, 4 로 위쪽을 누르면 상변의 건넘이 있어 불만이다.

백은 실리(實利)와 세력을 한꺼번에 갖춘 모양이 되었다.

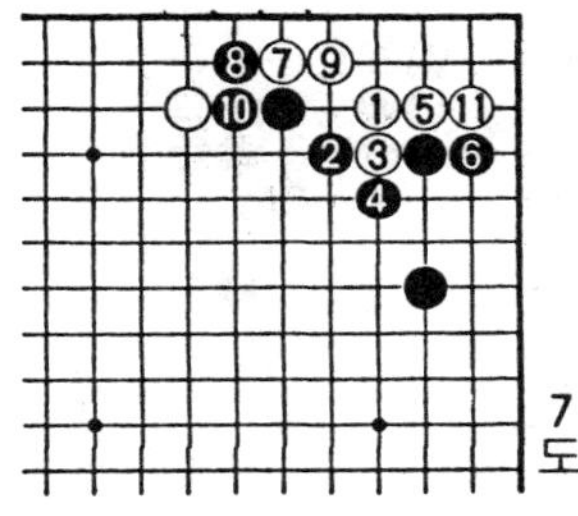
7도

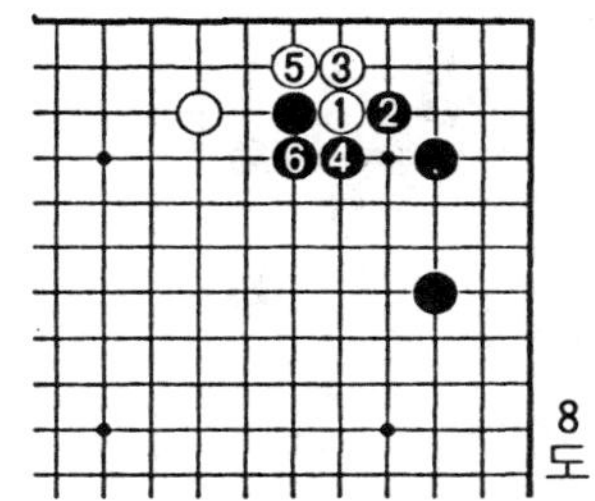
8도

7도 (마늘모) 흑 2의 마늘모는 맛이 나쁘다. 백 3으로 나와 5로, 이하 11까지—.

8도 (붙임) 상변에 백의 한점이 있다. 흑 2가 침착하다. 백 3에 흑 4, 5로 백은 건너간다.

백은 무엇인가 스스로 부족함을 느끼는 형세가 되었다. 흑이 유리한 모양이다.

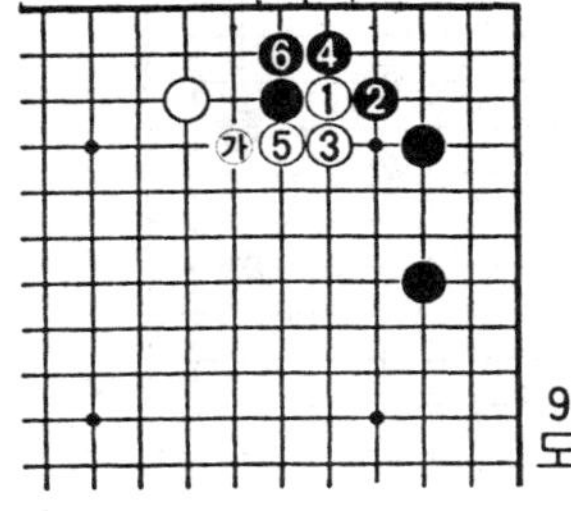
9도

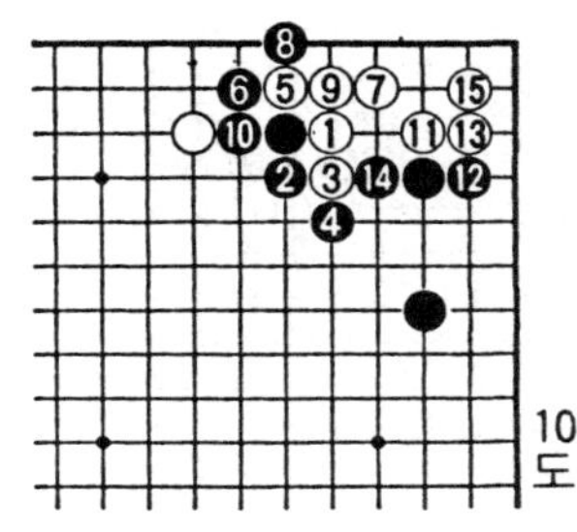
10도

9도 (올라 섬) 백 3으로 올라서면 4로 건너간다. 5에는 6의 이음인데, 장래 흑 ㉮의 젖힘이 남는다.

10도 (불만) 흑 2의 올라섬에 3에서 15까지—. 흑이 불만이다.

백 3으로 올려붙여서 5, 7의 모양을 이룬다. 결국 백이 살게 된다.

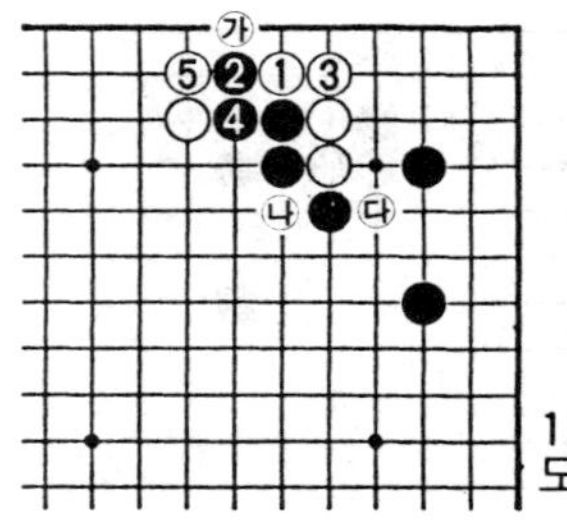
11도

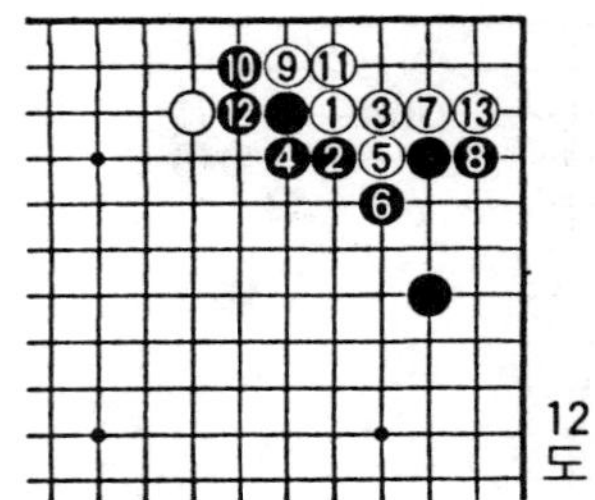
12도

11도 (견실) 전도의 백 5, 7로 본도의 1, 3으로 두는 것이 견실하다. 이것은 백 5의 내림 다음에 흑 ㉮, 백 ㉯로 된다. 흑 ㉮의 내려섬 대신 ㉰의 이음이 견실하다.

12도 (위쪽) 흑 2에는 3의 뻗음에서 이하 13까지 귀에서 산다.

이 그림은 백의 성공이라고 말할 수 있다.

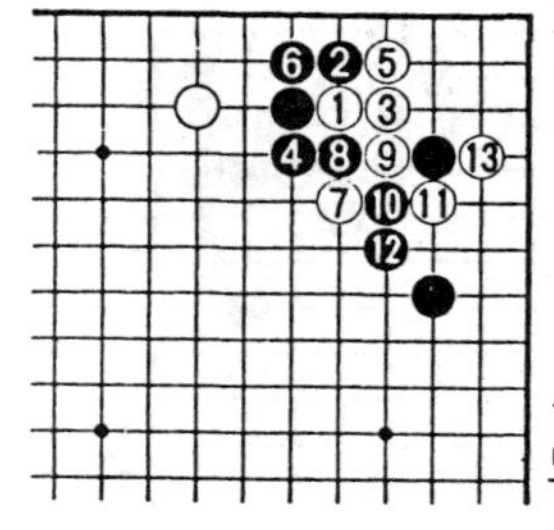
13도

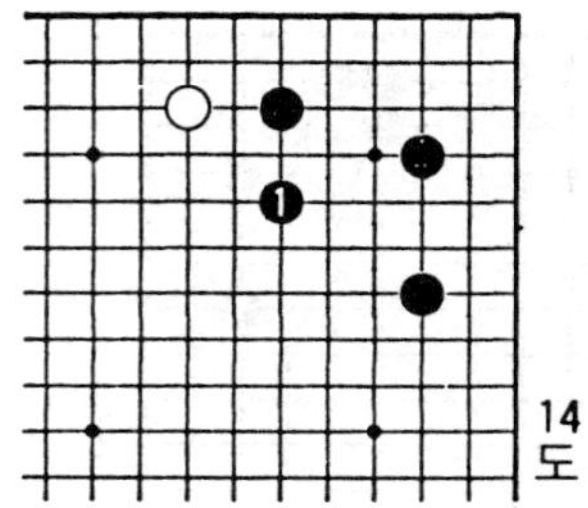
14도

13도 (변화) 백 1의 붙임에 아래쪽 젖힘은 백 3으로 늘면 4로 올라선다. 이하 13까지 근거를 유지하는 모양이다.

14도 (지킴) 눈목자 굳힘에 있어 흑 1의 한칸 뜀이 좋은 지킴이다. 빠른 시기에 백으로부터 뛰어들어 오는 것을 막음으로서 흑은 결코 나쁘지 않은 수순이다. 흑은 1로서 큰 것을 지키게 되었다.

제 6 형

백의 3칸 벌림은 당연한데 침입은 성립할 수 있을까?

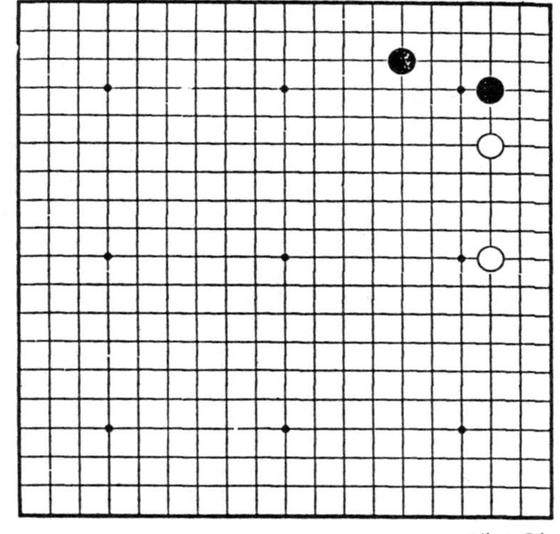

제 6 형

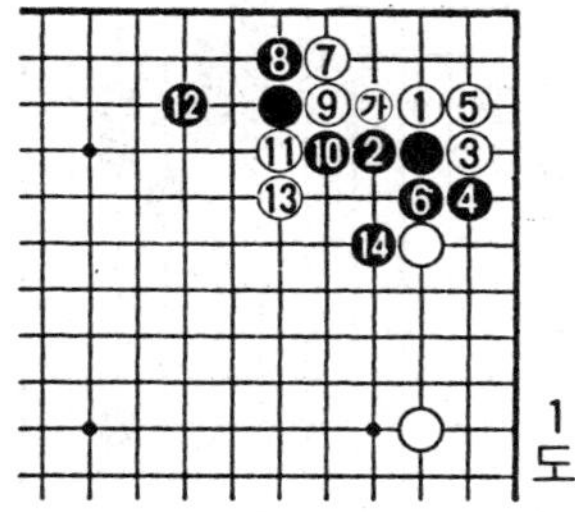

1도

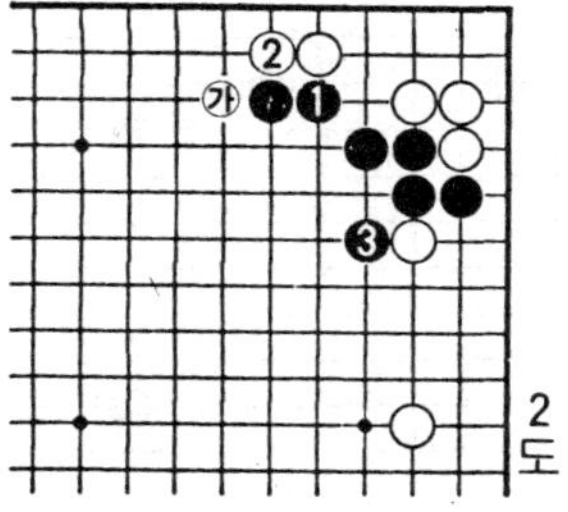

2도

1도(싸움) 이 모양에선 백 **1**의 붙임이 맥이다. 백**11**의 끊음에는 흑**12**의 한칸 뜀. 백**13**에는 **14**로 되는데 백은 ㉮의 이음이 필요하다.

2도(자중) 상변은 흑 **1**, 백 **2** 다음 흑 **3**인데 ㉮의 곳에 두는 수도 있다.

백이 만약 ㉮에 두게 된다면 매우 두터운 수가 된다.

제 7 형

눈목자 굳힘에 양날개로 전개한 모양이다.

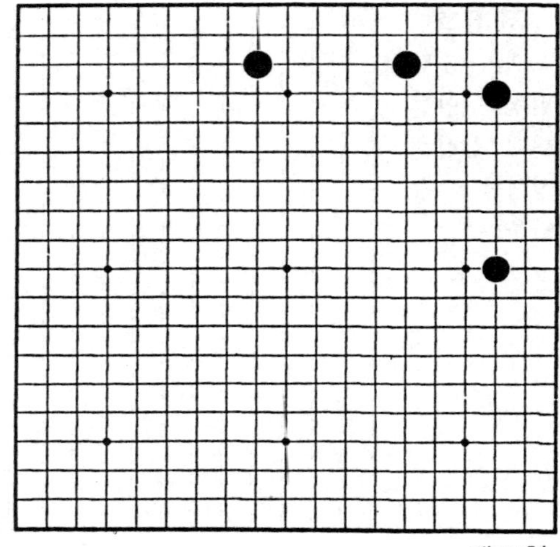

제 7 형

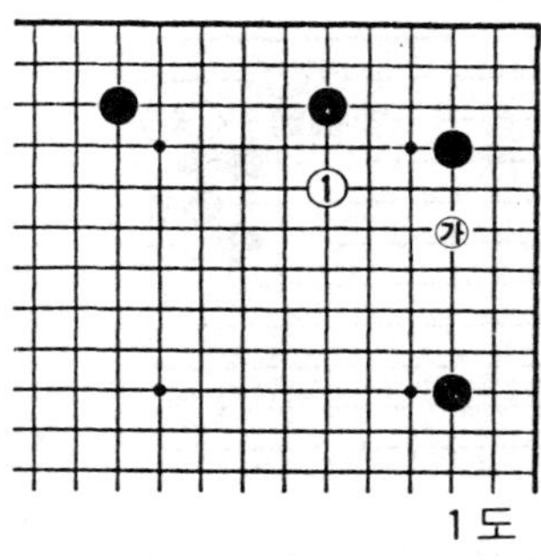

1 도

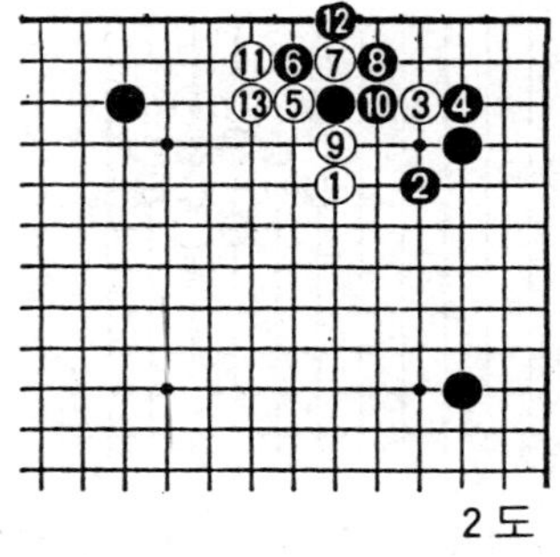

2 도

1 도 (모자) 날일자 굳힘에서와 같이 1의 모자가 있다. ㉮의 곳이 급소이긴 한데 …

2 도 (모양) 흑 2 는 모양이다. 백 3 은 흑의 응수를 묻는다. 백 5, 7 이 상용의 맥. 이하 13 까지 — .

이와같은 수순이 맥을 이용하는 훌륭한 요령이라고 할 수 있다.

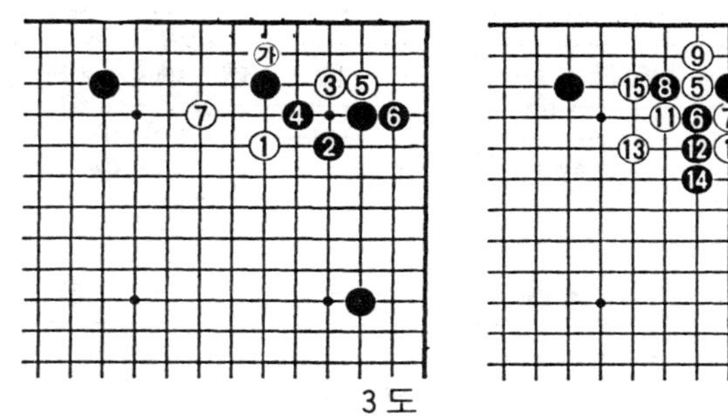

3 도

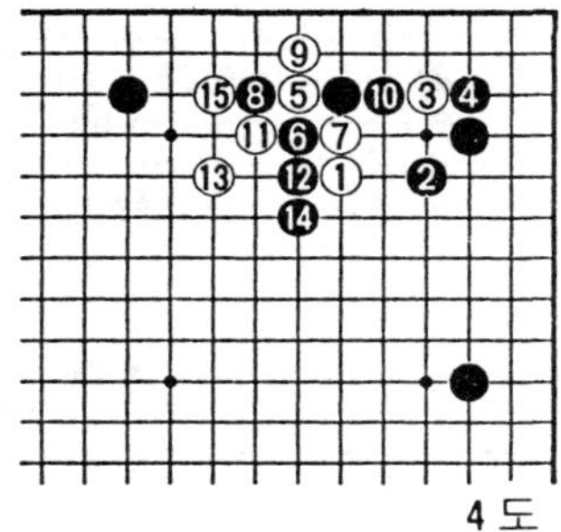

4 도

3 도 (맞) 백 3 에 흑 4, 백 5 에 흑 6 까지. 백 7 의 날일자 다음 장차 ㉮의 곳을 엿봄.

4 도 (싸움) 백 5 의 붙임에 흑 6 으로 젖혀나가면 백 7 이 한수. 16이하로 싸우는 것은 금후의 문제.

그렇다면 과연 흑과 백, 누가 유리한 전국인가?

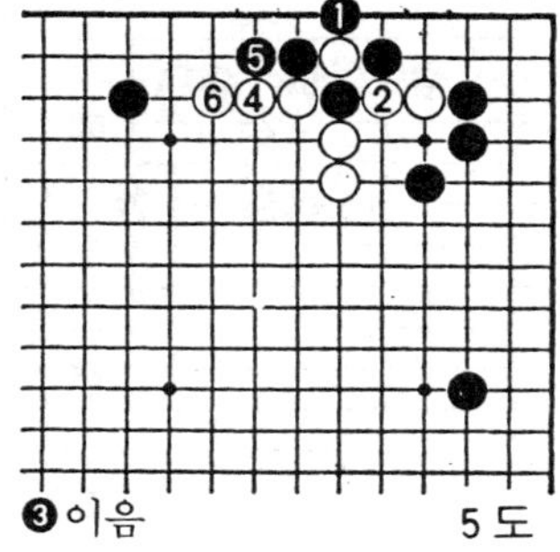

❸이음 5 도

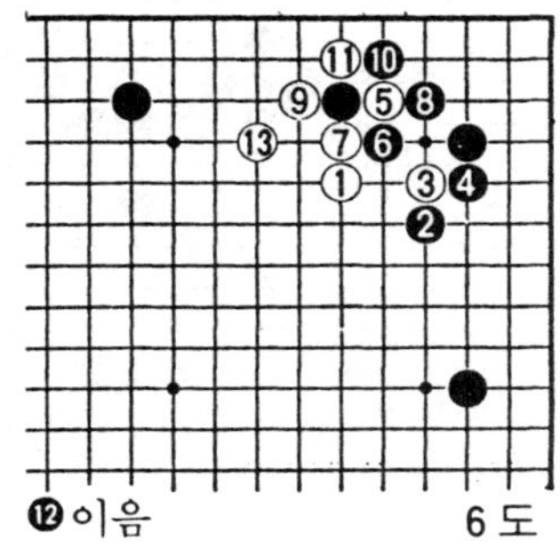

⓬이음 6 도

5 도 (좋다) 2 도의 흑10으로 1 의곳을 때림은 백 2 의 단수 이익이 남는다.

백 4, 6으로 늘어 두면 흑은 기는 모양이 된다. 백은 충분한 모양이다.

6 도 (날일자) 백 1 의 모자에 흑 2 의 날일자는 5 의 안쪽 붙임이 좋은 수. 13까지 모양이다.

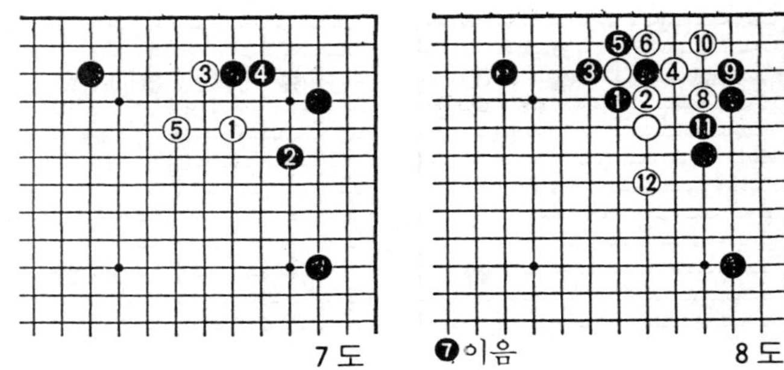

7 도 (경쾌) 백 3 에 대해 가볍게 외부를 붙임이 경쾌하다. 백 5 까지 날씬한 모양이다.

8 도 (돌파) 전도 흑 4 로 1 로 젖히는 것은 12까지 돌파된다.

백은 충분히 자신의 역할을 다했다고 할 수 있다.

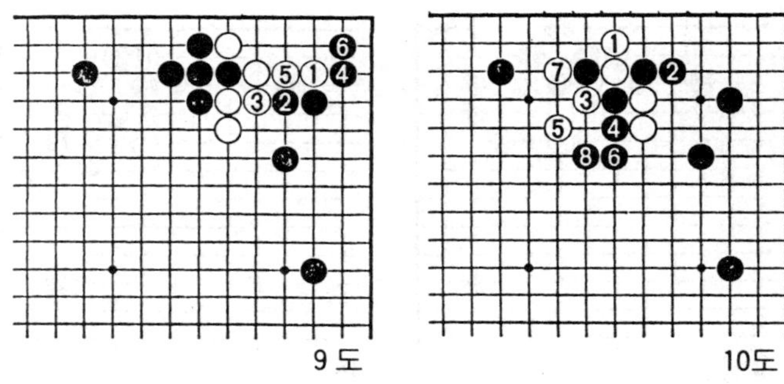

9 도 (맥) 전도 백 8 의 마늘모로 백 1 로 두는 것은 흑 2 의 뻗음이 급소다. 흑 4 , 6 으로 근거를 없앤다.

10도 (같다) 8 도 백 4 에는 1의 내려섬이 있다. 백 3 에서 7 까지 4 도와 같은 모양이다.

양쪽의 모양으로 보아 서로 실리가 비슷하다고 할 수 있다.

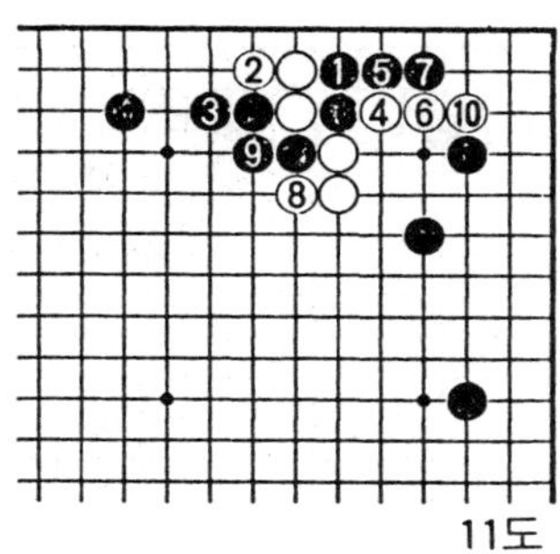

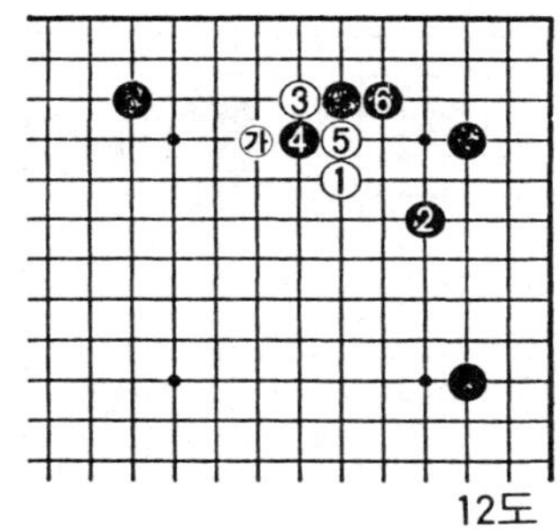

11도 (나쁘다) 전도 흑 **2** 로 **1** 의 내려섬은 나쁘다. 이하 **10** 까지 귀를 돌파하여 나간다.

12도 (변화) **4** 의 젖혀나옴에 백 **5** 의 끊음, 흑 **6** 의 뻗음엔 축이 문제다.

다음에 백 ㉮ 로 젖혀두면, 백은 좋다.

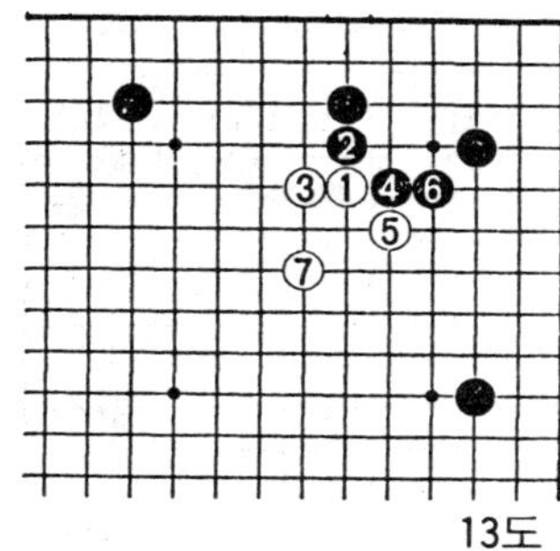

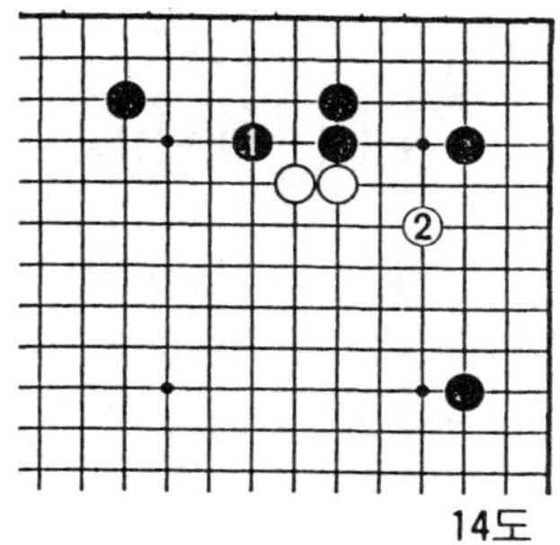

13도 (호각) 흑 **2** 로 부딪혀 오는 것이 견실한 수법이다. 백 **7** 은 모양의 급소. 이것은 호각의 갈림길이다.

14도 (경쾌) 전도 흑 **4**, **6** 에 상변 백 **1** 로 두는 것은 **2** 의 날일자가 경쾌하다.

흑 **1** 에서 **2** 의 점에 두는 것은 귀를 엿보는 느낌을 준다.

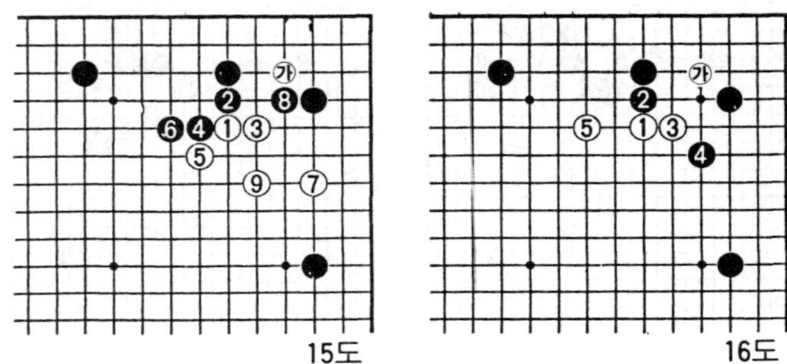

15도 (뻗음) 백 **3** 으로 반대쪽 뻗음을 생각할 수 있다. 흑 **4**, **6** 의 같은 뻗음이 요령이다. 다음 **9** 까지인데 **7** 로 ㉮의 곳의 노림이 있다.

16도 (변화) 흑 **4** 는 너무 가볍다. 백은 장래 ㉮의 곳을 노린다.

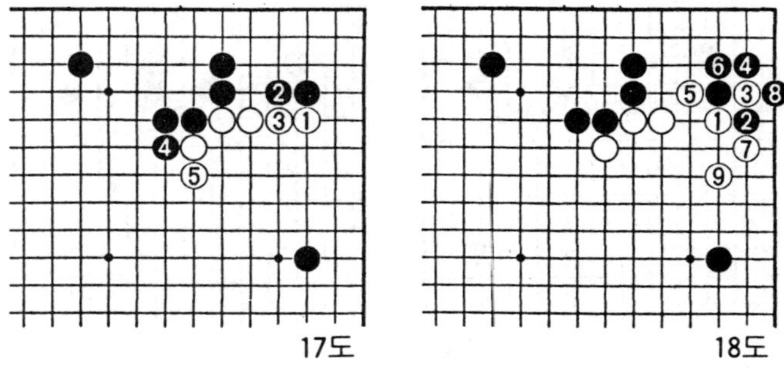

17도 (일책) **15도** 백 **7** 로 **1** 의 곳을 붙이는 것은 이하 **5** 까지 된다.

18도 (모양) 흑 **2** 의 젖힘에는 흑 **3** 의 끊는 맥이다. 흑 **4** 에서 백 **5**, **7** 까지. 이하 **9** 까지 모양이다.

백의 모양은 좋다. 충분히 도약할 수 있는 형세를 갖추고 있다.

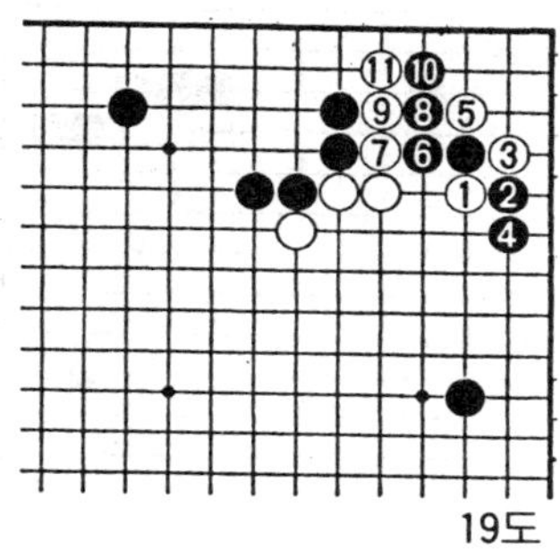
19도

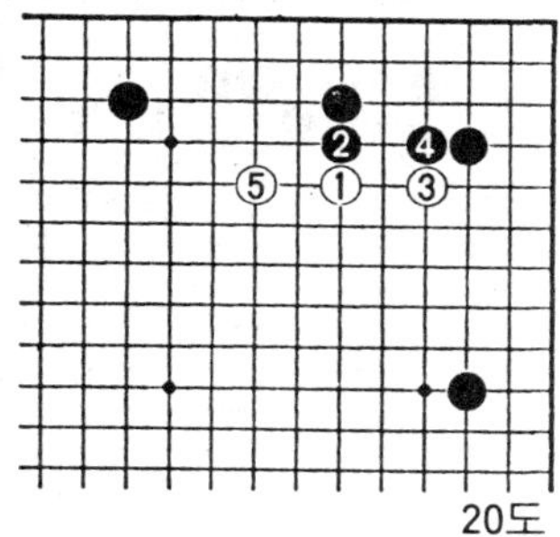
20도

19도(저항) 흑 **4** 에서 저항하는 것은 무리이다. 백 **5** 에서 **11**까지로 돌파할 수가 있다. 이것은 백의 입장을 유리하게 만드는 모양이다.

20도(변화) 백 **1** 에서 **3** 다음 **5** 로 경쾌하게 뛰는 수가 좋다. 흑은 불만이 없다.

문제는 이 다음에 어디를 치는가에 있다.

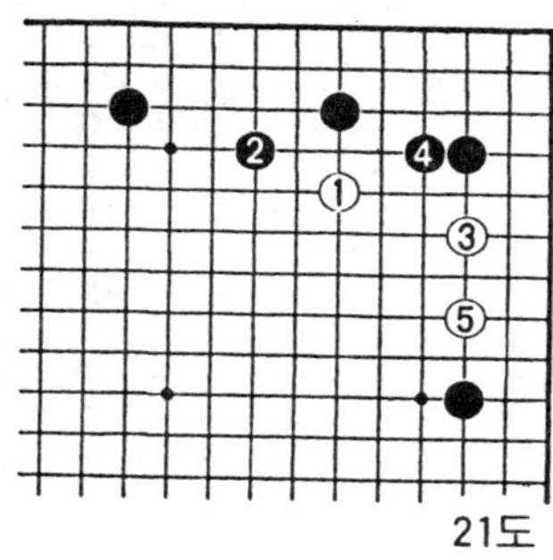
21도

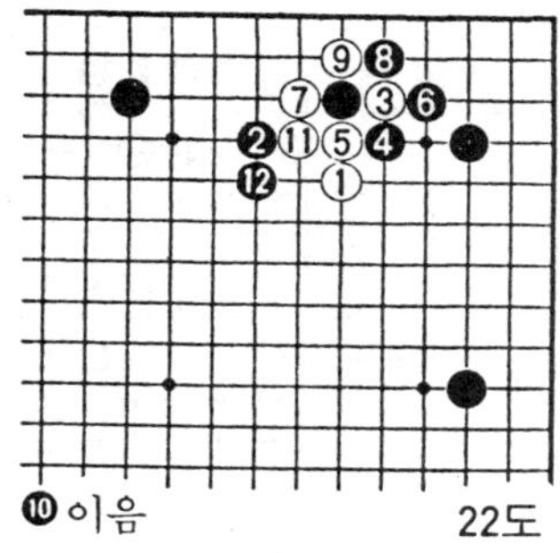
❿ 이음

22도

21도(근거) 흑 **2** 의 날일자에 백은 **3**, **5** 로 근거를 확보한다.

22도(무겁다) 백 **3** 의 붙임 다음 **11**까지 되는데 **12**가 급소. 백모양이 무겁다.

흑 **4** 의 반격이 좋은 수이다.

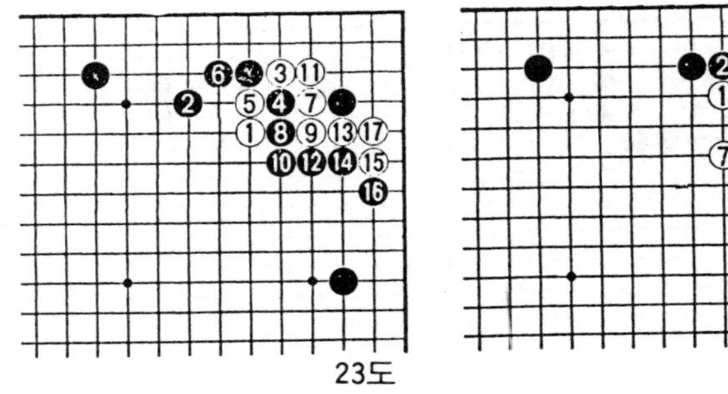

23도 (변화) 흑 6 으로 늘면 백 7, 9 이하 17까지. 흑의 불만이다.

24도 (실전적) 눈목자 굳힘에 대하여 백 1 로 두는 것은 실전적이다. 흑 6 의 내려섬은 본수로 백 7 의 뜀이 하나의 모양이다.

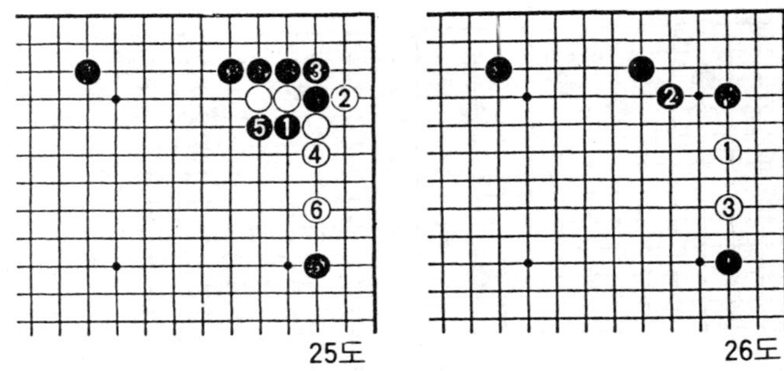

25도 (조계) 전도 흑 6 의 내려섬에 1 의곳 끊음은 조계(早計), 백 2, 흑 3 다음 4 로 느는 것은 당연하다.

26도 (일형) 백 1 은 급소. 흑 2 가 견실하다. 백은 한칸 뜀이 한호흡이다.

여기서는 결코 백이 유리하다고 볼 수가 없다.

제 3 장

한 칸 굳힘에 대한 침입

제 1 형

흑의 한칸 굳힘에 대하여 단독침입을 하는 기본모양이다.

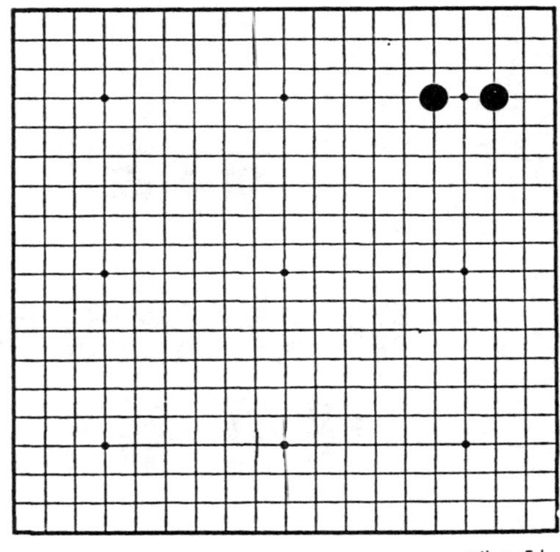

제 1 형

1도 (침입) 한칸 굳힘에 있어서 단독으로 1의 곳에 두는 수가 있다. 흑의 받는 방법은 ㉮, ㉯, ㉰ 세곳이다.

2도 (기본) 흑 2에 백 3 이하 15까지 귀에서 산다. 기본모양으로 흑이 두텁다.

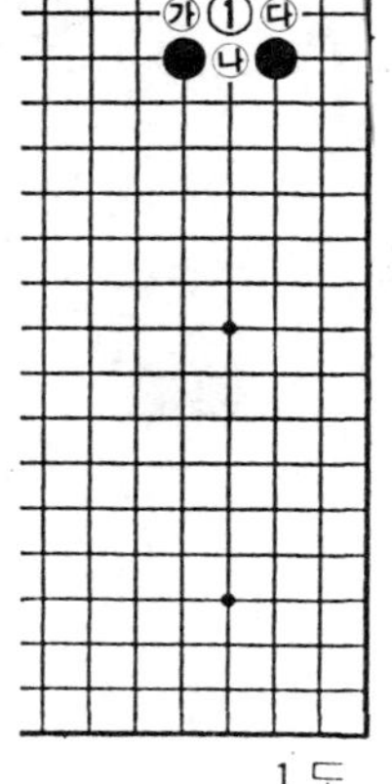

1도

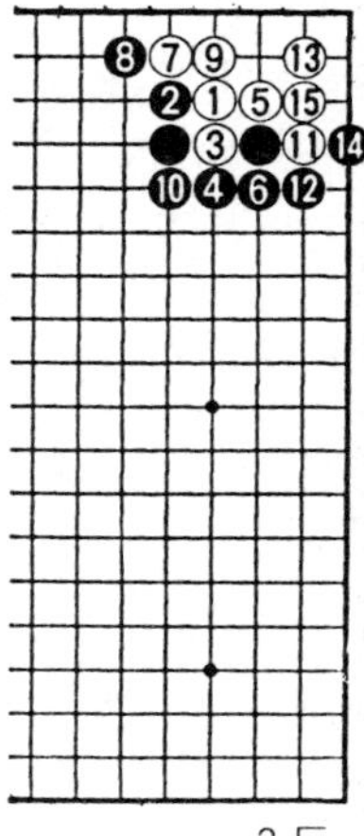

2도

3 도 (잡지 못한다) 전도 흑10으로 **1** 로 백을 취하는 것은 **6** 의 끊음에서 **8** 의 뻗음까지 있다. 귀는 탄력이 있어 무조건 잡지 못한다.

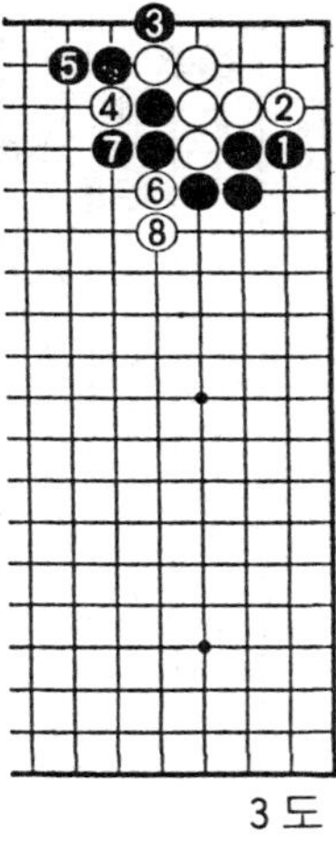
3 도

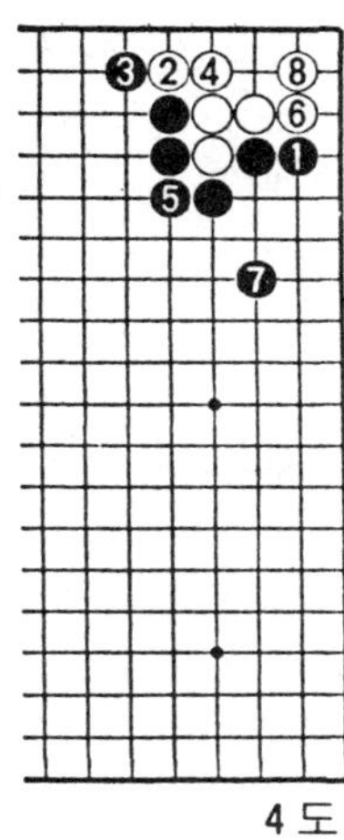
4 도

4 도 (움직임) **2** 도 흑 **6** 으로 **1** 로 내려서는 것은 흑 **7** 의 지킴이 있다.

5 도 (변화) 전도 흑 **7** 의 지킴은 이하16까지 흑의 무리형이다.

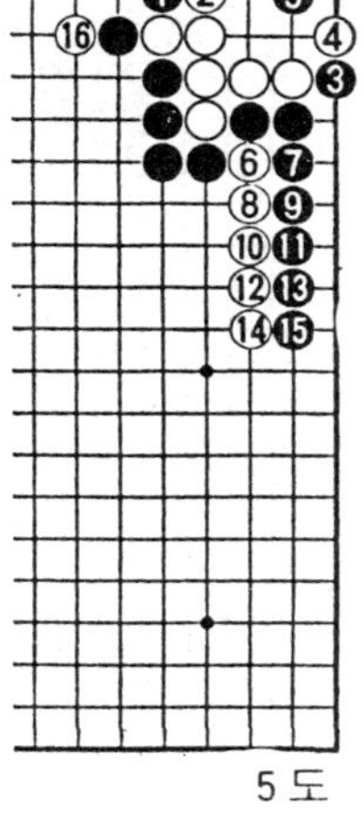
5 도

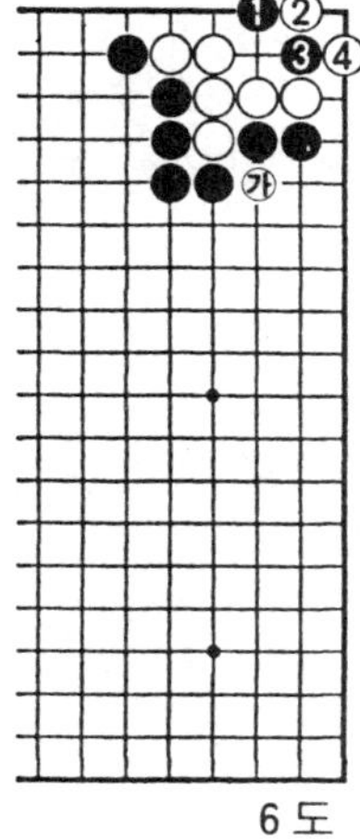

6 도

6 도 (팻감) 흑 **1** 의 치중에 백 **2**, **4** 로 간단히 패다. 백은 ㉮의 점이 팻감이다.

7도 (선수) 4도의 백4로 1로 두는 것은 백3, 5로 선수로 산다.

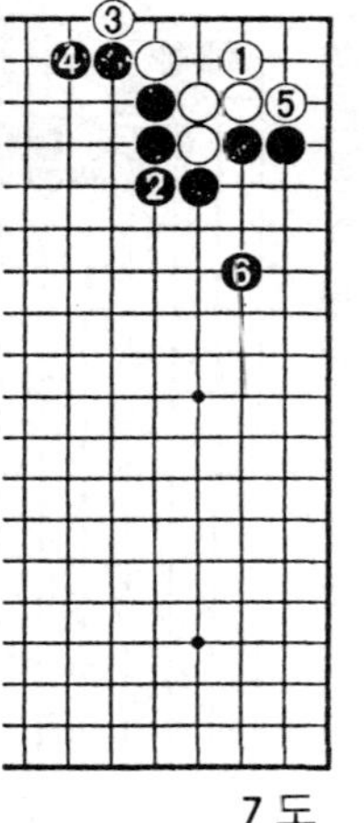

7도

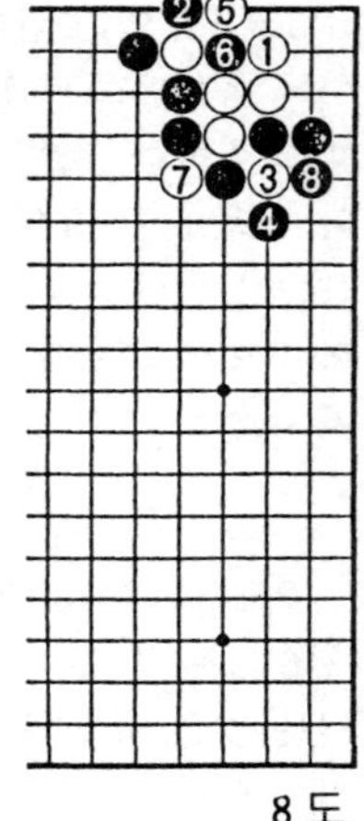

8도

8도 (패) 백1에 흑2로 단수하는 것은 이하 8까지 흑이 무리한 모양이다.

9도 (변화) 흑4 다음 백은 7의 젖힘에서 13까지 둔다.

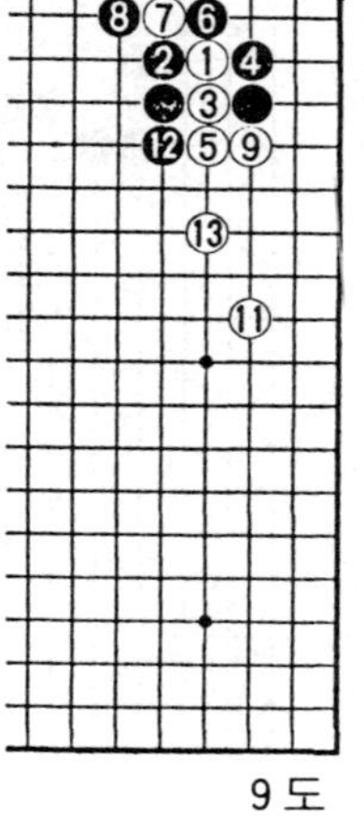

9도

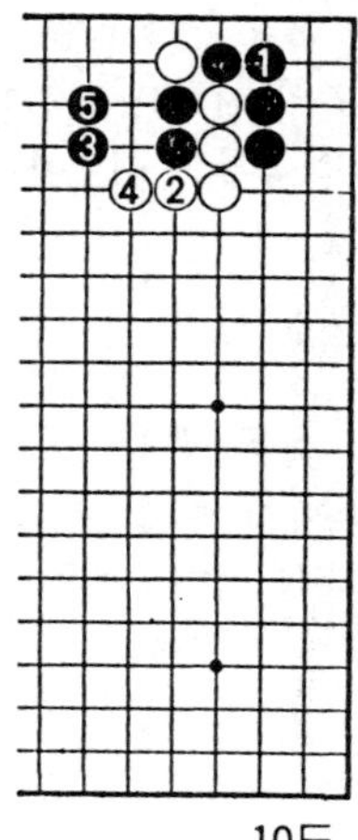

10도

10도 (두텁다) 전도 흑8로 1의 곳을 잇는 것은 백은 2, 4로 중앙을 두텁게 한다.

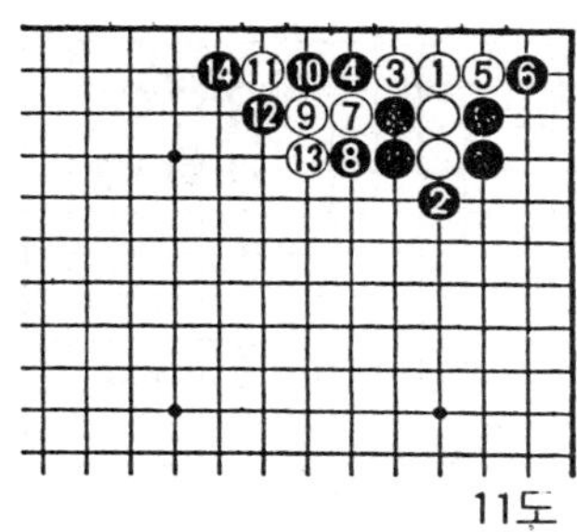

11도

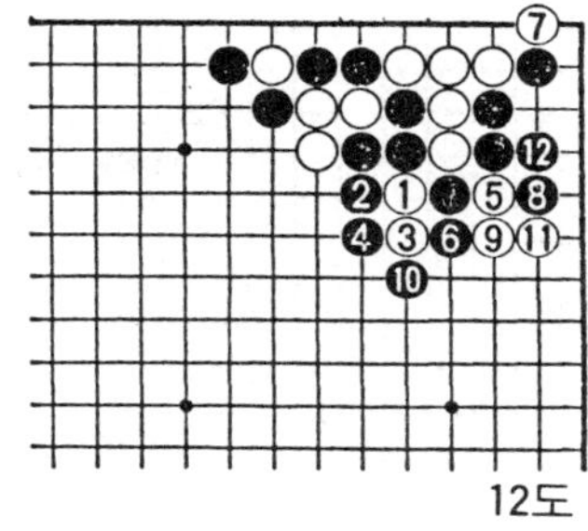

12도

11도 (아래쪽) **9** 도 백 **5** 로 **1** 로 아래를 두는 것은 흑 **8** 에서 **10**까지 된다.

백 **3**, **5** 로 두어 **7** 로 진행하면 이 그림이 형성된다. 흑 **8**, **10**은 필연적인 수순이다.

12도 (변화) 전도 다음에 백 **1** 의 끊음에 흑 **2**, 백 **3** 에는 흑 **4** 다음 **12**까지 되어 흑이 좋다.

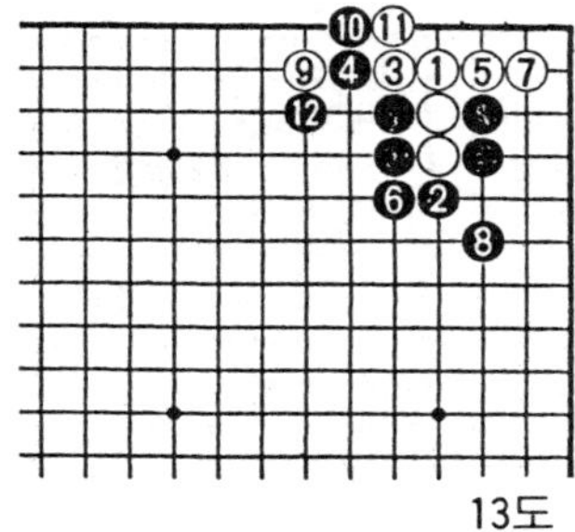

13도

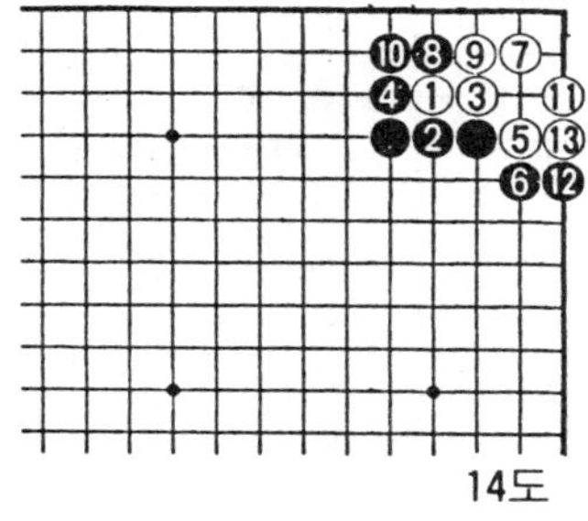

14도

13도 (견실) 백 **5** 는 견실한 수다. 흑 **6** 의 이음엔 백 **7** 의 내려섬이 있다. 흑은 **12**의 곳을 지켜 두터운 모양이다.

14도 (등가운데) 백 **1** 에 흑 **2** 로 잇는 것은 이하 **13**까지 산다.

백 **3** 으로 **3·3** 에 뛰어들면, 패를 노려 **5**, **7** 로 살게 된다.

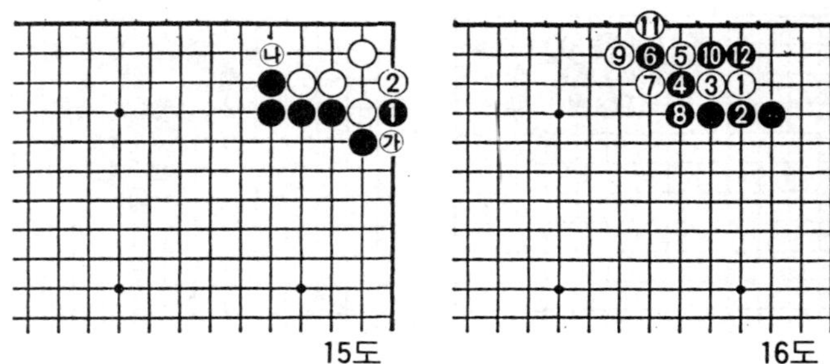
15도 16도

15도 (패) 전도 흑 **8** 로 **1** 의곳 젖힘은 당연히 백 **2** 의 패를 피할 수 없다. 흑이 다음에 ㉮의 곳을 이으면 백은 ㉯의 곳에 두어 산다.

16도 (2 단) 흑 **2** 의 이음에 백 **3** 으로 나가면 흑 **4**, **6** 의 2 단젖힘이 있다. 백 **7**, **9** 로 한점을 따내어 흑이 나쁘다.

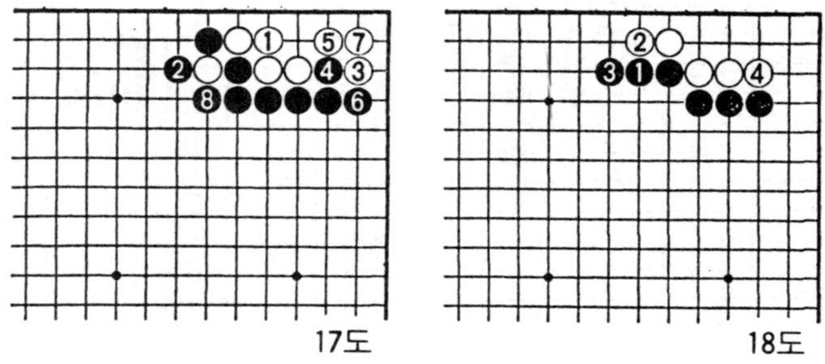
17도 18도

17도 (두텁다) 전도 백 **7** 로 **1** 의 곳을 잇는 것은 이하 **7** 까지 살게 되는데 그러면 흑은 **8** 의 곳을 때려낸다.

흑이 두터운 모양이다.

18도 (달다) **16도** 흑 **6** 의 2단젖힘 대신 **1** 로 늘어두면 백은 **2** 로 한칸 늘어두고, **4** 로 귀쪽을 내려선다. 이것도 흑의 달콤한 공격 방법이다.

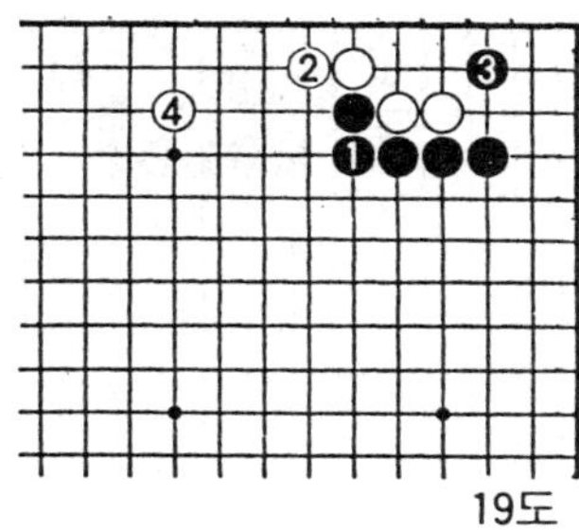

19도

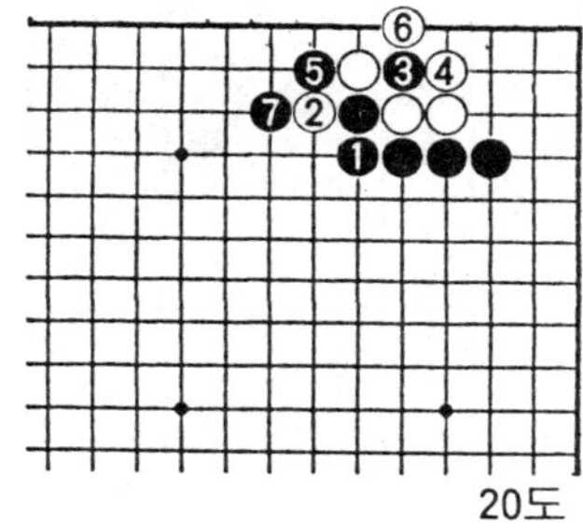

20도

19도 (견실한 이음) 흑 **1** 이 견실한 이음. 백 **2** 의 뻗음엔 흑 **3** 으로 귀를 지키는 것이 좋은 수비다. 그러면 백 **4** 까지—.

20도 (젖힘) 백 **2** 로 젖혀 위쪽을 두게하면 흑 **5**, **7** 로 흑 모양이 두텁다.

흑은 **3** 의 쪽을 끊고, 백은 그것을 막아둠으로서 이와같은 모양이 이루어진다.

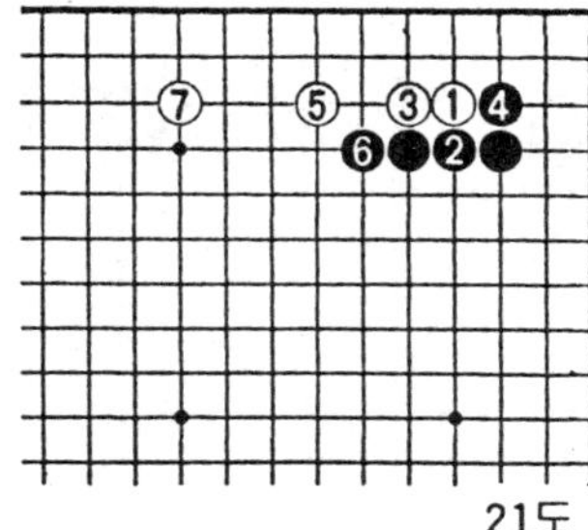

21도

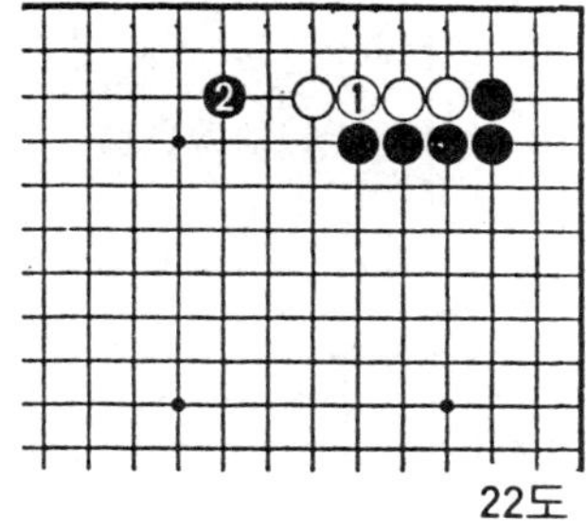

22도

21도 (변화) 흑 **4** 의 내려섬에 **5** 의 한칸뜀, **6** 의 올라섬이 급소. 다음 백 **7** 의 2칸 뜀이 있다.

22도 (무겁다) 전도 백 **7** 의 2칸뜀을 하지 않고 백 **1** 로 잇는 것은 흑 **2** 의 공격으로 백이 나쁘다.

백은 큰 실리(実利)도 찾지 못한 채 외세를 흑에게 모두 빼앗긴 형세가 되었다.

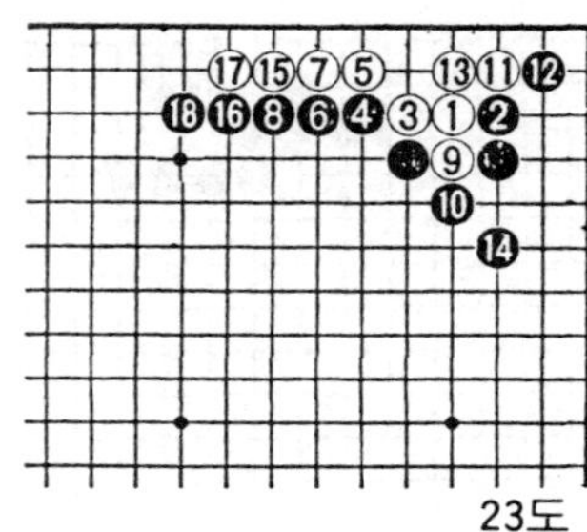
23도

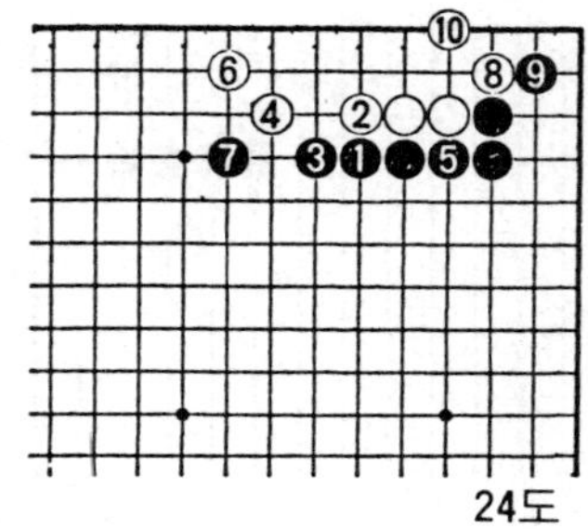
24도

23도 (상형) 백 **3** 이하 흑**18**까지는 상형이다. 백은 실리, 흑은 외세를 취한다.

24도 (눈모양) 전도 흑 **4**의 한칸 뜀에 흑 **7**까지 중앙에 나감을 봉쇄한다. 백은 **8**, **10**으로 집 모양을 유지한다.

백 **2**로 한걸음 늘어나갈 때 흑 **3**, 백 **4**로 뛰고, 흑 **5**할 때 백 **6**으로 집모양을 만들었다.

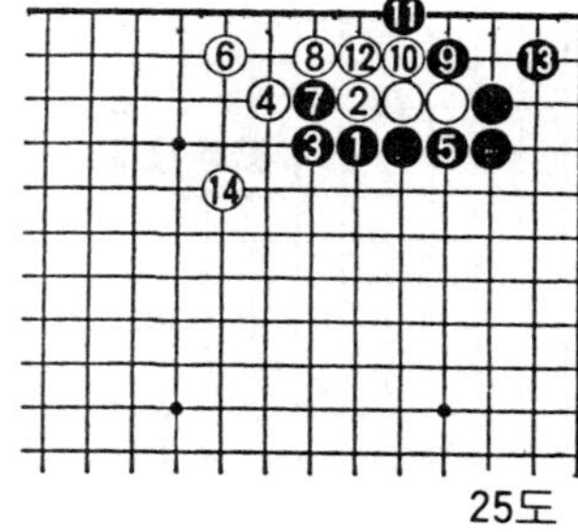
25도

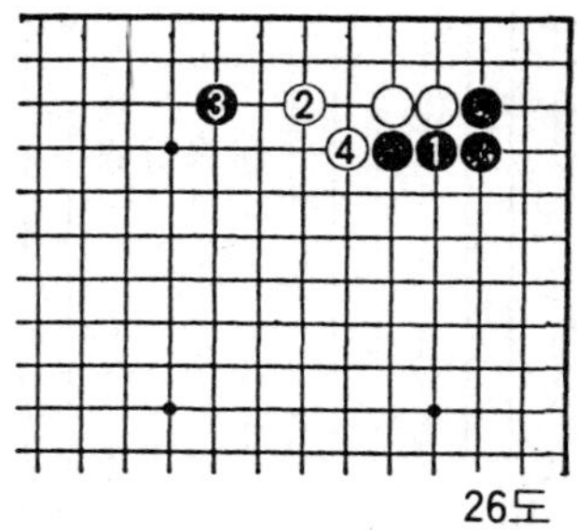
26도

25도 (귀) 백 **6**에 흑 **7**로 나가면 **11**까지 결행한다. **13**으로 귀를 수비한다. 백**14**까지 중앙을 둔다.

26도 (변화) 흑 **1**의 견실한 막음에 백 **2**의 한칸뜀은 **21**, **22**도의 흑 **4**까지 같다.

여기에서 예를 들면, 상변에서 흑 **3**으로부터 쫓길 경우도 있지만, 백 **4**의 젖혀 뚫는 수가 있다.

제 2 형

백이 걸침을 하고 있는 모양이다. 흑의 응수는?

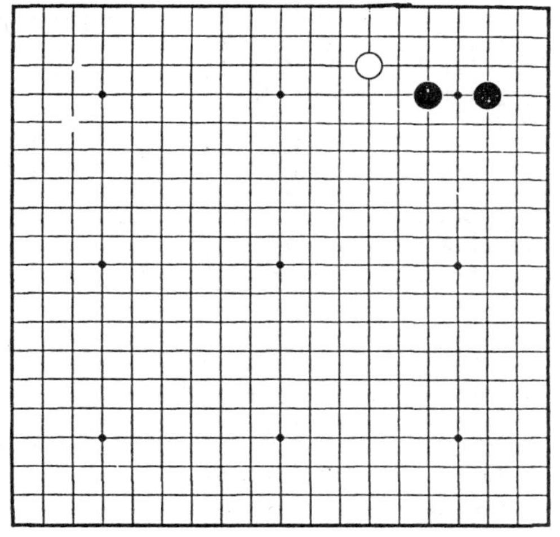

제 2 형

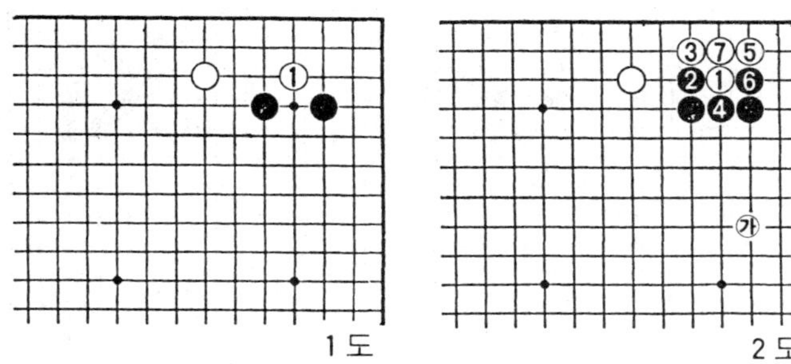

1 도　　2 도

1 도 (들여다봄) 한칸 걸이 굳힘에 1 로 들여다보는 것은 실전적이다.

실전에서 자주 나타나는 모양이다.

2 도 (상형) 백 1 에 흑 2 의 내려섬은 백 3, 5 다음 7 까지 상형이다. 흑의 두터움은 움직일 수가 없는데 ㉮의 곳에 문제가 있다.

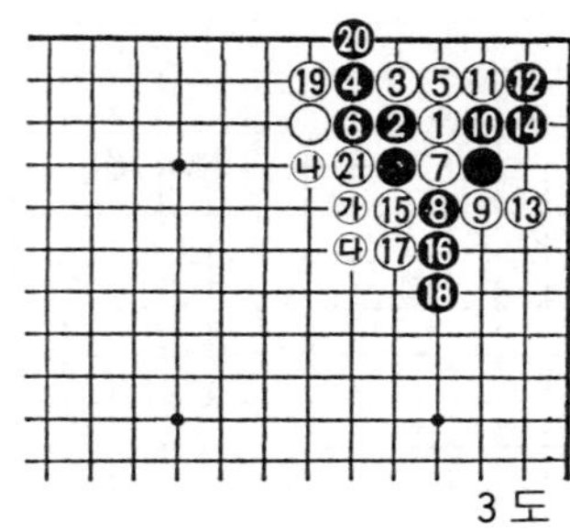

3 도

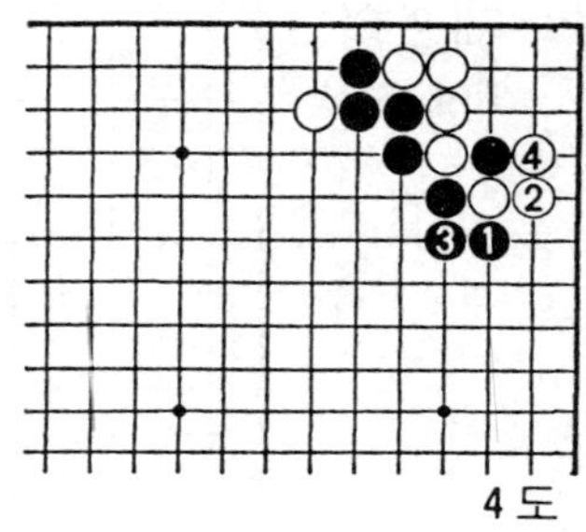

4 도

3 도 (축) **4** 의 젖힘에 백 **7, 9** 까지. 흑10이 최강. 11에서 21까지. 흑㉮, 백㉯, 흑㉰의 축이 성립.

4 도 (실리) 전도 흑10으로 **1** 의 곳을 단수하는 것은 실리가 너무나 커서 백의 대성공이다.

백 **2, 4** 로 귀를 취한 수순이 좋았다.

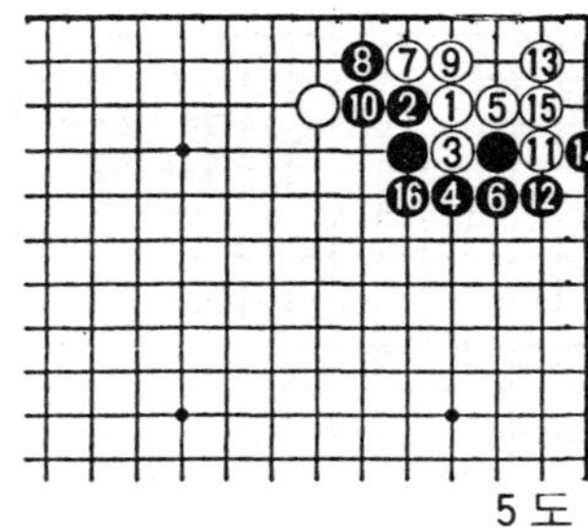

5 도

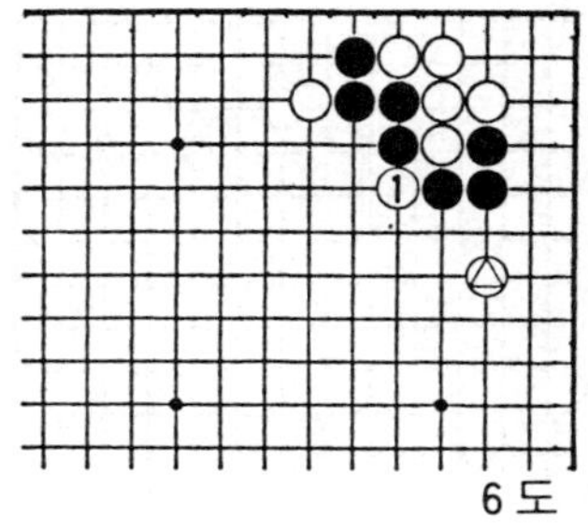

6 도

5 도 (정형) 흑 **2** 의 내려섬에 백 **3** 으로 나가면 정형으로 **16** 까지 흑은 외세가 좋다.

6 도 (변화) 주의를 요하는 것은 백◬표가 쟁점이다. 전도 백**11**로는 백 **1** 의 끊음이 강경한 수단이다.

이것은 흑에게 고민을 안겨주는 수단이라고 할 수 있다. 처음에 어떻게 때리느냐가 가장 큰 문제이다.

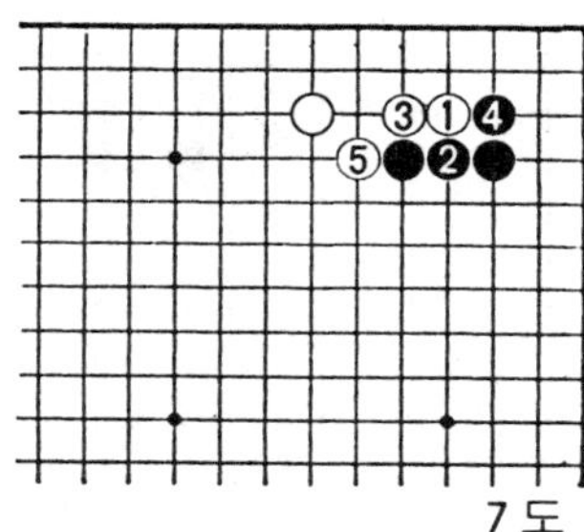

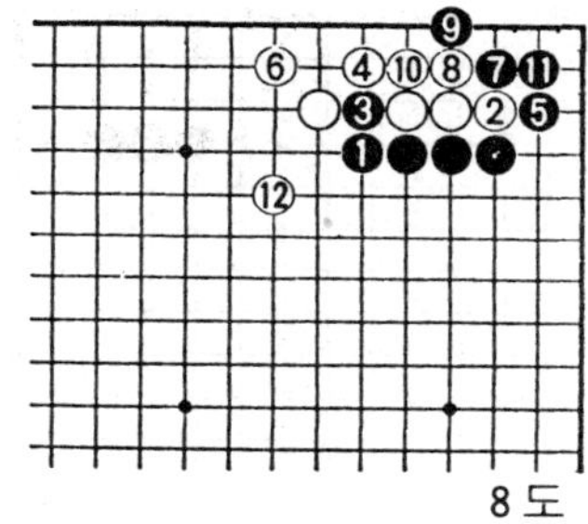

7 도 (견실한 이음) 흑 **2** 의 이음이 견실하다. 백 **5** 가 좋아 흑의 불만이다.

8 도 (호각) 전도 흑 **4** 에는 **1** 로 두는 것이 요점이다.

호각의 형세다.

백 **2** 로 귀에 들어가면 흑은 **3**, **5** 이하 **11**까지 모양을 결정낸다. 백도 **12**까지 진행하여 서로가 만만찮다

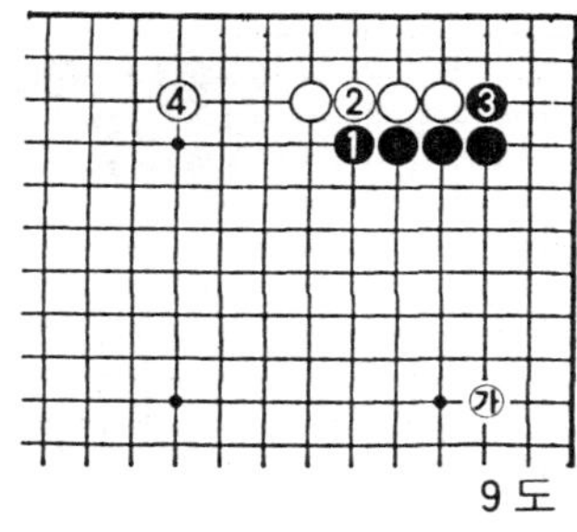

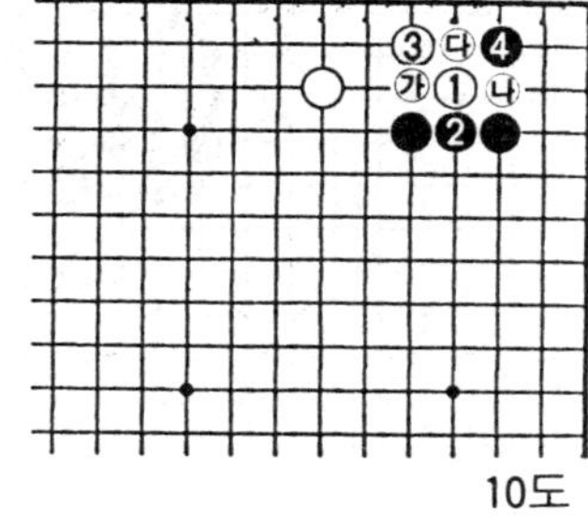

9 도 (우변) 흑 **1** 에 백 **2**, 흑 **3** 으로 귀를 지키는 것은 백으로 하여금 **4** 로 뛰게 만든다.

이 다음에 흑은 ㉮방면에 두게 된다.

10도 (마늘모) 백 **3** 의 마늘모로 두면 흑 **4** 로 받는다. 흑 **4** 로 ㉮, 백 **4**, 흑㉯, 백 ㉰로 **2** 도로 환원이 된다.

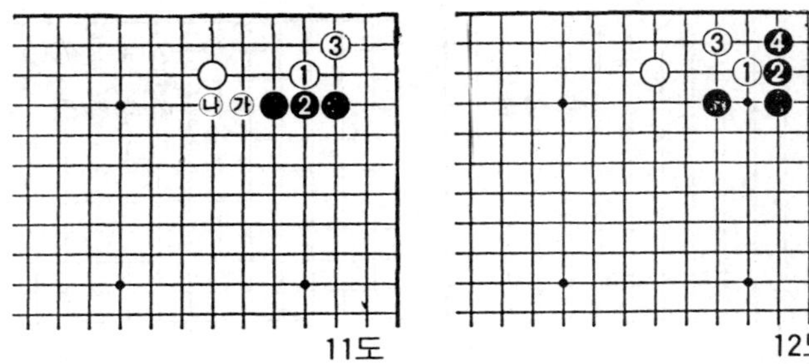
11도 12도

11도 (얇음) 전도의 반대 방향인 귀쪽을 두는 것은 흑은 ㉮와 ㉯의 곳을 둔다.

12도 (귀) 흑 **2** 로 귀를 내려서면 백 **3** 흑 **4** 로 귀를 지킨다. 이것도 흑이 견실한 수단이다.

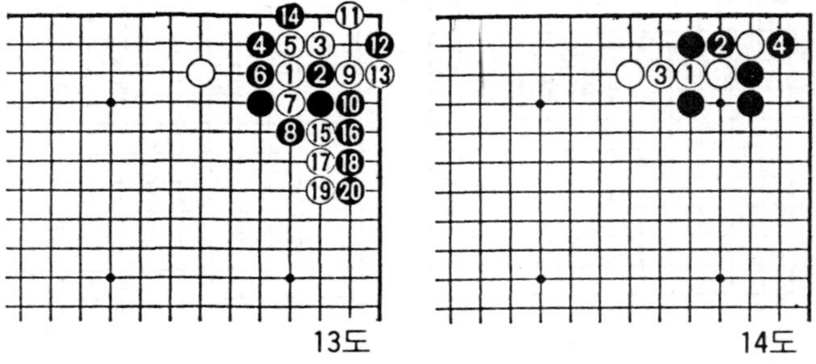
13도 14도

13도 (잡다) 흑 **2** 에 **3** 의 젖힘은 악수이다. 흑 **4** 에 두어 백이 피곤하다. 무조건 귀의 백을 잡는다.

14도 (흑이 좋다) 전도 백 **5** 로는 **1** 로 나가면 흑 **2**, **4** 로 되어 흑은 귀를 확보하고 백은 무거운 모양이다.

흑은 자신의 돌을 충분히 이용하였다고 볼 수 있다. 특히 한 점 끊음이 매우 좋다.

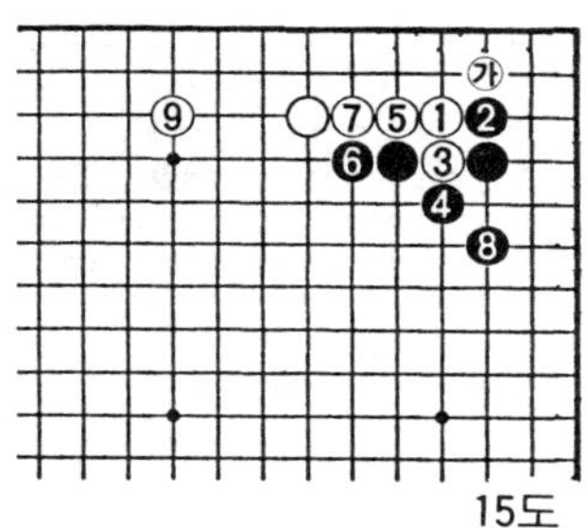

15도

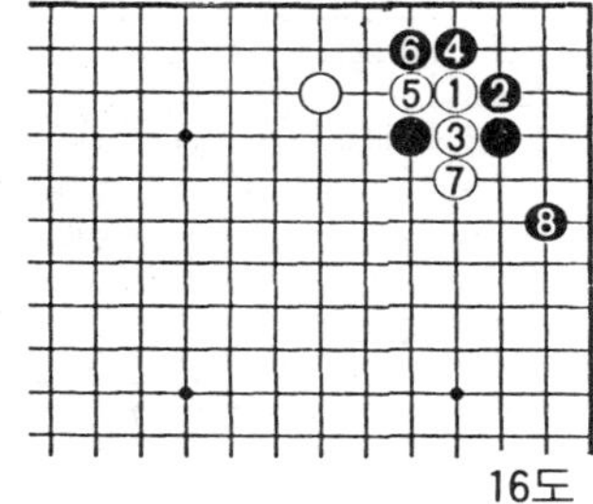

16도

15도 (호각) 흑 **2** 의 내려섬에 백 **3** 으로 나와 **4** 를 응수시키고 **5** 로 구부리는 수가 있다. 흑 **6** 은 요소. 백 **9** 까지 호각이다. 백 **7** 로 ㉮의 젖힘은 흑 **8** 의 지킴이 긴요하다.

16도 (변화) 백 **3** 에 흑 **4** 로 밑을 젖히면 백 **7** 까지 되어 불만이다.

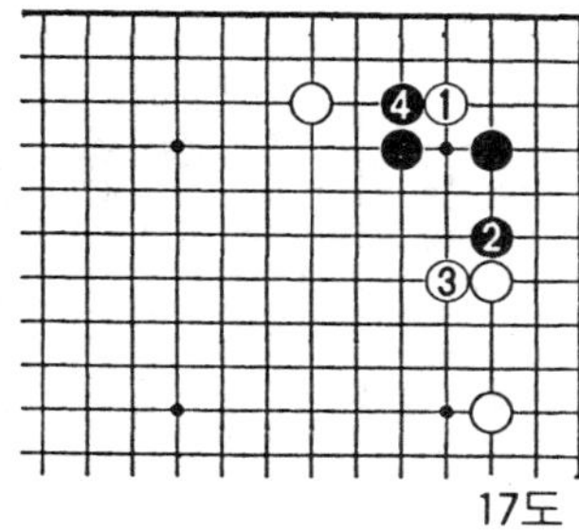

17도

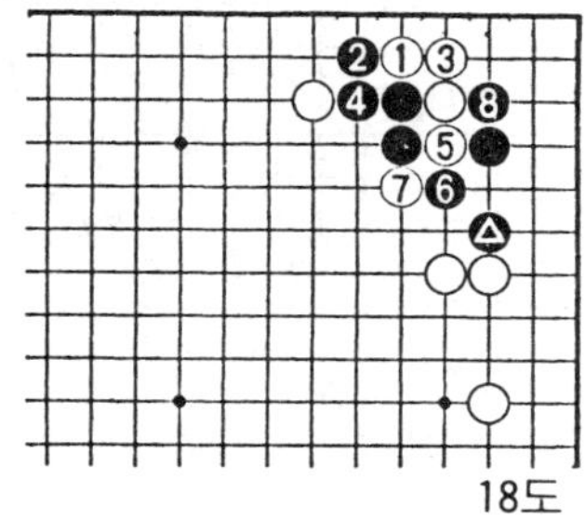

18도

17도 (변화) 백 **1** 에 흑 **2** 는 백 **3** 으로 지키면 흑 **4** 로 귀를 확보한다.

18도 (승리) 전도 다음에 **1**, **3** 의 수순이 있어 흑이 이긴다. 흑 ▲ 표가 움직인다.

백 **7** 의 끊음에는 흑 **8** 의 이어두는 수가 있어서 공방전이 벌어진다해도 결국 흑의 승리가 된다.

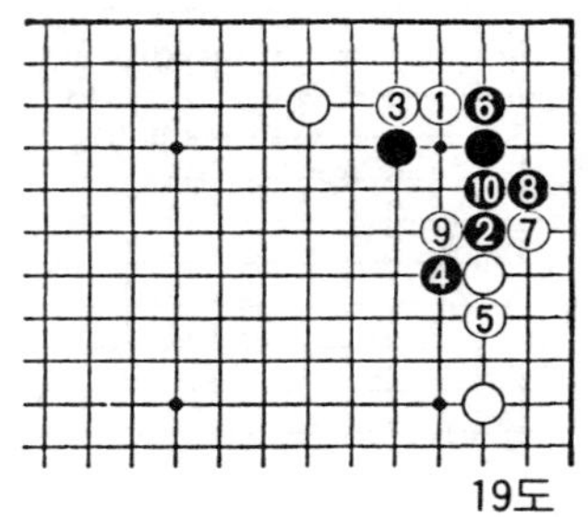

19도

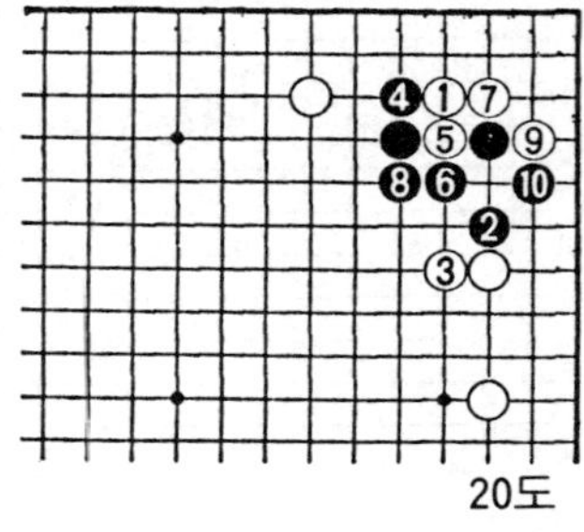

20도

19도 (변화) 흑 2 에 백 3, 흑 4 의 젖힘에 이하 10까지의 변화다.

20도 (패) 흑 2 에 백 3 의 받음에, 흑 4, 백 5, 흑 6, 백 7 로 빳빳한 대결이 이루어진다. 결국 흑은 8 로 견고하게 두고, 백은 9 로 강력하게 저항한다.

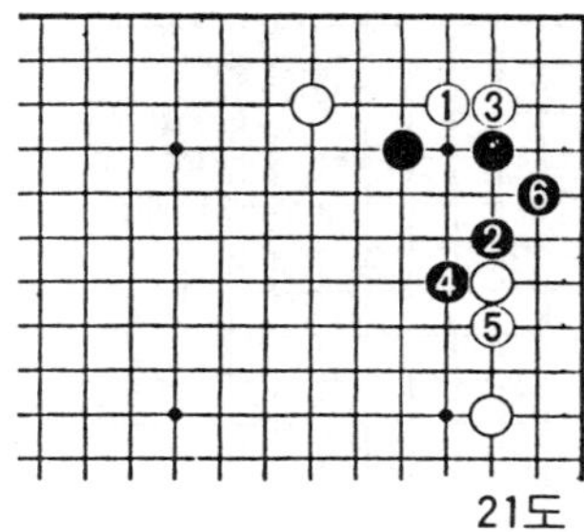

21도

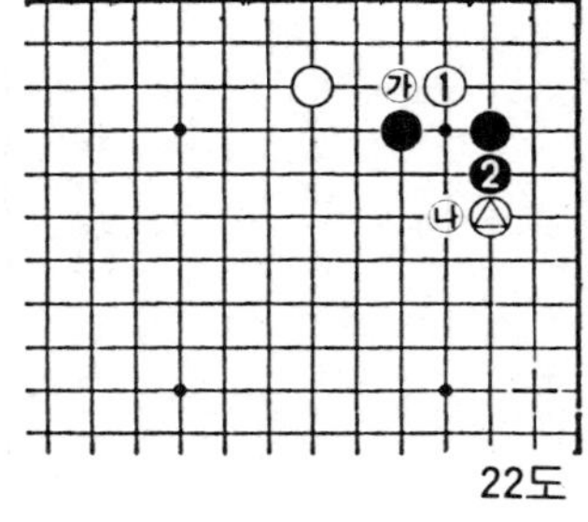

22도

21도 (갈림) 백 3 의 3·3 침입에서 6 의 마늘모까지 갈림이다.

여기서 흑은 눈모양에 신경을 쓰지 않을 수가 없다.

22도 (견본) 백 △ 표가 가까이 있을 때 백 1 에는 흑 2 의 부딪힘이 있다. 그다음 ㉮와 ㉯의 곳이 있다.

제 3 형

한칸 굳힘에서 날일자의 벌림이 있다. 한칸으로 바짝 다가와 있는데 급소는?

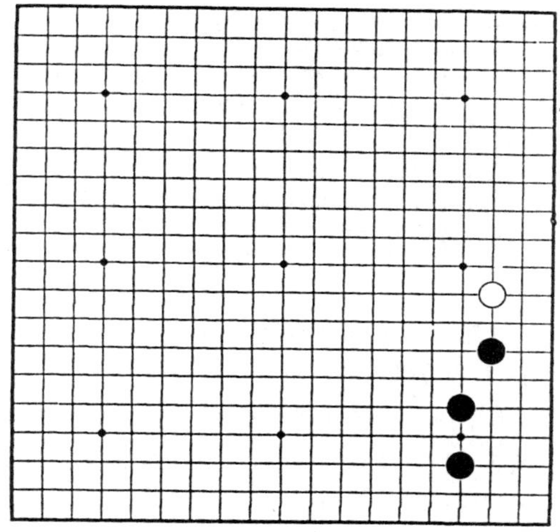

제 3 형

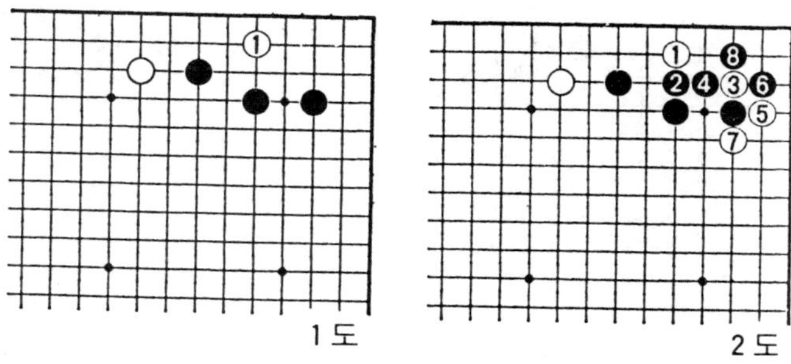

1 도 2 도

1 도 (침입) 이런 모양에서는 **백 1** 의 곳이 침입의 급소다. 백 **1**이 급소의 일격으로 상용의 맥점이다. 흑의 응수를 보기로 하자.

2 도 (이익) 흑 **2** 의 부딪힘이 강수. 이하 **7** 까지 일단락. 흑은 **8** 로 한점을 때려낸다.

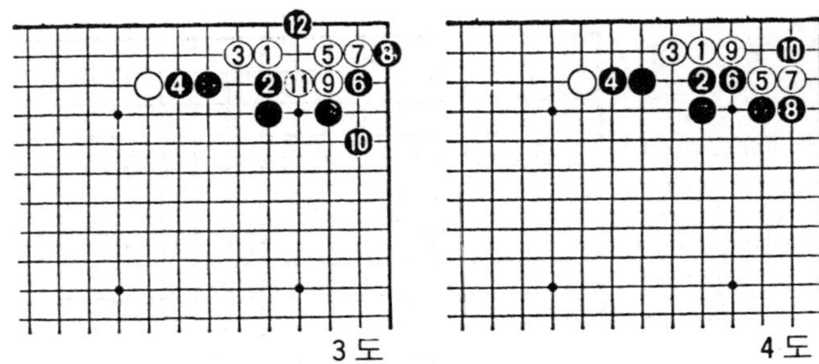

3 도 (백사) 흑 2 에는 백 3 의 뻗음 이하 11까지 된다음 흑 12의 치중이 있다. 백은 살지 못한다.

4 도 (백사) 흑 4 의 부딪힘에 백 5 의 붙임은 흑 6 의 막음, 백 7 에는 흑 8 의 붙여막는 수단이 있다. 백 9 일 때에는 흑10 의 상용의 맥이 있다.

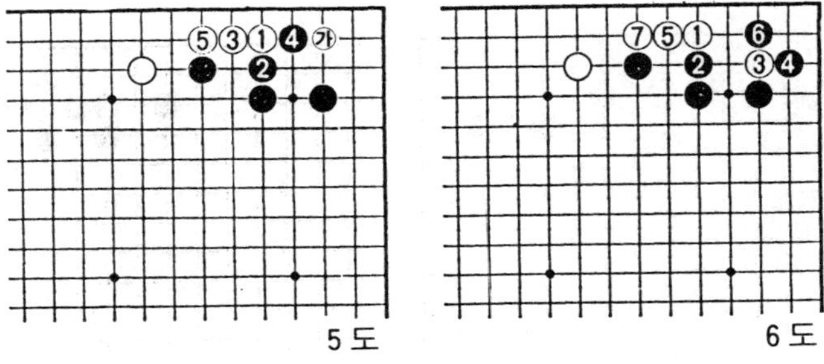

5 도 (완착) 백 3 에 대하여 흑 4 로 귀를 두는 것은 완착이다. 백 5 로 건너간다.

6 도 (수순) 백 3 의 붙임에 흑 4 의 붙임은 백 7 로 건너가서 불만이다.

백 5 일 때 흑은 6 으로 귀를 취하게 되지만 결국 백의 건너감을 허용하게 되어 좋지 않은 모양이다.

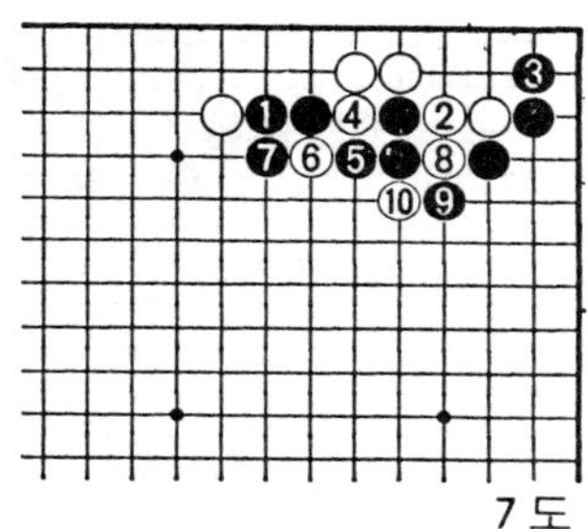

7 도

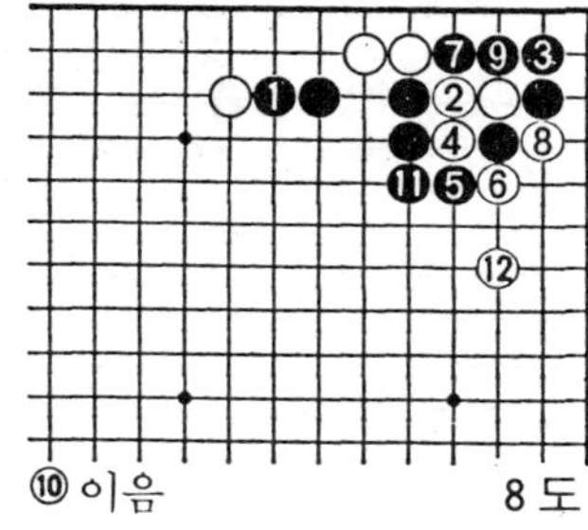

⑩ 이음 8 도

7 도 (만족) 전도 흑 **6** 에는 **1** 로 느는 수가 있다. 백이 만족하는 변화이다.

8 도 (무겁다) 흑이 **4**, **6** 으로 두는 것은 백이 무거운 모양이다.

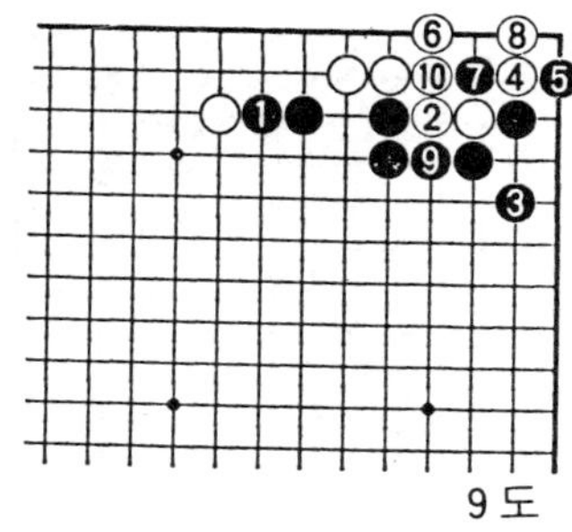

9 도

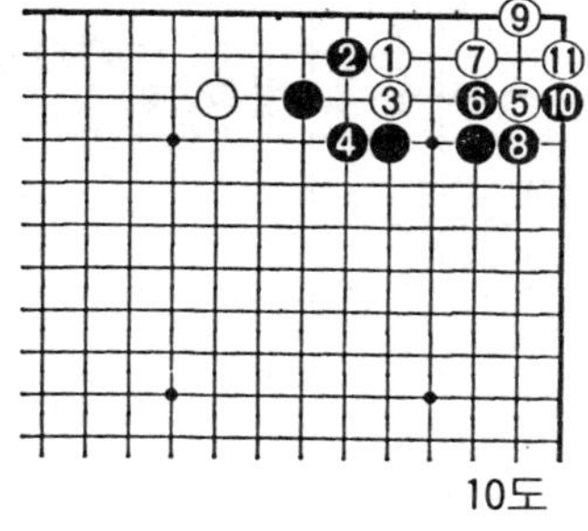

10도

9 도 (벽) 흑 **3** 의 지킴에 백 **4** 의 젖힘에서 **6** 까지. 흑은 7의 끊음에서 **9** 의 막음까지 벽이다.

10도 (패) 흑 **2** 의 마늘모에 백 **3** 은 당연하다. 이하 11까지 패가 난다.

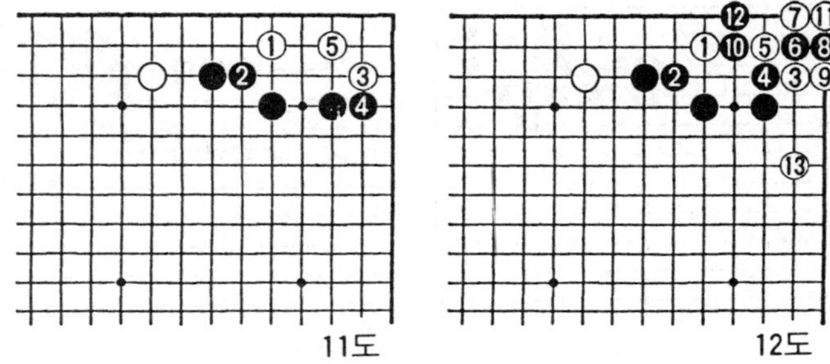
11도 12도

11도 (변화) 백 1의 침입에 흑 2로 느는 것은 백이 3, 5로 두게 되는데 —.

12도 백 3에 흑 4, 6의 끊음이 있다. 다음 12의 내려섬에는 13의 수가 있다.

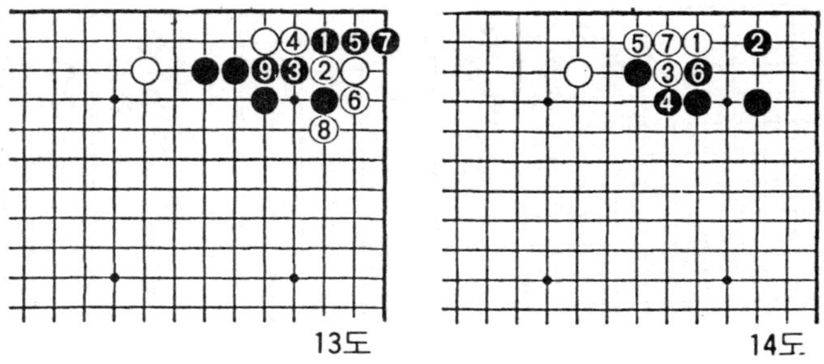
13도 14도

13도 (바꿔치기) 전도 흑 4로 1의 곳에 치중을 하는 것은 흑이 5, 7로 내려서면 8의곳 우변에 두어 바꿔치기를 한다.

14도 (완착) 백 1의 침입에 흑 2로 두는 것은 이하 백 7까지 건너간다.

제 4 형

한칸 굳힘에 눈목자 벌림이다. 한 칸으로 다가와 있는 모양이다. 급소는?

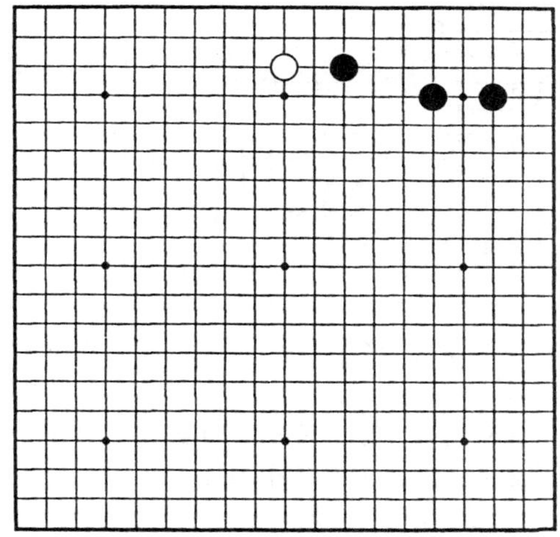

제 4 형

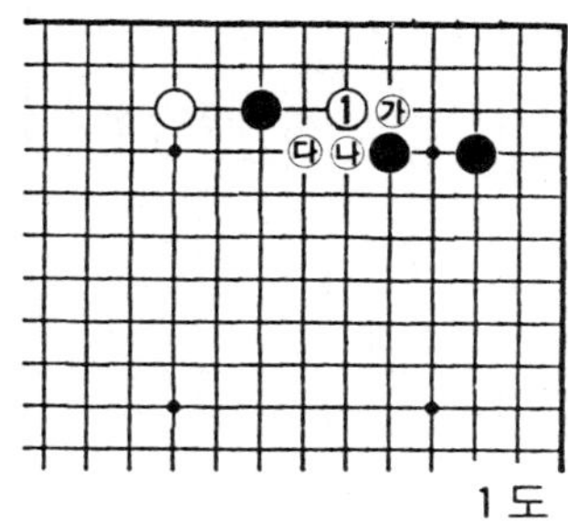

1 도

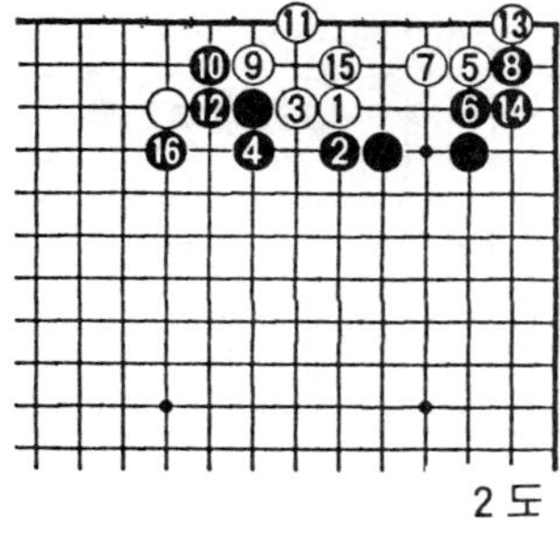

2 도

1 도 (침입) 백 **1** 의 침입이 유일한 급소이다. 이에 대하여 흑의 응수는 ㉮, ㉯, ㉰의 세곳이다.

2 도 (위를 누름) 백 **1** 에 흑 **2** 로 위쪽을 누르는 것은 **8** 의 내려섬이 맥이다. 이하 **16**까지 실리와 외세의 갈림이다.

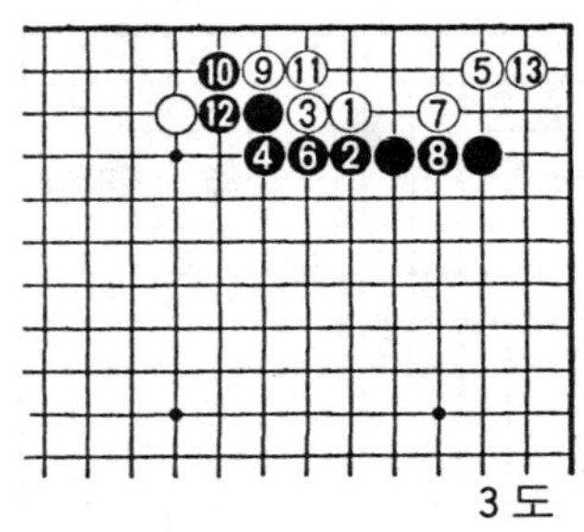
3 도

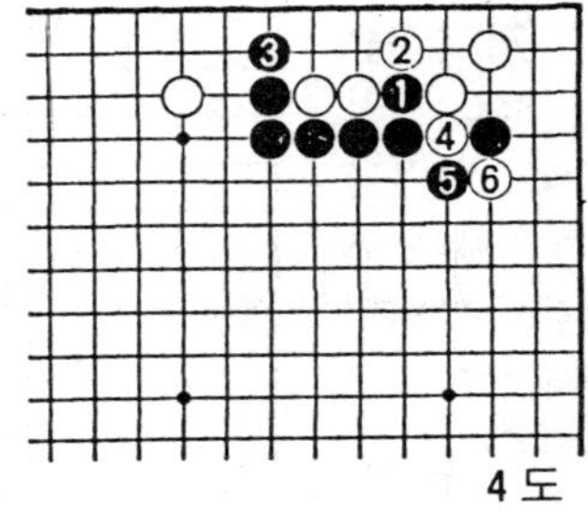
4 도

3 도 (견실) 백 5 에 6 의 곳을 두면 이하 12까지 외세로 만족이다.

4 도 (무리) 전도 흑 8 의 이음 대신 흑 1 로 나가는 것은 백 2 에 흑 3 의 내려섬이 있다. 4, 6 으로 되어 흑이 무리이다.

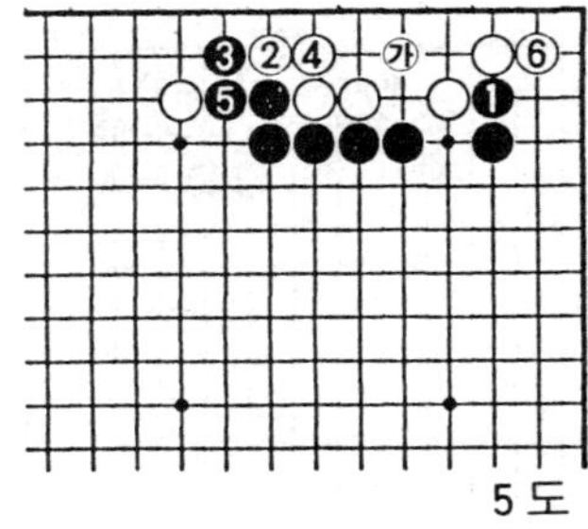
5 도

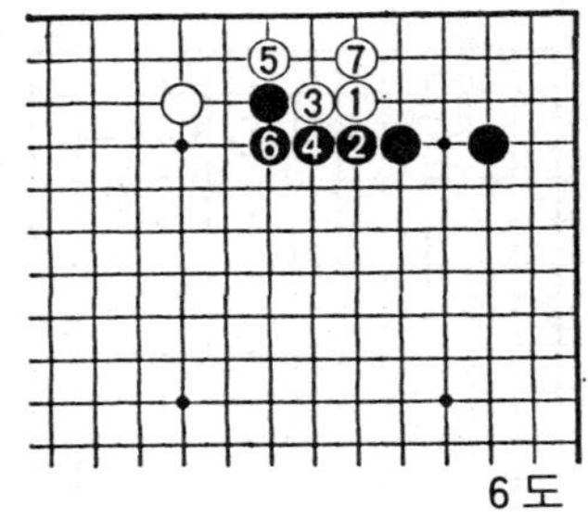
6 도

5 도 (부딪힘) 흑 1 의 부딪힘에 백 2, 4 의 젖혀이음이 있다. 흑 5 는 필연, 그러면 다음에 백은 6 으로 귀쪽을 민다.

6 도 (좋다) 흑 2 는 백 3 의 뻗음 다음 흑 4, 백 5 의 젖힘에 흑이 6 의 곳을 이으면 7 로 두어 건너간다.

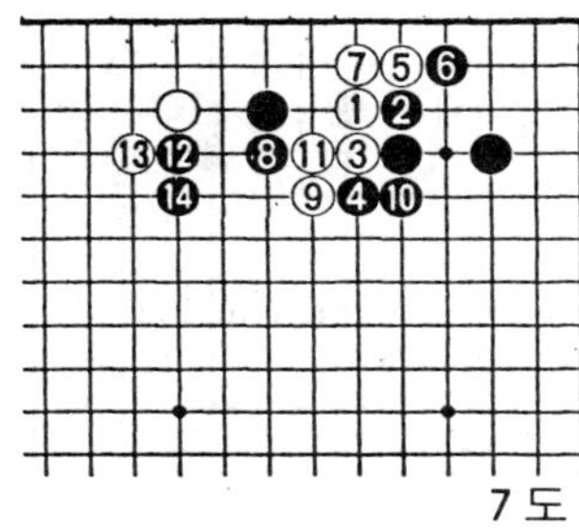

7 도

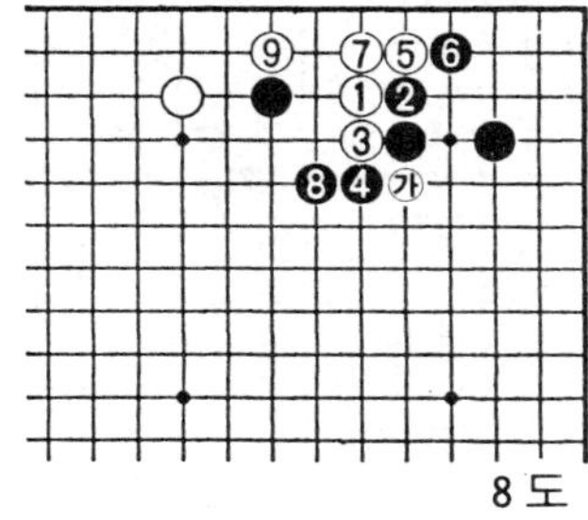

8 도

7 도 (싸움) 백 **1** 에 흑 **2** 로 귀쪽을 응수할 때 백 **3** 은 무거운 수이다. 흑 **4** 의 젖힘이 좋은 점이다. 이후 **14**까지 전투의 양상.

8 도 (변화) 백 **5**, **7** 로 젖혀 이으면 백 **9** 까지 백 성공의 국면이다. 흑은 ㉮로 둘 수 있다.

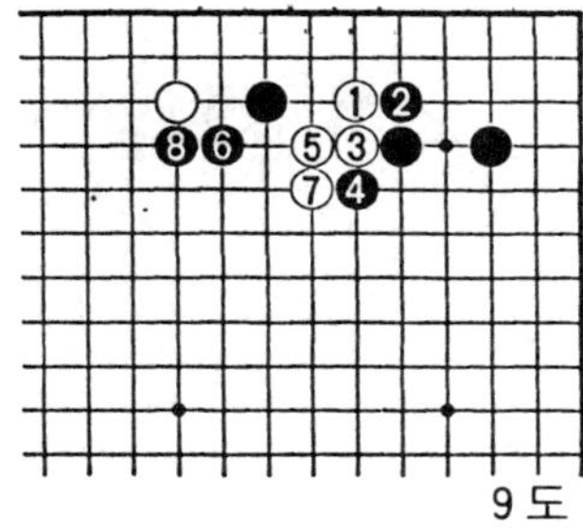

9 도

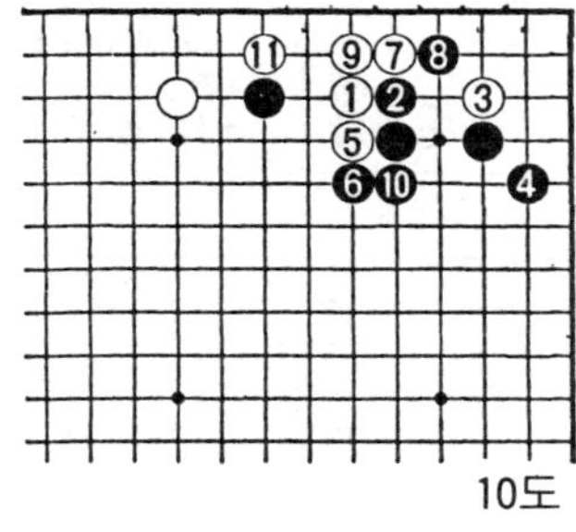

10도

9 도 (무겁다) 흑 **4** 의 젖힘에 백이 **5**, **7** 로 나가는 것은 무거운 모양이다.

10도 (상형) 흑 **2** 에 **3** 으로 붙여 11까지 되는 것도 상형이다.

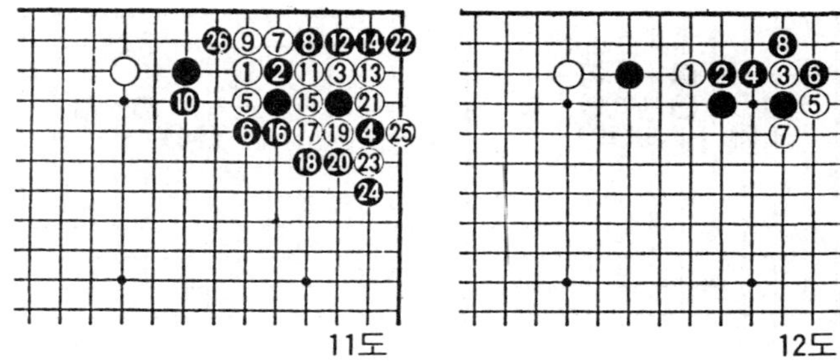

11도　　12도

11도 (변화) 10은 강수. 11의 끊음이 세력을 마음에 둔점. 백 은 25로 산다. 흑은 백 4 점을 잡는 변화이다.

12도 (이익) 백 3 의 붙임에 흑 4, 백 5, 7 로 밖을 조여 만족이다.

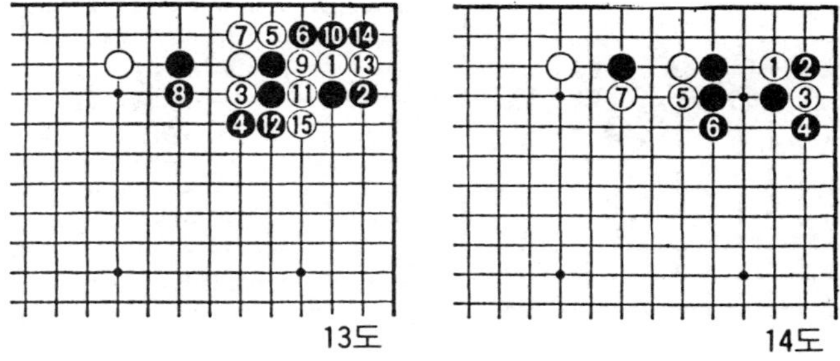

13도　　14도

13도 (내려섬) 백 1 의 붙임에 흑 2 로 내려서는 것도 일감이다. 백 5, 7 다음 흑 8의 강수는 성립하지 않는다. 이하 15까지 흑이 무리한 모양이다.

14도 (변화) 흑 2 의 젖힘엔 백 3 의 끊음이 맥이다. 흑 4 엔 백 5 로 6 을 강요하고 7 의 곳을 붙인다.

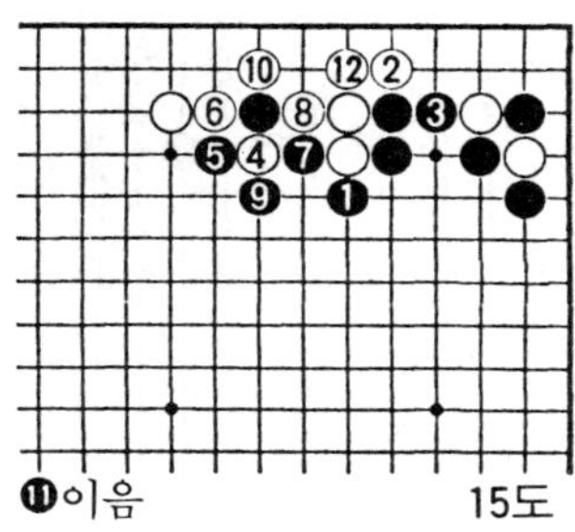

⓫이음 15도

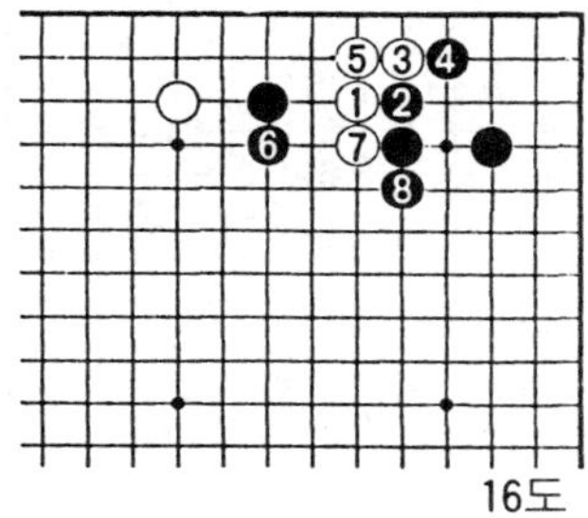

16도

15도 (건넘) 전도 흑 6 의 올라섬으로 1 의곳을 젖히는 것은 백도 2 의 곳을 젖힌다. 3 에는 백 4 이하 12까지 건너간다.

16도 (싸움) 흑 2 에 백이 3, 5 로 젖혀 잇는 것은 흑 6 이 성립한다. 이하 8 까지 중앙을 다툰다.

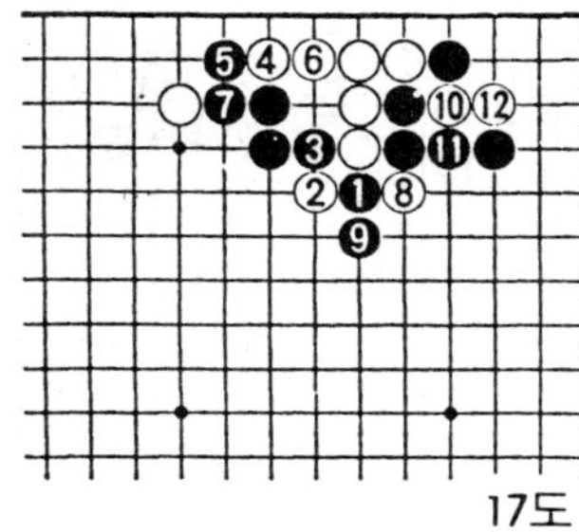

17도

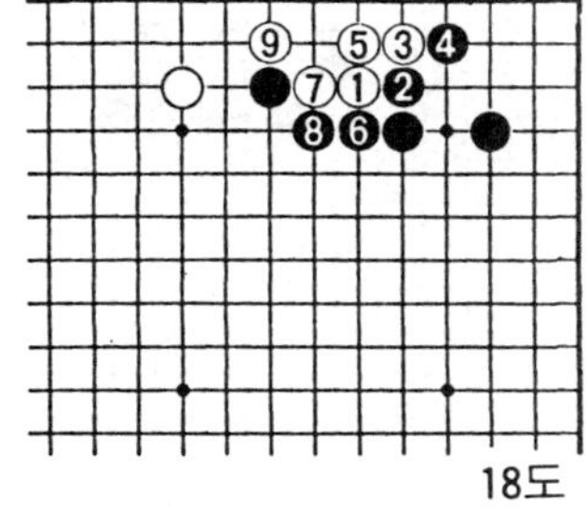

18도

17도 (무리) 전도 흑 8 의 올라섬 대신 1 의곳을 젖히는 것은 10의 끊음에서 12로 나가는데 이것은 흑이 나쁘다.

18도 (변화) 백 3, 5 의 젖혀이음 다음 이하 9 까지의 모양이다.

백이 왼쪽으로 건너가면 이것은 백이 모양을 갖추는 것이 된다. 흑은 백의 건너감에 불만이다.

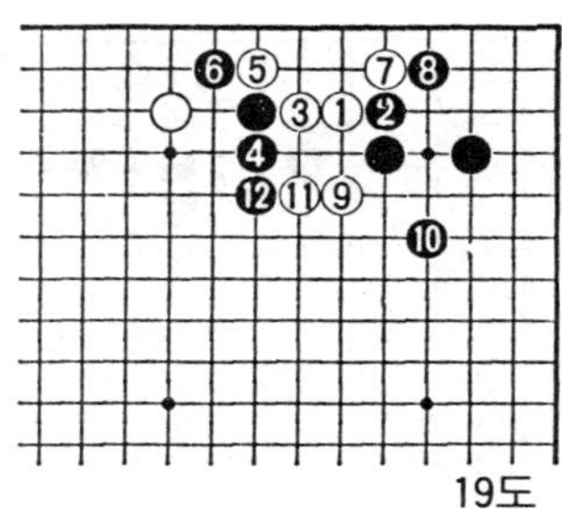

19도

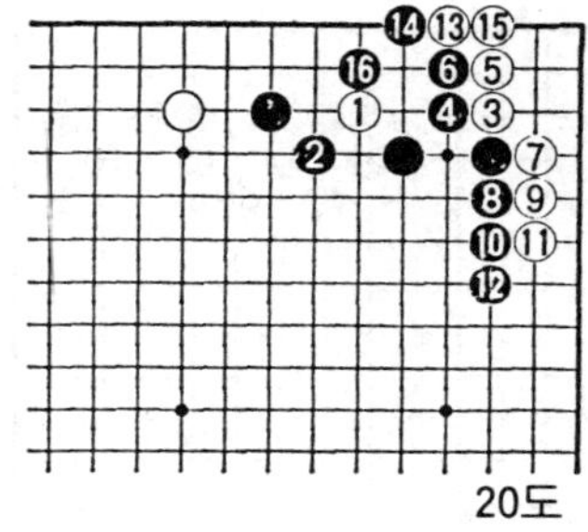

20도

19도 (경합) 백 3, 흑 4 다음 백 5, 7 로 젖히는 것은 다음 9 까지. 흑10으로 지키면 백11. 흑12로 경합.

20도 (삶) 백 1 에 흑 2 는 흑 3 의 붙임이 있다. 이하 15까지 귀를 선수로 산다.

그러나 흑으로서는 큰 불만은 없다. 백의 실리 대신 흑은 강력한 외세를 확보하였기 때문이다.

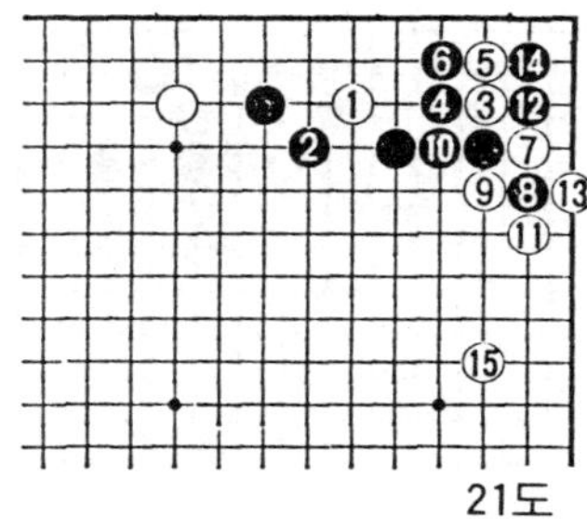

21도

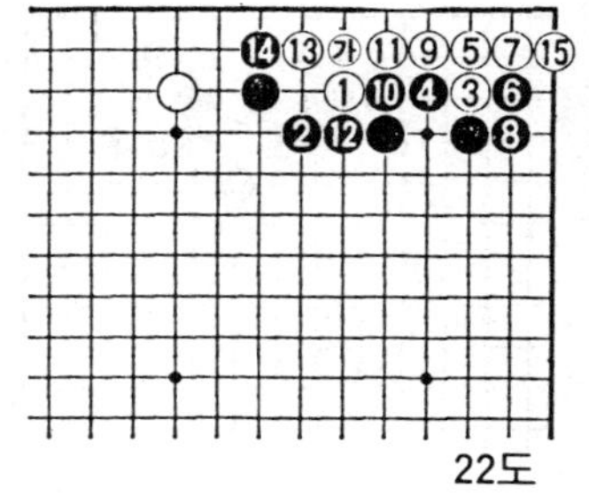

22도

21도 (우변) 흑 8 의 2단젖힘에 대하여 백은 9 에서 11, 13 으로 바깥의 흑 한점을 사로잡고, 귀의 두 점을 버리는 돌로 하여 이하 15까지 우변에 근거를 확보한다.

22도 (삶) 백 5 에 흑 6 으로 위쪽을 마늘모하는 것은 15까지 사는 모양이다. 12로 13은 백 ㉮, 흑12, 백15로 산다.

제 5 형

한칸 벌림에 눈목자 벌림을 하고 있는 모양이다.

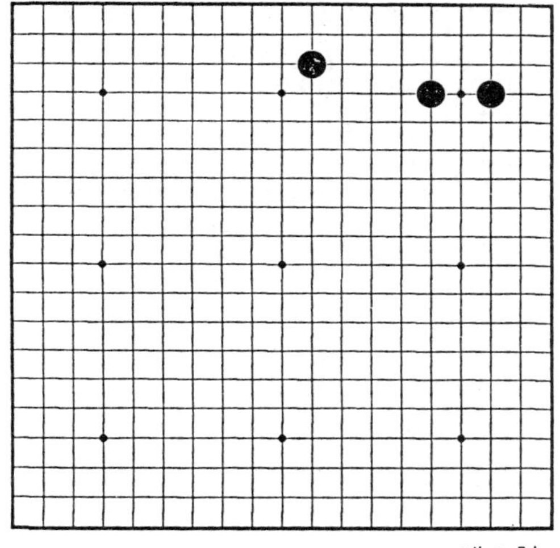

제 5 형

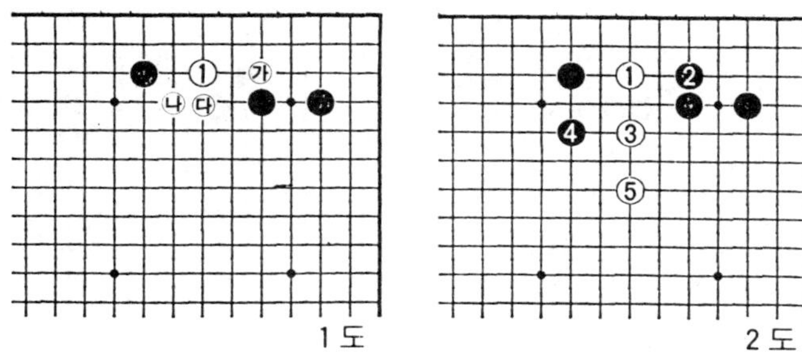

1 도　　　　2 도

1 도 (침입) 백 **1** 의 침입이 성립을 한다. 흑의 응수는 ㉮, ㉯, ㉰의 세곳이다.

한칸 벌려 두는 것이 이와같이 넓을 때에는 상대방이 단독으로 뛰어들 염려가 많다.

2 도 (중앙) 흑 **2** 의 내려섬이 실리를 겸비한 수다. 백 **3** 의 뜀에 흑 **4** , 백 **5** 가 알기쉽다.

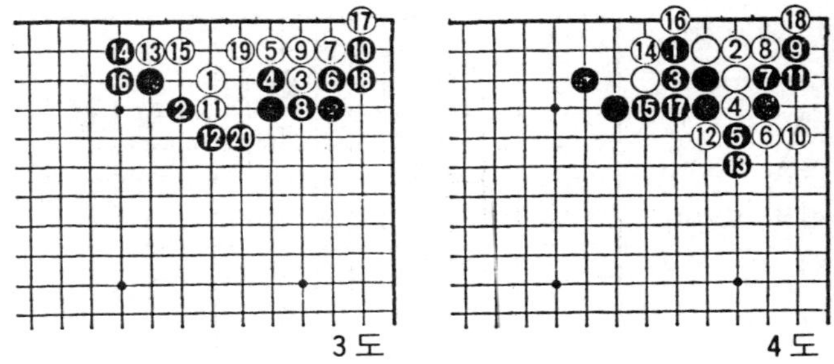

3 도　　　　4 도

3 도 (봉쇄) 흑 2 의 마늘모로 봉쇄하는 것은 이후 19까지 산다. 20은 두터운 수다.

4 도 (공격) 전도 흑 6 으로 1 의 곳을 두는 것은 백 2 의 이음 다음 18까지 공격한다.

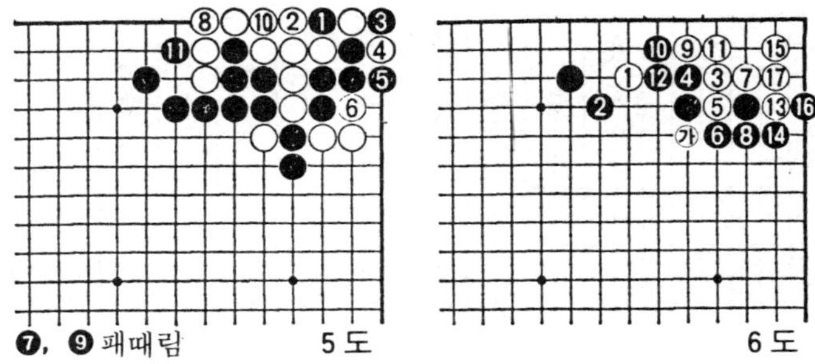

❼, ❾ 패때림　　5 도　　6 도

5 도 (패) 전도 다음에 흑 1 의 먹여치기는 3, 5 의 수순으로 패다.

백이 8, 10으로 이어두면 패가 만들어진다.

6 도 (귀) 흑 4 의 내림에 백은 5 로 밀고 나온다. 이하 17까지 귀에서 사는 모양이다. 장래 백 ㉮의 끊음을 엿본다.

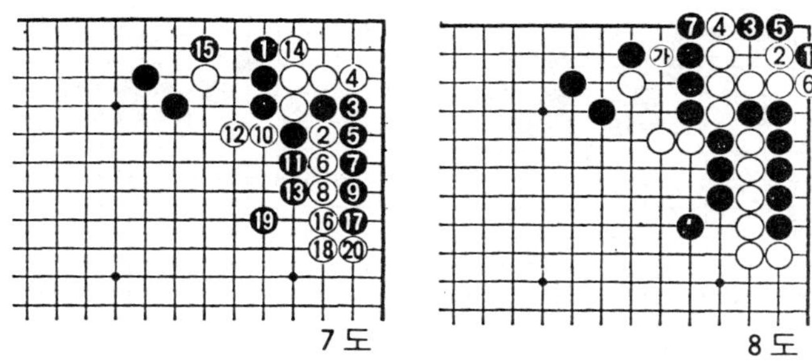

7 도　　8 도

7 도(무리) 전도 흑 **8** 로 **1** 의 곳을 두는 것은 무리이다. 이하 **20**까지 흑이 안된다.

8 도(늘어진 패) 전도 다음에 흑 **1** 에서 **3** 까지 늘어진 패가 나온다. 다음은 백의 싸움으로 패가 되는데, 큰 팻감이 없으면 어느쪽이든 두렵다.

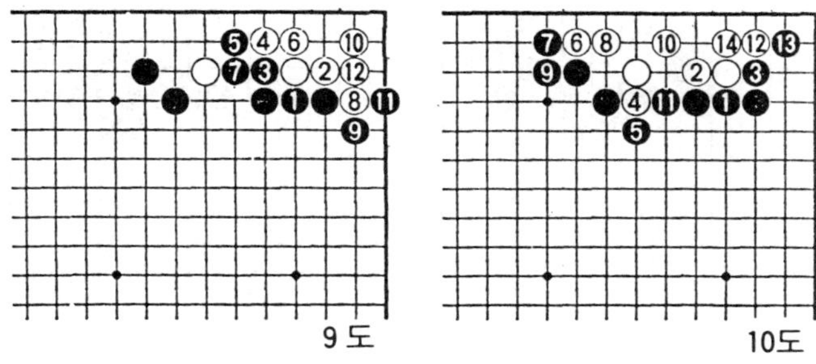

9 도　　10도

9 도(같음) **6** 도의 흑 **4** 로 **1** 로 잇는 것은 백 **2** 이하 **12**까지 산다. 이것은 **6** 도와 같다.

10도(갈림) 백 **2** 로 느는 것은 이하 **14**까지 살게 되는데 흑은 외세가 있어 만족이다.

흑 **3** 으로 귀를 노리면, 백 **4** 로부터 **6**, **8** 로 늘어두어 이하 살게 된다.

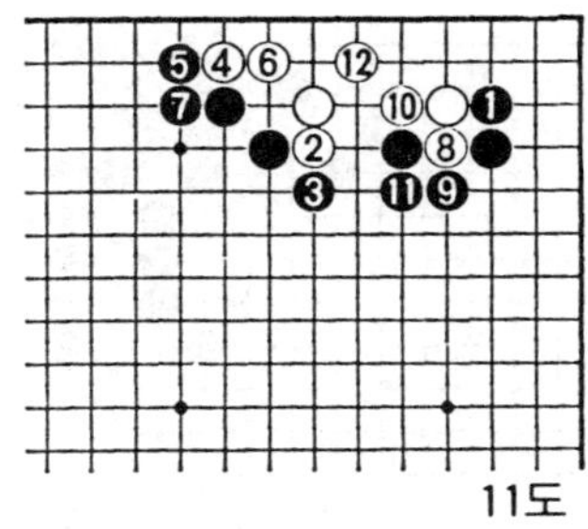
11도

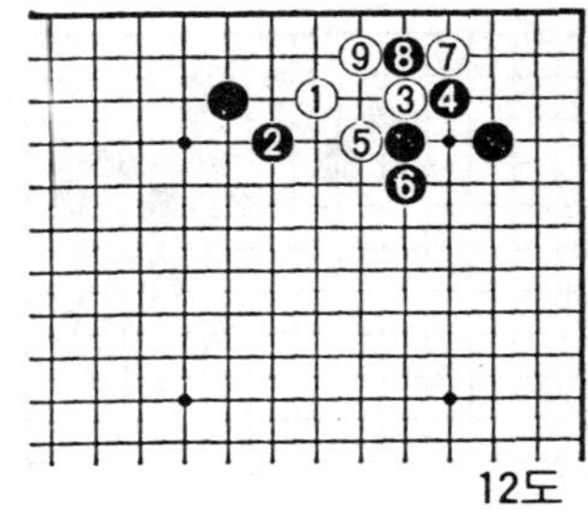
12도

11도 (같다) 흑 1 로 귀를 두는 것은 4, 6 이 맥이다. 백12가 견실한 수. 이것은 전도와 같다.

12도 (패) 백 3 으로 뛰어붙이는 것은 패를 다투게 된다. 흑 6 의 뻗음이 요점이다. 백 7, 흑 8 에는 9 의 곳이 있다.

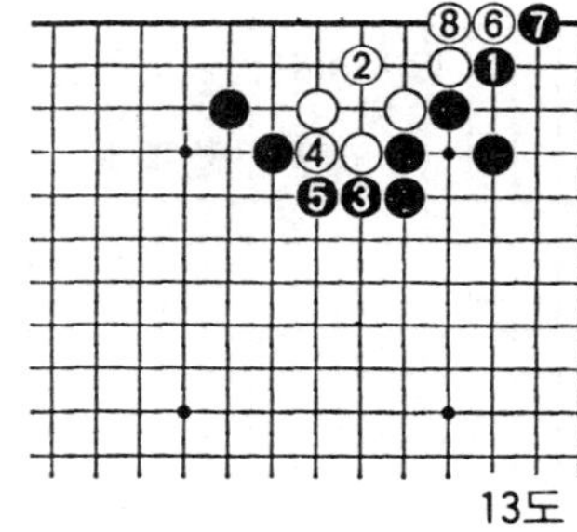
13도

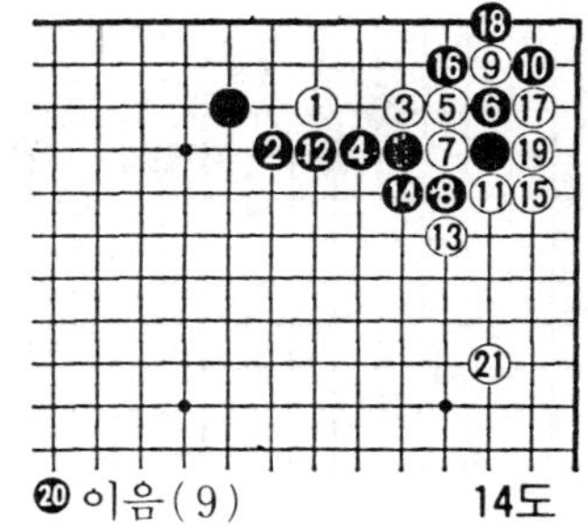
❿ 이음(9)

14도

13도 (삶) 전도 흑 8 에는 1 의 곳이 알기쉽다. 흑 3, 5 의 수가 견실하다.

14도 (우변) 흑 4 의 뻗음이 있다. 백은 5 이하 9 까지 사석작전을 써서 우변을 경영한다.

흑12대신 15로 단수하는 것은 백12로 뚫고 나가게 되어 곤란하다.

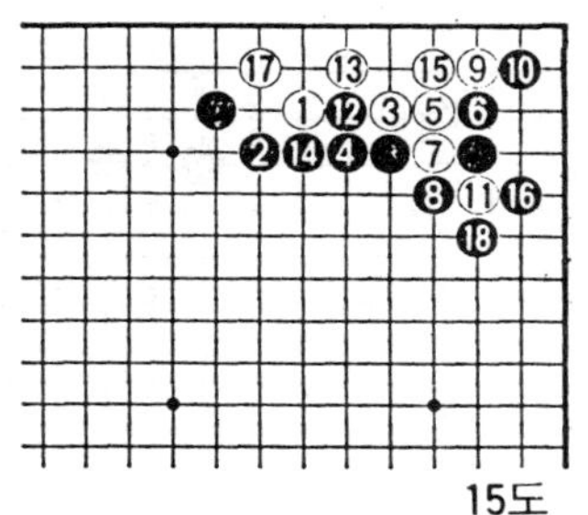
15도

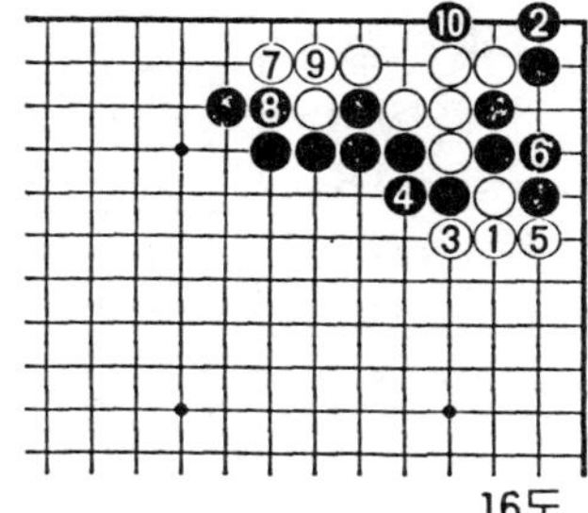
16도

15도 (삶) 백11, 흑12, 백14의 누름 다음에 15까지 산다. 흑도 18로 때려내면 모양이 완성된다.

16도 (불가) 전도의 백17로 살지않고 1 로 나가는 것은 위험한 수다. 흑 2로 내려서면 백 3 단수로 4를 강요하고 5로 막으면 10의 건너붙이는 수가 있어 백의 다음 수가 궁하다.

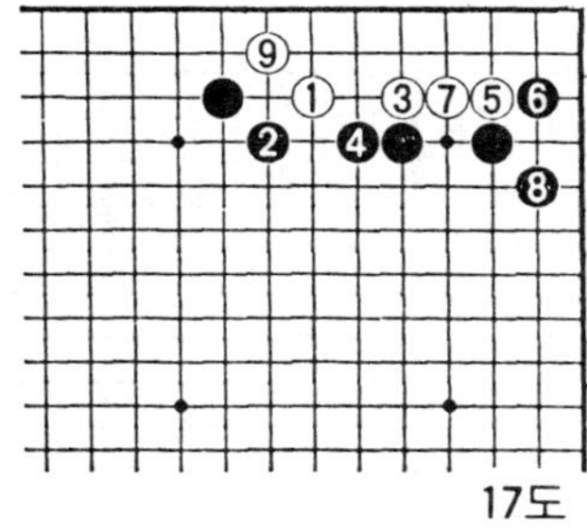
17도

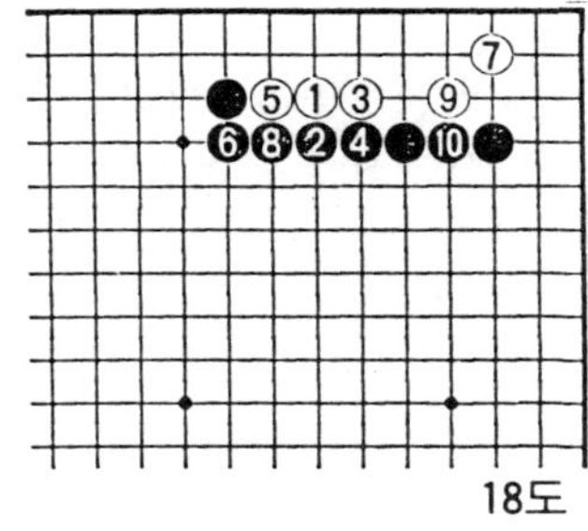
18도

17도 (건너붙임) 흑 4 로 느는 것은 5 의 건너붙임이 맥이다. 흑 6 에서 이하 9 까지 산다.

18도 (철벽) 흑 2 에는 백 3, 이하 8, 10이 철벽이다. 흑이 두텁다.

그러나 백은 선수로 살수가 있다. 전체적인 국면으로 보아 흑이 대단히 유리하다고 볼 수 있다.

제 6 형

화점아래까지 전개되어 있는 모양이다. 어디가 적절할까?

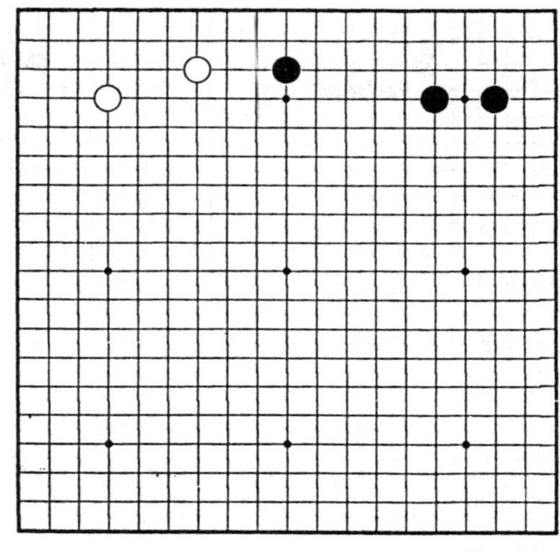

제 6 형

1 도 (이 한수) 이런 모양에서는 백 **1** 의 한수다. 응수는 ㉮, ㉯, ㉰, 의 세곳이다.

2 도 (막음) 혹 **2** 로 귀를 지키는 것은 착상. 이하 **6** 까지 중앙전후의 양상이다.

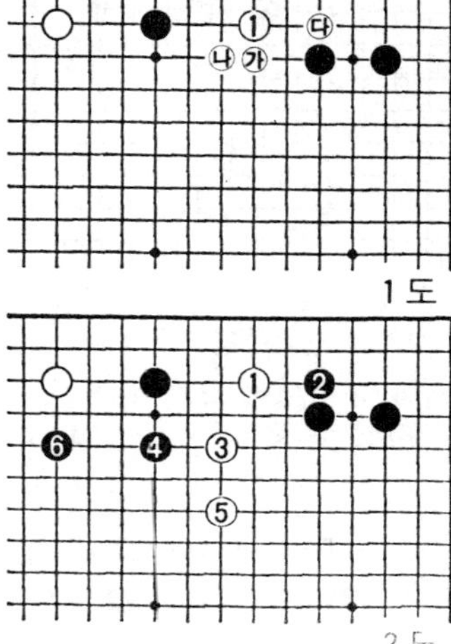

1 도

2 도

3 도 (정형) 흑 **2** 의 씌움에는 이하 **15**까지 사는 모양인데 흑**16**의 수비가 두텁다.

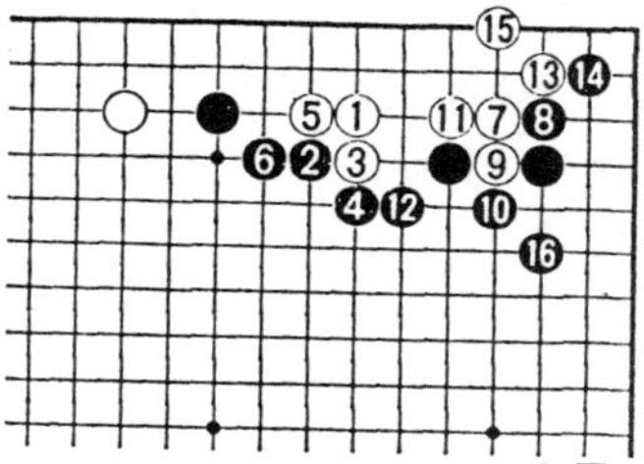

3 도

4 도 (외세) 흑 **8** 의 내림에는 백 **9** 이하 **19**까지 산다. 흑도 **20**까지 외세로 만족이다.

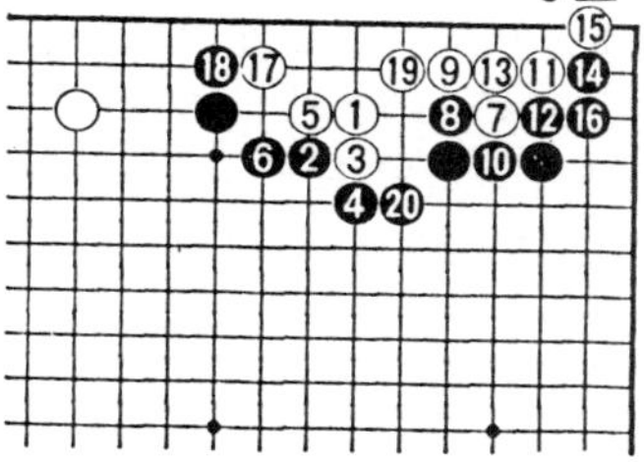

4 도

5 도 (귀가 크다) 전도 흑**10**의 이음으로 **1** 로 젖히는 것은 흑 **4** , **6** 으로 귀를 잡는다. 불만이 없다.

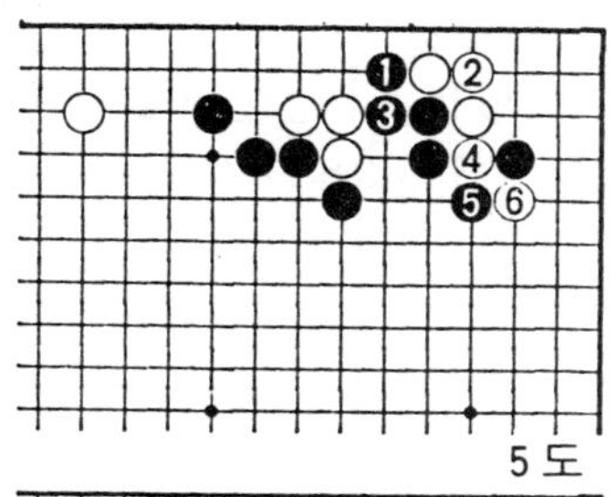

5 도

6 도 (외세) 백 **7** 에 흑 **8** 의 이음은 흑**10**으로 공격을 한다. 이하 **17**까지 흑은 외세가 있어 만족이다.

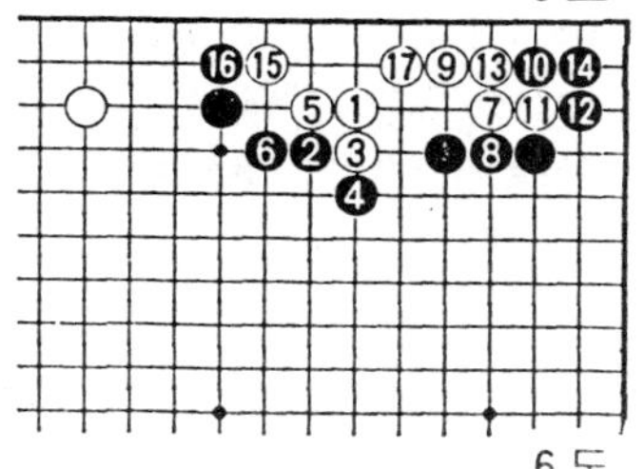

6 도

7 도 (젖혀끊음) 백 5 의 젖혀끊음의 변화가 생긴다. 흑 6 에 대해서는 백 7 이하 13까지 ―.

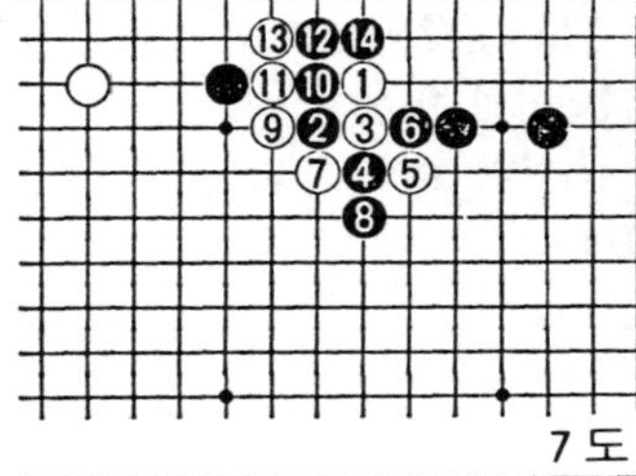

7 도

8 도 (공격) 흑 6 의 뻗음이 강수다. 백 7 의 이음은 백 8 이 모양의 급소다. 백 7 로 구부려 싸운다.

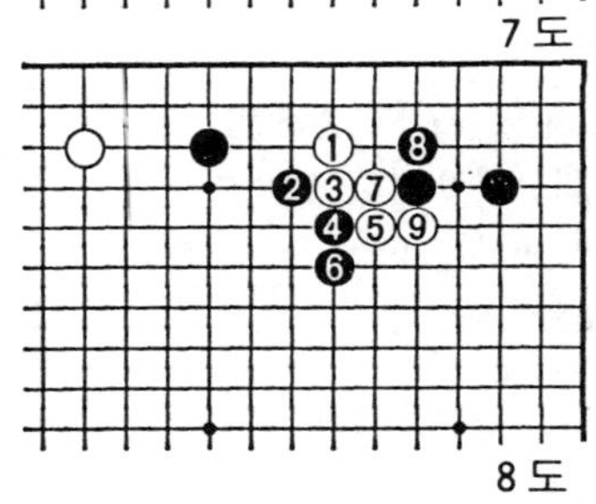

8 도

9 도 (변화) 전도 백 7 에는 1 의 붙임이 있다. 흑 2 다음 8 까지 모양이다.

10도 (반격) 백 1 에 흑 2 의 반격이 있다. 백 3 의 젖혀이음이 맥이다. 8 이하 12까지 호각.

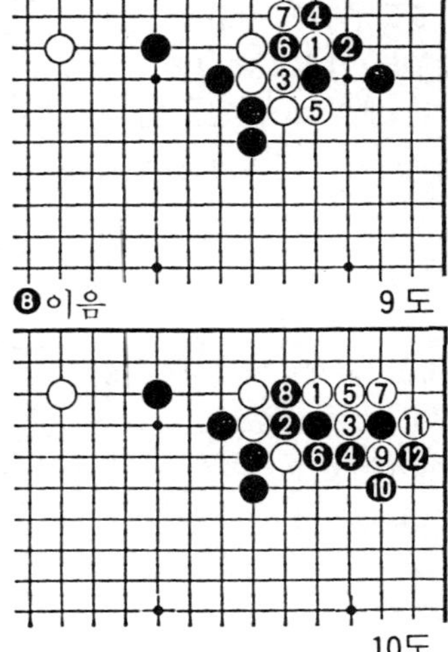

❽이음

9 도

10도

11도 (안쪽 단수) 이 흑 4로 백 5의 반발은 13까지 탄력이 있다. 백 ㉮, ㉯의 곳이 남는다.

12도 (중앙) 백 5의 단순한 끊음은 백 6의 내려섬 다음 7 이하 13까지 중앙을 탈출한다.

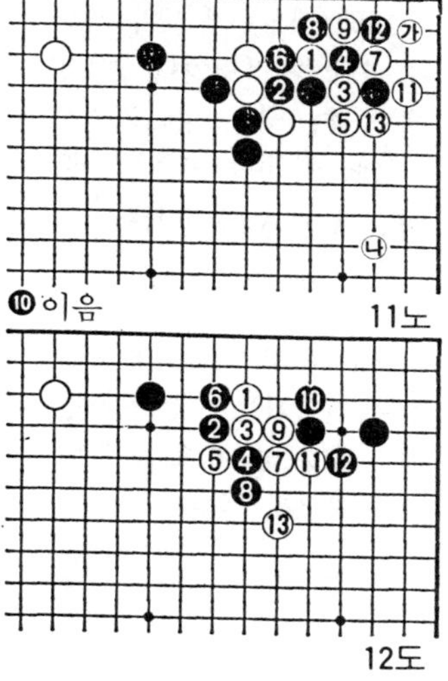

11도

12도

13도 (뒷맛) 흑 6의 뻗음에 대하여 생각해 보자. 7 이하 13까지 되는데 귀에 뒷맛이 남는다.

14도 (정형) 백 3에 두는 것이 정형이다. 16까지 사는 모양인데 ㉮의 끊음이 남는다.

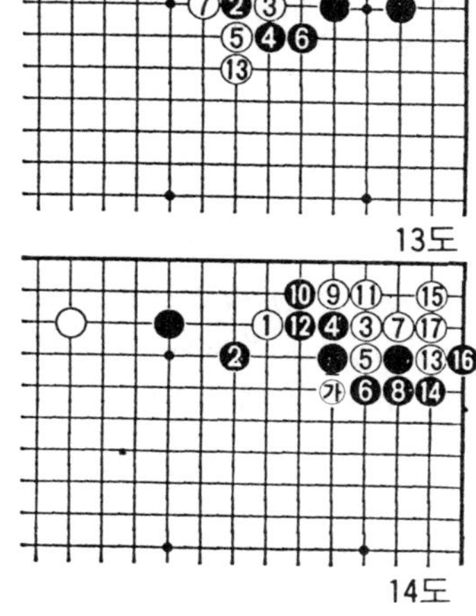
13도

14도

15도 (정형) 백 1의 침입에 흑 2는 정형이다. 백 3에 흑 4, 백 5에서 7까지. 다음에 백 ㉮는 흑 ㉯, 백 ㉰, 흑 ㉱로 응수한다.

16도 (돌파) 전도 8 대신 1로 건너가는 수는 어떨까? 백 2, 4, 6으로 두어 귀가 황량해 진다.

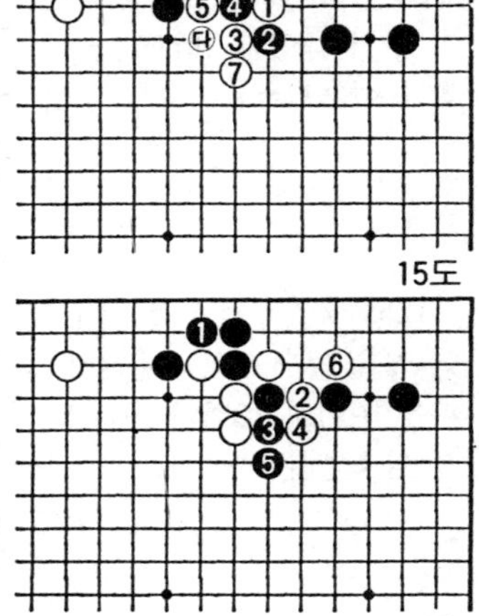

15도

16도

17도 (반발) 백 2에는 흑 3의 반발의 수단이 있다. 장래 ㉮의 끊는 맛이 남는다.

18도 (정형) 흑 2의 붙임에 3으로 귀쪽을 두는 것은 4 이하 17까지 정형이다.

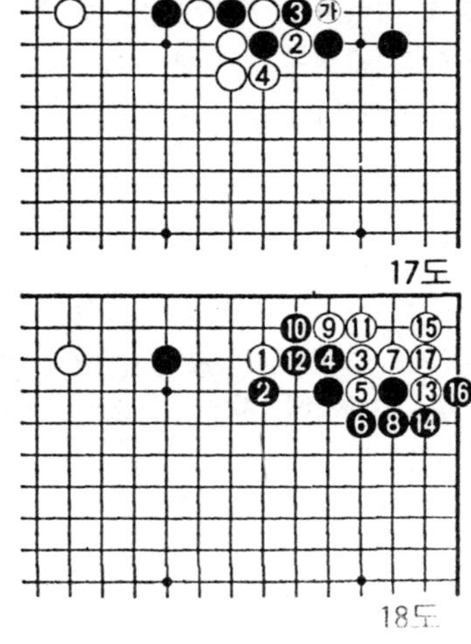

17도

18도

19도 (탈출) 백 **3** 에 **4** 의 누름은 백 **5** 의 들여다봄이 수순이다. 흑 **6** 에는 이하 **11**까지 탈출한다.

20도 (흑 만족) 백 **5** 에 흑이 **6** 으로 귀를 두는 것은 **11**이 수순이며 **12**의 지킴이 당연. 흑**22**까지 흑은 불만이 없는 갈림이다.

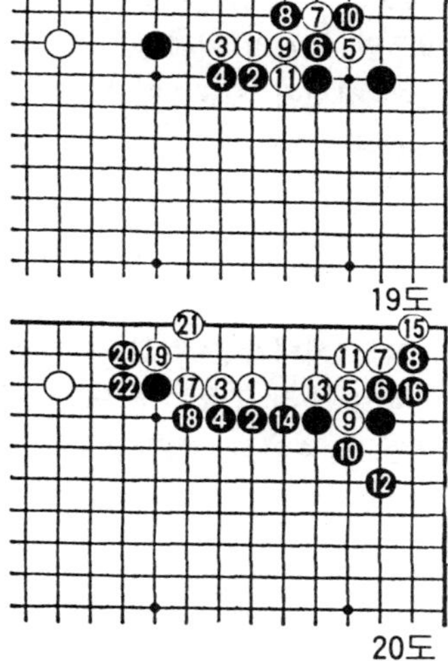

19도

20도

21도 (위험) 전도 백 **7** 의 젖힘으로 백 **1**, **3** 에 흑 **4** 의 교환. 백 **7** 에 흑은 ㉮의 수비가 있다. **8** 의 맥점이 있어 백이 위험하다.

22도 (호각) 백 **5** 에 흑 **6** 의 내림이 견고하다. 이하 **15**까지 갈림이다.

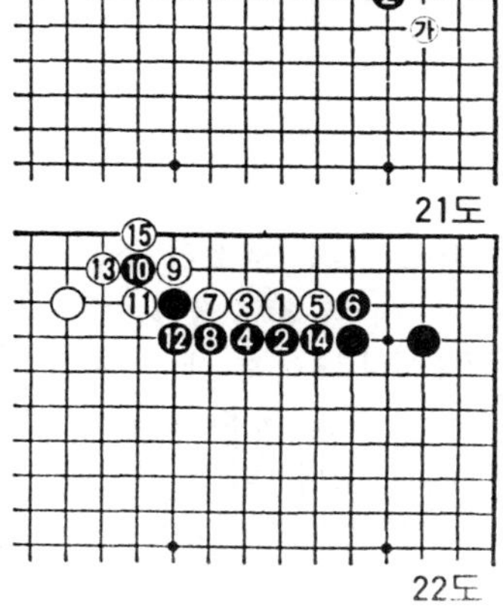

21도

22도

23도 (실전적)　백 3 으로 뻗으면 흑 4 의 내려섬. 백 5 의 젖힘에 흑 6, 백 7 로 나간다.

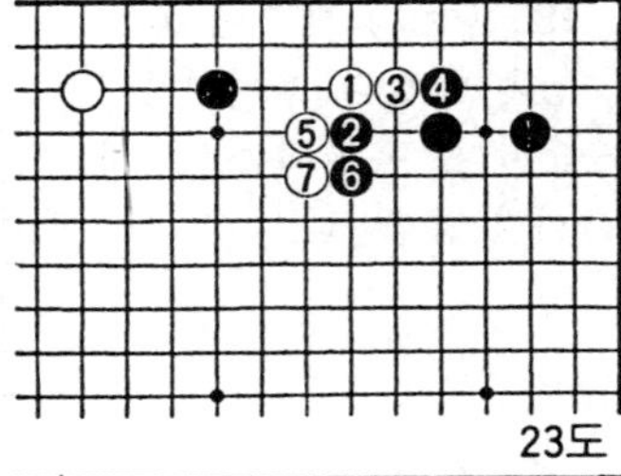
23도

24도 (세력작전)　전도의 흑 4 로 1 의 곳을 누르는 것은 2, 4 이하 왼쪽으로 건너간다.

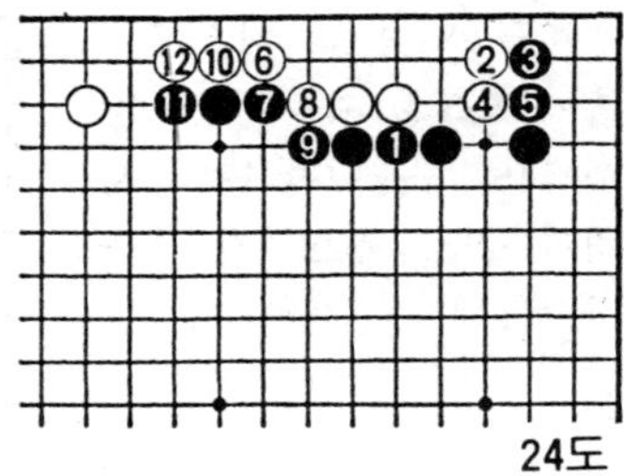
24도

25도 (봉쇄) 흑 3 은 백을 봉쇄시키는 수다. 백은 4 이하 10까지 산다.

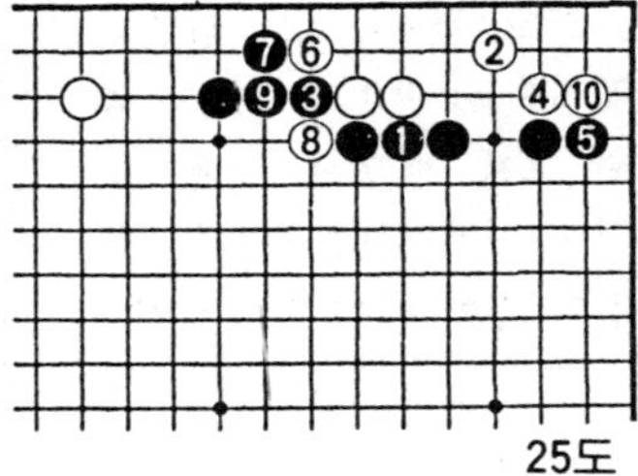
25도

26도 (봉쇄) 백 2 의 뻗음이 있다. 흑 3 의 봉쇄에는 백 4 이하 8 까지 산다. 흑 3 에는 귀를 ㉮의 곳에 두는 수도 있다. 다음 백 ㉯로 구부려 탈출한다.

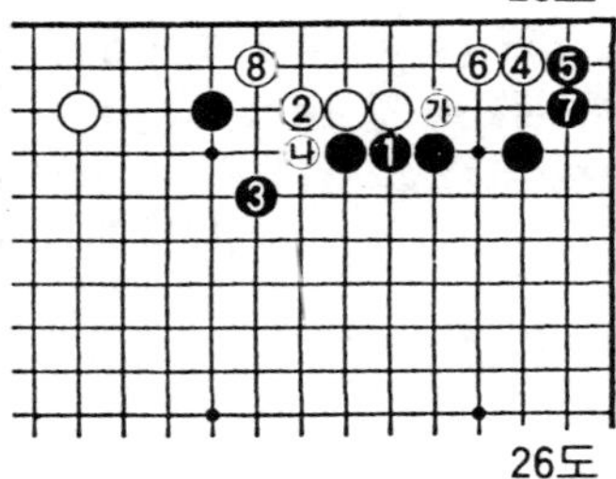
26도

제 7 형

이것은 한 칸 굳힘에서 4 칸 벌림의 모양이다.

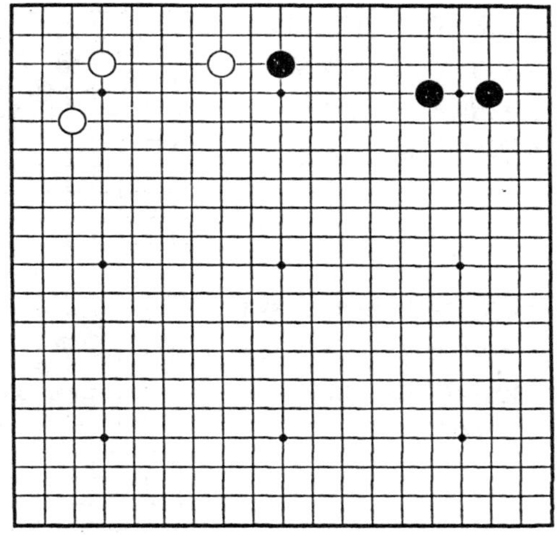

제 7 형

1 도 (정착) 백 1 의 침입이 정착이다. 흑 2 의 마늘모엔 백 3 의 한칸 뜀 이하 5 까지. 다음 흑은 ㉮나, ㉯의 곳을 둔다.

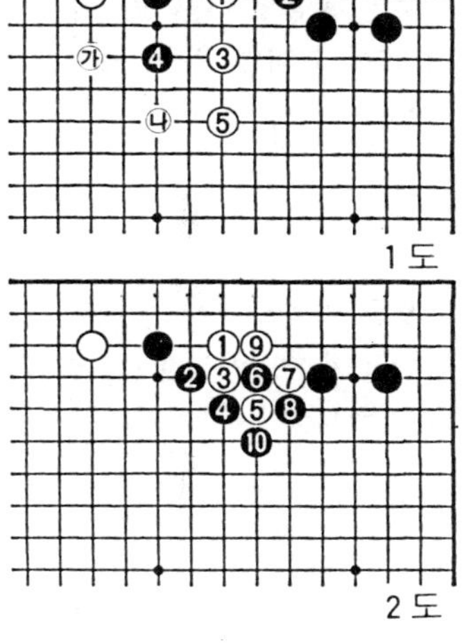

1 도

2 도 (최강) 흑 2 의 마늘모는 최강의 응수다. 백 3 에 흑 4 의 젖힘 이하 10까지인데 흑 8 의 끊음이 맥점이다.

2 도

3 도 (뒷맛) 전도 다음에 백 **1** 의 젖힘은 흑 **2** 로 패를 따낸다. 백 **5, 7** 로 끊어 뒷맛이 남는다.

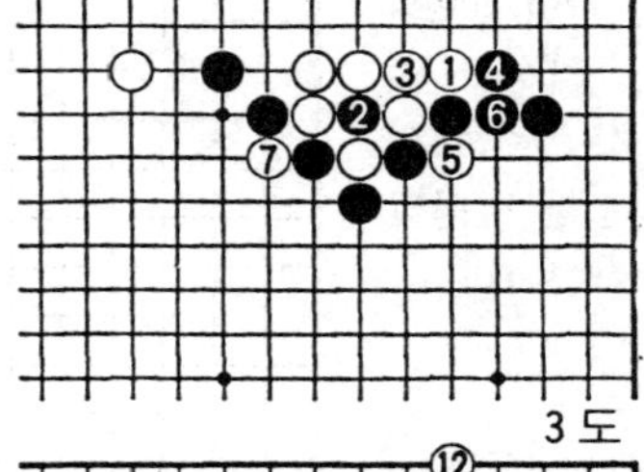

3 도

4 도 (상형) 다음에 흑 **1** 로 이어 쌍방의 수순으로 백**12**까지 산다. **13**으로 지켜 상형이다.

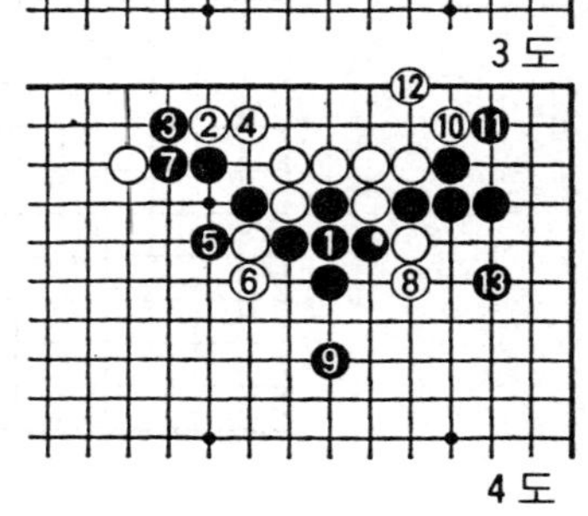

4 도

5 도 (귀가 손해) 백 **7** 의 단수는 흑 **8** 로 내려가 이하 **15**까지 되면 흑은 귀가 손해.

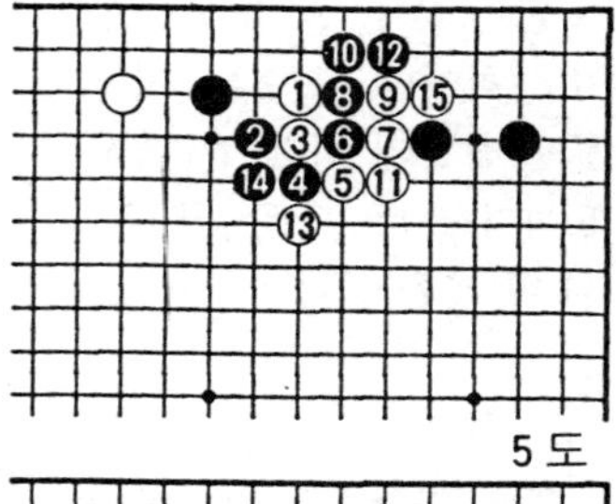

5 도

6 도 (여유) 흑이 싸움을 피하여 **4** 로 두면 **5** 로 붙이는 여유가 있다.

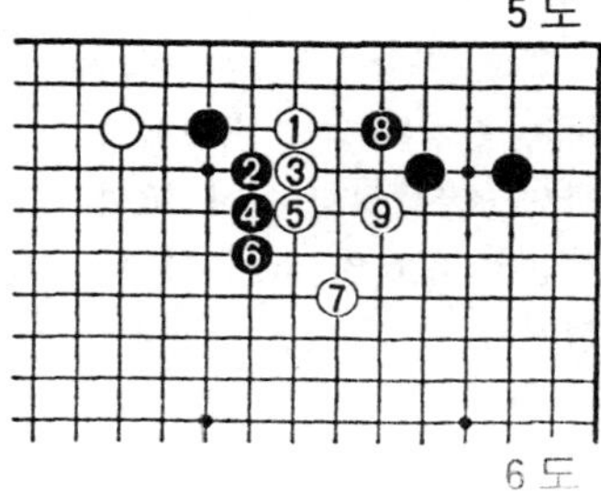

6 도

7도 (변화) 흑 6의 껴붙임은 맥점. 백 7 다음 17까지 3점을 잡는다. 실리가 크다.

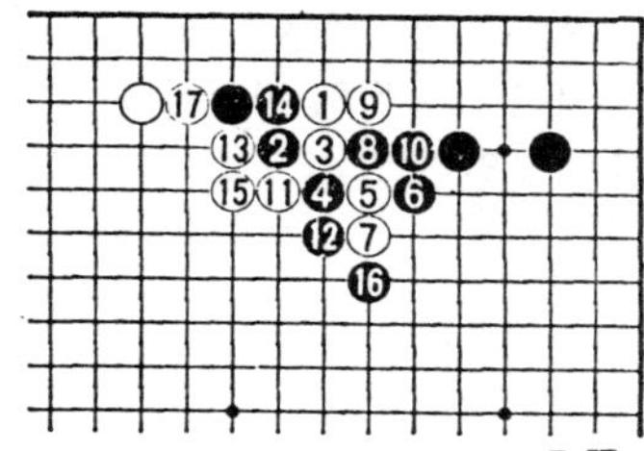
7도

8도 (변화) 단순히 7, 9 이하 11까지도 생각할 수 있다.

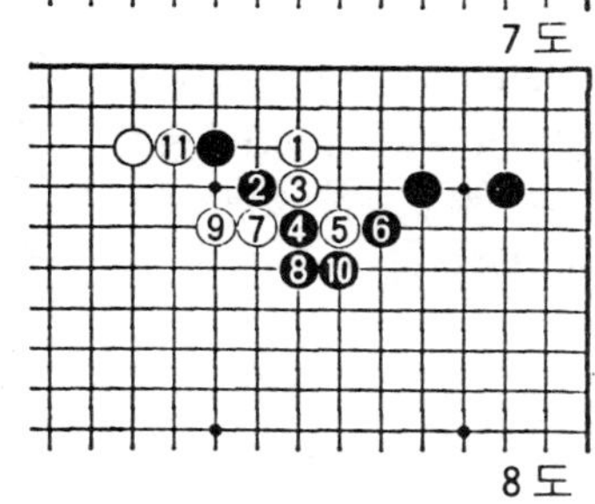
8도

9도 (싸움) 백 3의 날일자는 흑 4의 마늘모가 요점. 백 7, 흑 8로 싸운다.

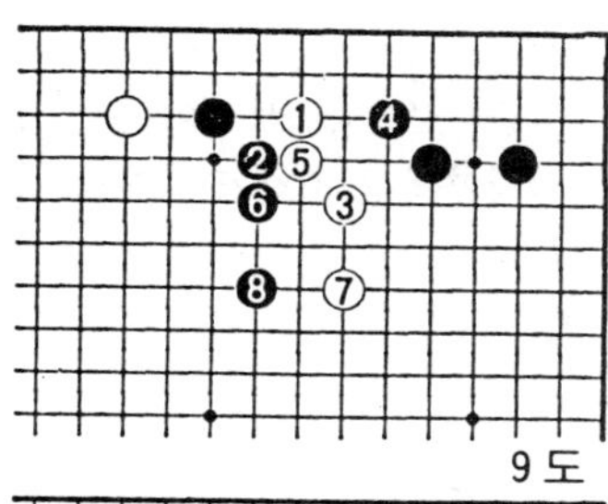
9도

10도 (변화) 흑 4의 건너붙이는 점이 강수. 백 5, 흑 6, 백 7로 2도이다.

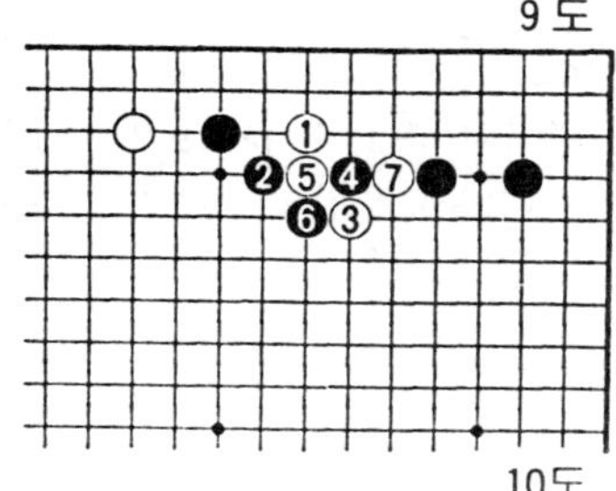
10도

11도 (선수) 백 **3** 의 선수에 흑 **4**, 백 **5** 로 튀어나와 여유가 있다.

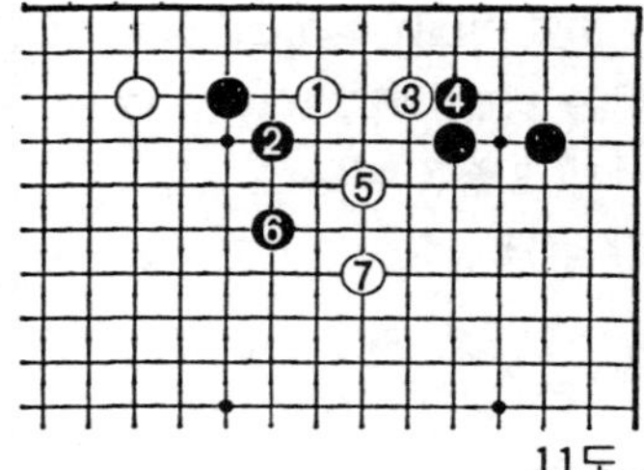

11도

12도 (봉쇄) 전도 흑 **4** 로 **1** 의 누름은 당연한 예상이다. 백 **8** 까지 살면 **9** 까지 봉쇄한다.

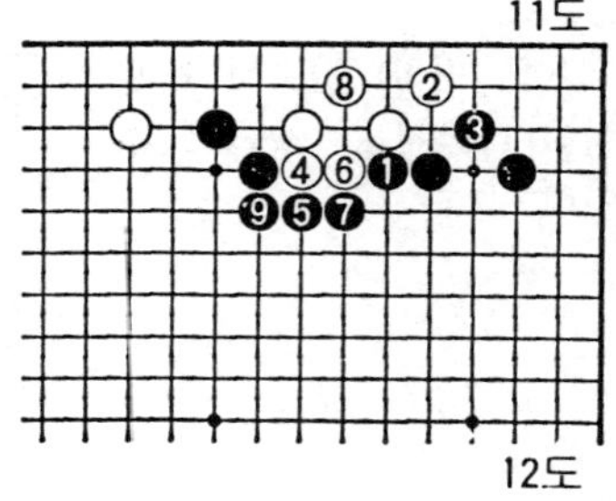

12도

13도 (정형) 백 **3** 으로 두는 것은 어떨까. 백 **5** 이하로 정형인데 흑모양이 견실하다.

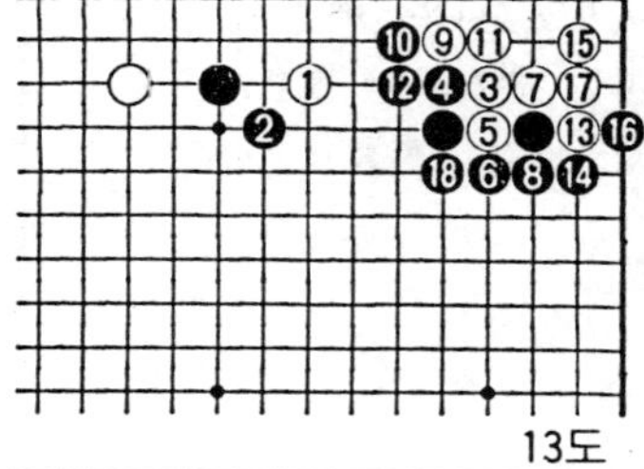

13도

14도 (실리) 전도의 흑 **6** 대신 본도의 흑 **1** 에 두어 **3** 으로 건너가서 우변에 세력을 쌓는다.

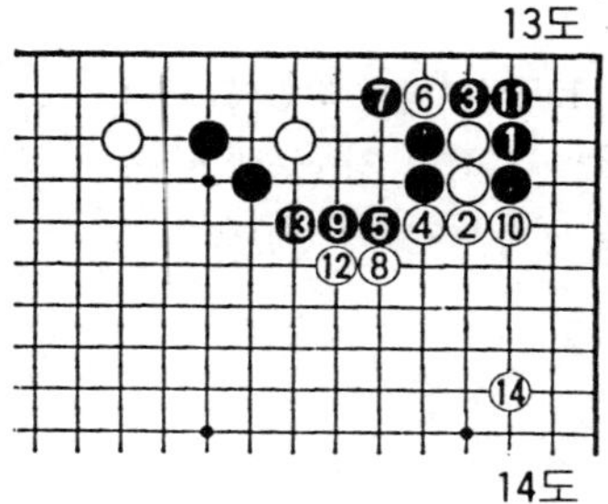

14도

15도(변화) 백 3에 흑 4로 귀쪽을 내리면 20까지. 이후 흑이 ㉮의 곳의 끊음이 있어 불만이다.

16도(백의 페이스) 전도 흑14로 1의곳을 잇는 것은 실패. 백 2의 끊음에서 12까지 백의 페이스.

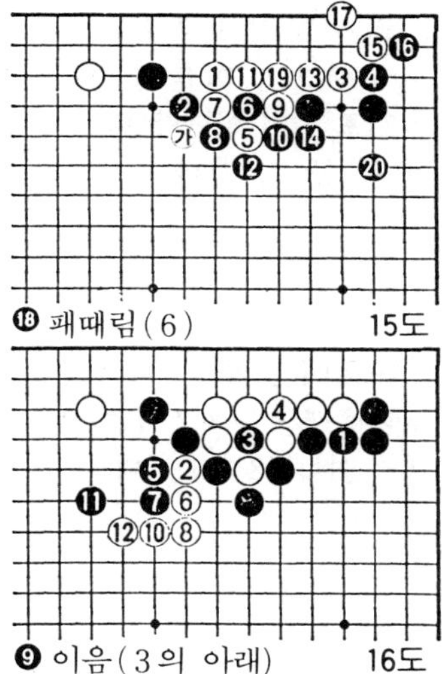

❽ 패때림(6)　　15도

❾ 이음(3의 아래)　　16도

17도(움직임) 13도 흑 6으로 1의 마늘모는 백 2의 수가 있다. 다음 백 ㉮의 젖힘으로 산다.

18도(평범) 흑 1은 백 2, 흑 3으로 내려 ㉮의 곳을 엿본다.

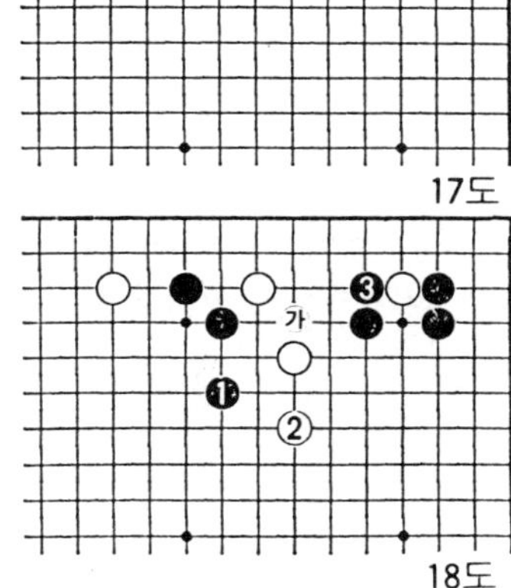

17도

18도

19도 (움직임) 백 2 로 움직여 나간다. 백 8, 10 까지 흑11로 지켜 일단락이다. ㉮의 곳이 남는다.

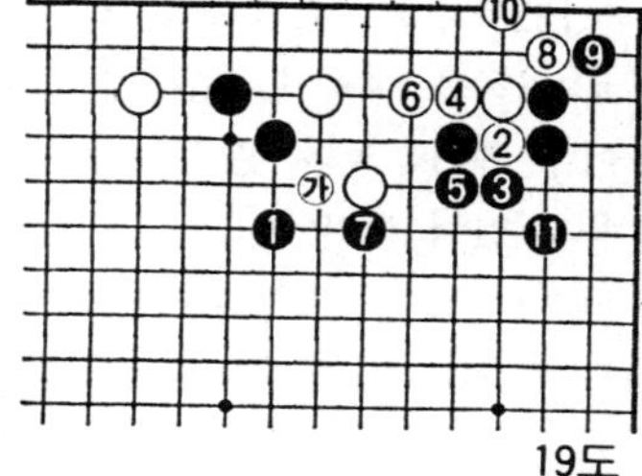

19도

20도 (좋은 맛) 흑 5 의 뻗음에 백 6, 흑 7 의 지킴에서 이하 13까지 좋다.

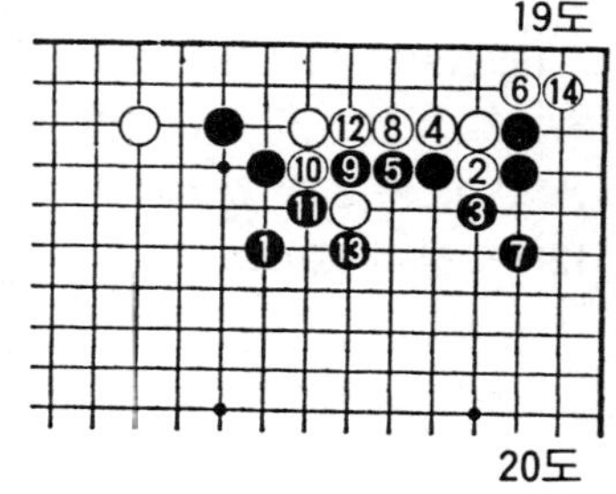

20도

21도 (강경) 흑 7 이 강경한 수단이다. 백22이하 귀를 공격한다.

22도 (변화) 흑 1로 나가서 20까지 흑은 외세를 쌓는다.

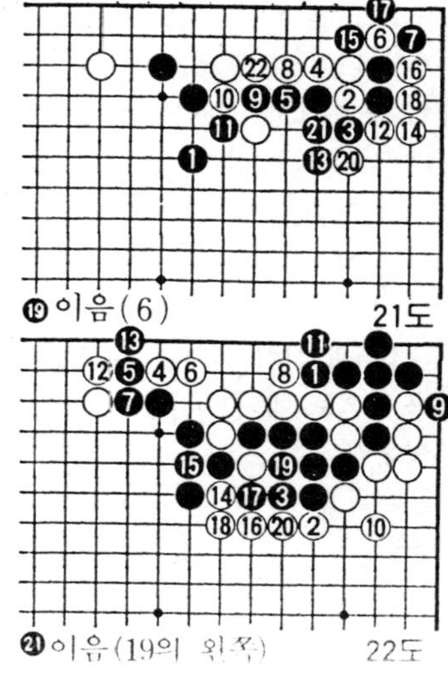

⑲ 이음(6)

21도

㉑ 이음(19의 왼쪽)

22도

23도 (중앙) 흑 4 의 이음이 있다. 백 5, 흑 6 의 교환은 7 이하 13까지 중앙을 나간다. 백15, 17로 근거를 확보한다.

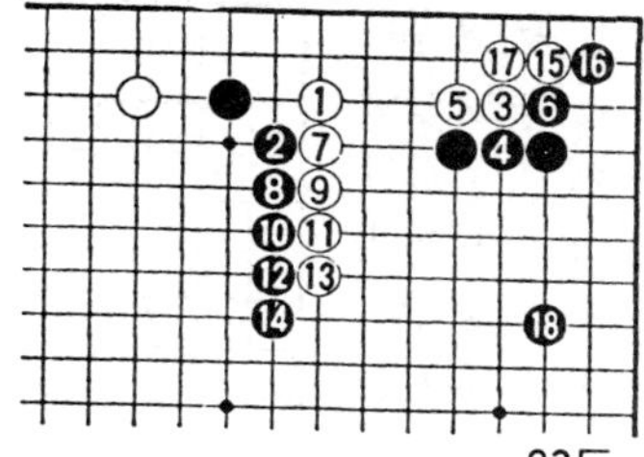
23도

24도 (기합) 전도 흑 8 로 1 의 젖힘은 기합이다. 백 4, 6 으로 흑이 고전이다.

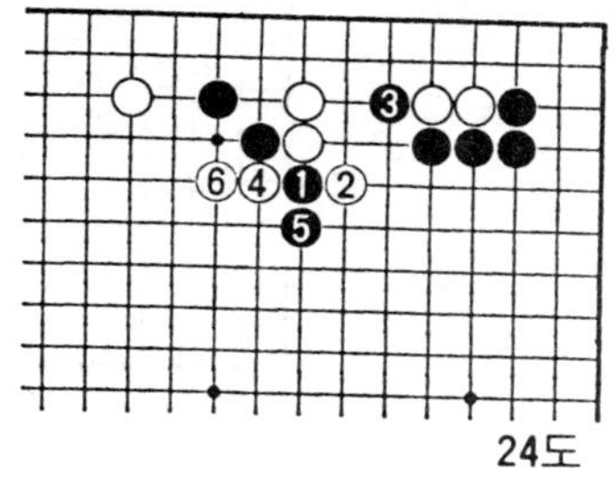
24도

25도 (중앙) 흑 3 에 4 의 끊음. 이하 6 까지 전도와 같은 모양이다.

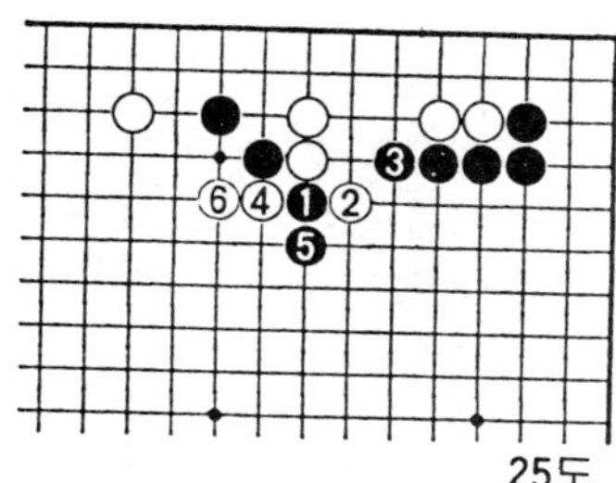
25도

26도 (실리가 크다) 백 7, 9 의 2 단젖힘은 흑10에서 16, 18로 건넌다. 흑의 실리가 크다.

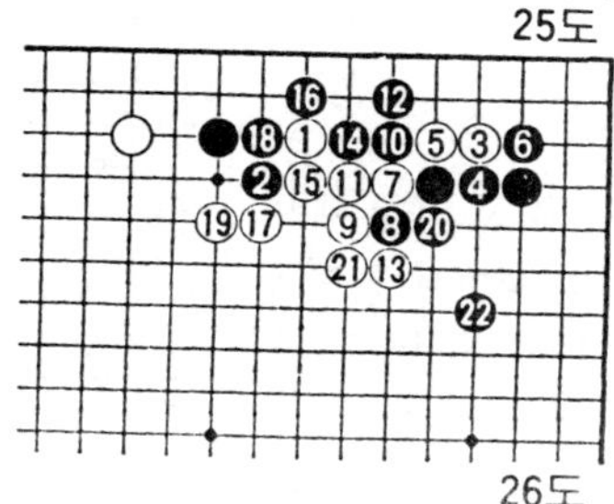
26도

제 8 형

한칸 벌림에서 화점아래까지 전개된 모양이다. 서로 대치를 하고 있는 상황이다.

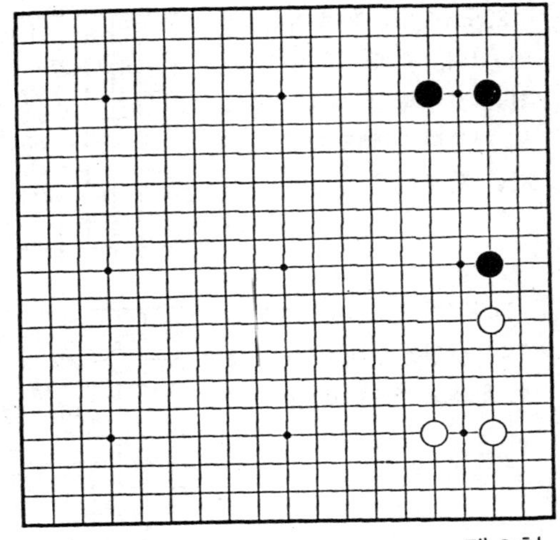

제 8 형

1도 (이맥) 백 1의 붙임으로 응수타진. 흑 6 이하 11까지 예상도인데 과연 어떨까?

2도 흑 8의 2단 젖힘에는 백 9, 11이 모양이다. 12, 14에서 다음 ㉮를 노린다.

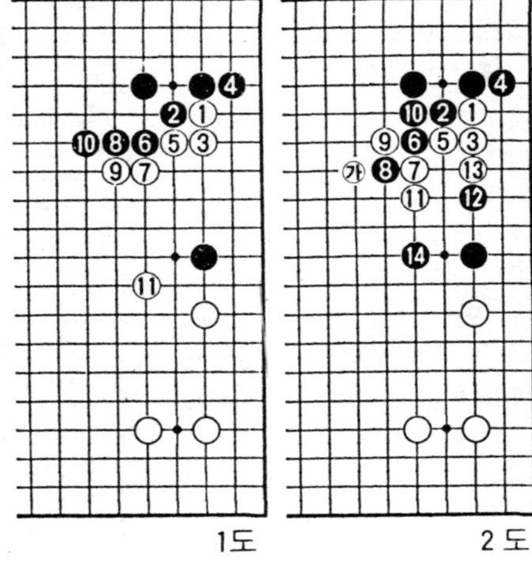

1도 2도

3 도 (싸움) 흑 1은 두터운 응수다. 그러면 백 2의 모자 싸움으로 둔다.

4 도 (공격) 흑 1의 한칸 뜀에는 백 2의 급소의 일격. 다음 3으로 늦춰받는다.

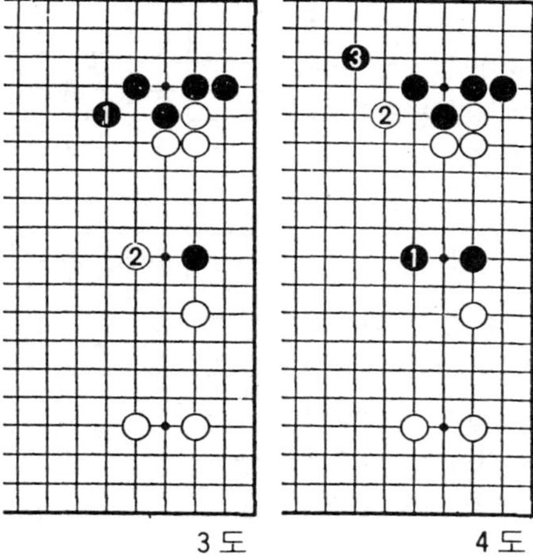

3 도 4 도

5 도 (변화) 흑 4의 싸움은 5, 7로 되어 손해다. 흑 16이 두텁다.

6 도 (상변과의 융합) 상변에 백 △표가 있을 때 흑 4, 6은 의문이다. 다음에 11, 13으로 귀쪽을 두는 수단이 남아있다.

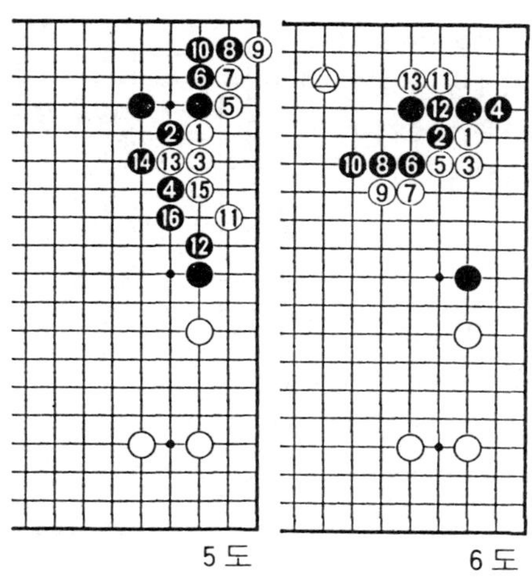

5 도 6 도

7도 (침착) 흑 4가 침착한 수다. 전도의 수단인 ㉮의 젖힘을 방지한다. 백은 5, 7로 나간다.

8도 (경쾌) 흑 2로 이으면 백은 3, 5로 가볍게 타개한다. 백 7은 ㉮의 곳을 두기도 한다.

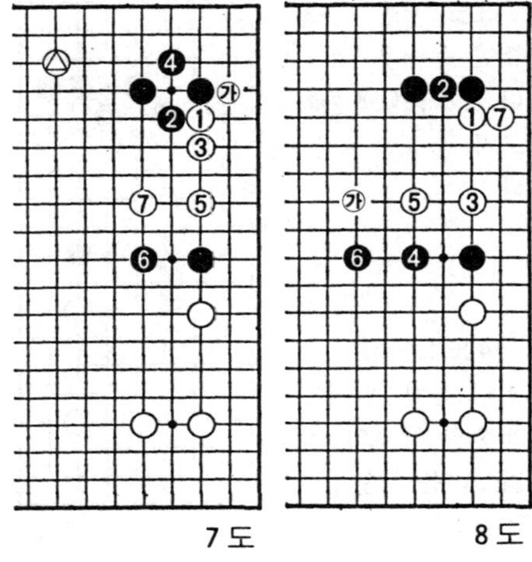

7도 8도

9도 (대동소이) 백 1에 흑 2의 뻗음은 백 9까지 비슷하다.

10도 (협공) 흑 2의 협공은 다음 3의 맥점이 있다. 흑집이 삭감된 모양.

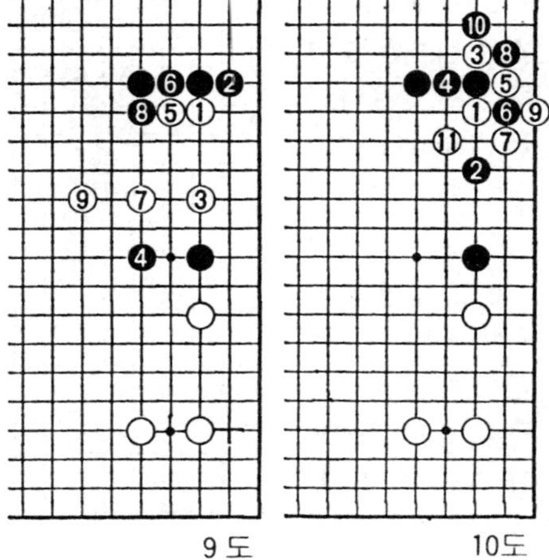

9도 10도

11도 (나쁘다) 백 3에 대하여 흑 4의 내려섬은 좋지 않다. 백 5의 미는 수가 있어 흑의 무리.

12도 (침입) 백 1의 침입은 무리다. 흑 ㉮, ㉯ 두 곳의 응수가 있다.

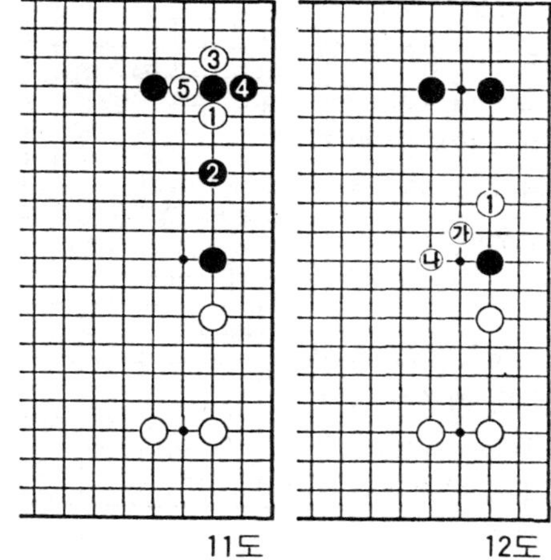

11도 12도

13도 (중앙) 흑 2에는 백 3의 날일자, 흑이 4의 곳을 두면 중앙으로 나간다.

14도 (속맥) 흑 4, 6으로 붙여끊는 것은 이하 11까지 백모양이 완성된다.

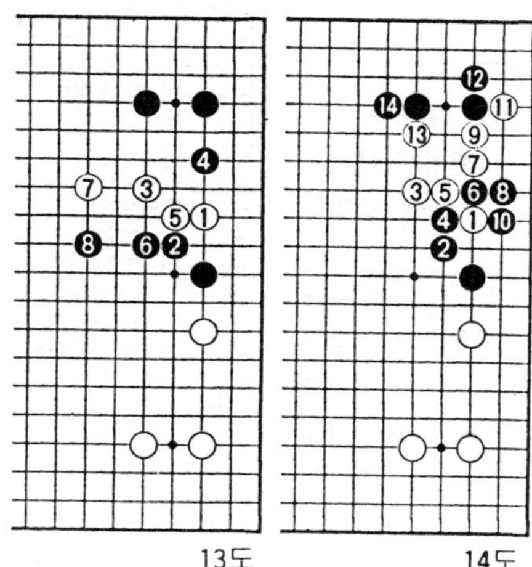

13도 14도

15도 (변화) 백 3으로 붙이면 13도의 흑 4로 선수하고 이다음 백 7에 흑 8, 10으로 선수로 나간다.

16도 (모양) 전도의 백 7로 1은 흑 2가 모양. 흑 4에 백 5, 흑 6, 백 7로 나간다.

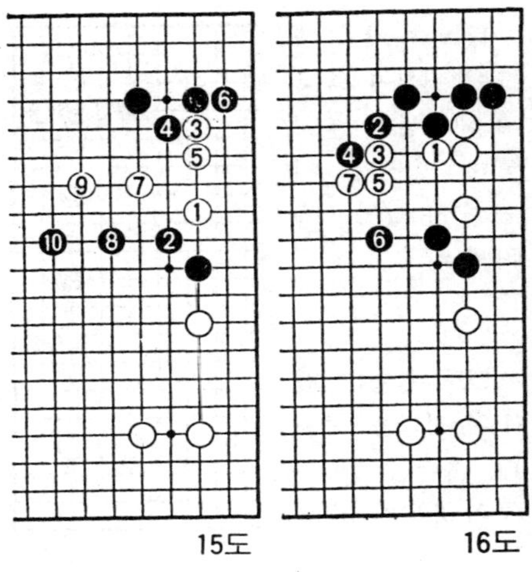

15도 16도

17도 (돌파) 백 3으로 미는 수가 있다. 흑 6의 2단젖힘에서 백 7이하 13까지 돌파.

18도 (무리) 전도 백 9로 1, 3으로 두는 것은 10까지 사는 모양이다. 흑 ㉮에 백은 ㉯로 두지 못한다.

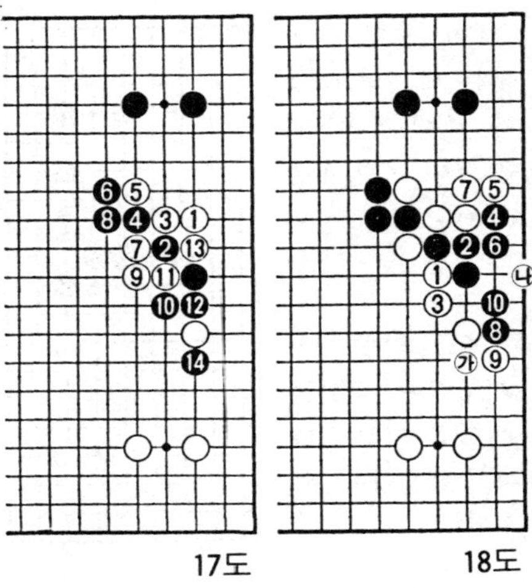

17도 18도

19도 (이맥) 백 한칸의 침입에 7, 9는 이맥이다. 흑은 18까지 백을 공격한다.

20도 (위력) 전도 백10 대신 흑 1, 3으로 실리를 취하는 것은 빵때림을 주어 백이 좋지않다.

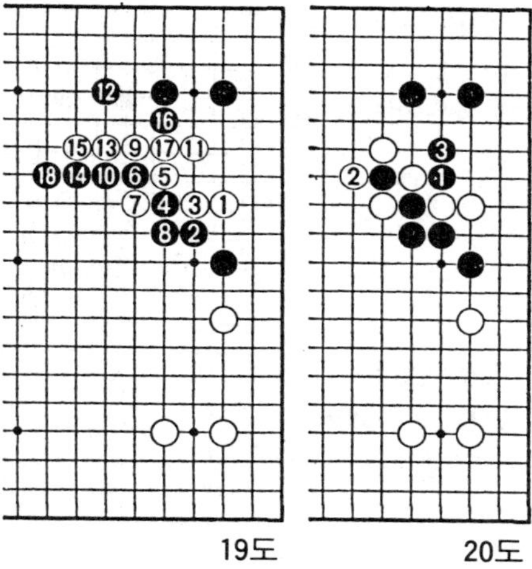

19도　　20도

21도 (알기쉽다) 흑 2의 뜀은 백 3으로 되어 백이 좋다. 흑은 ㉮나 ㉯의 곳을 둔다.

22도 (붙이는 맥) 전도 다음에 흑 1의 한칸 뜀은 백 2, 4, 6 다음 흑 7로 모양.

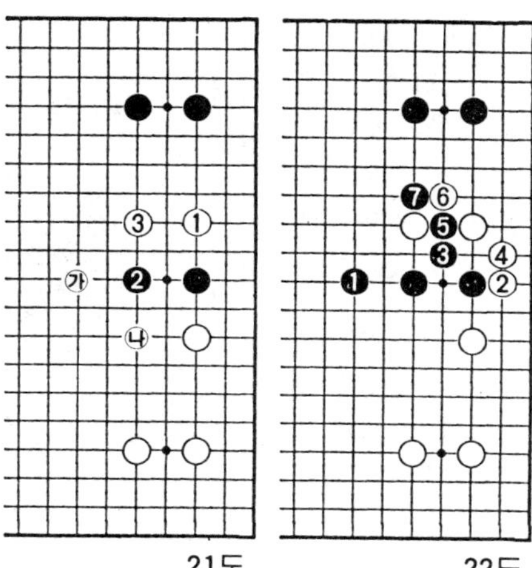

21도　　22도

23도 (연락) 흑 3으로 젖혀나가면 백은 연락을 한다.

24도 (변화) 백 3에서 흑18까지 흑의 실리가 상당하다.

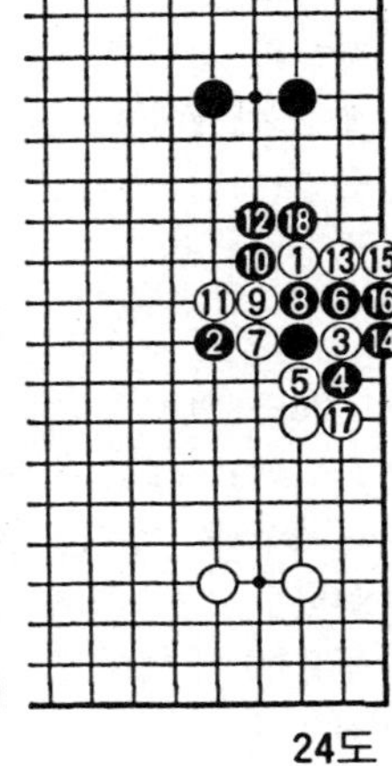

23도　24도

25도 (무리) 전도 백11로 1의 곳을 두는 것은 무리다. 흑 4의 뻗음에 흑 ㉮와 ㉯의 곳을 맞보기.

26도 (날일자) 흑 2의 날일자도 일책이다. 이하11 까지 일단락이 된다. 중앙에 흑모양이 크다.

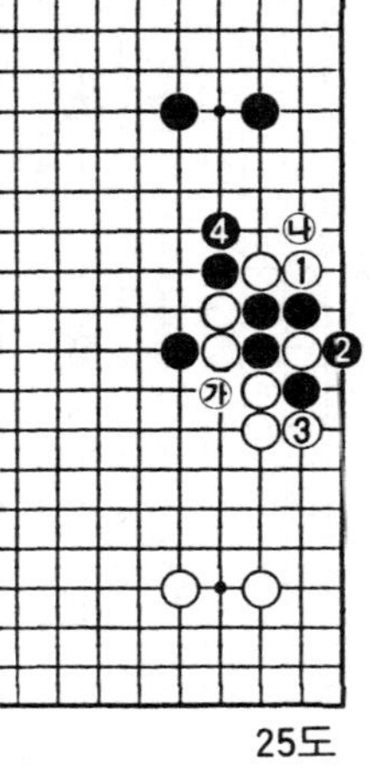

25도

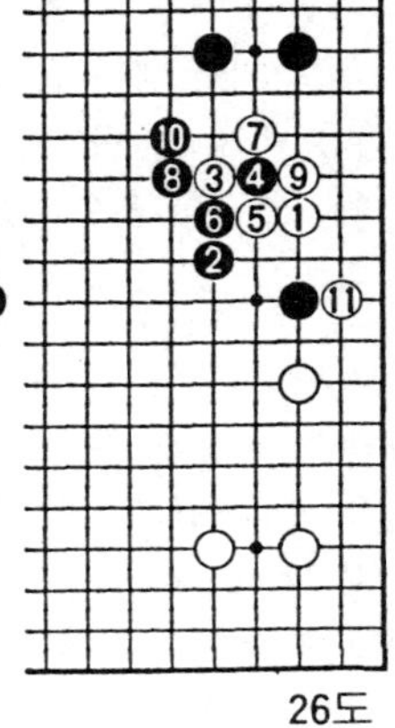

26도

제 9 형

이것은 실전형이다. 어디서부터 착안을 해야 할까?

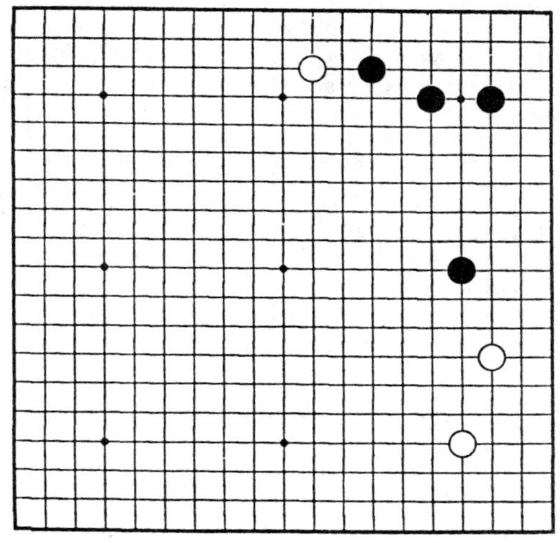

제 9 형

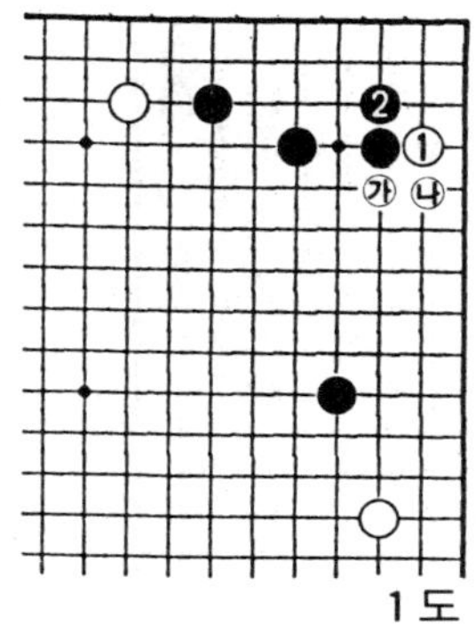

1 도

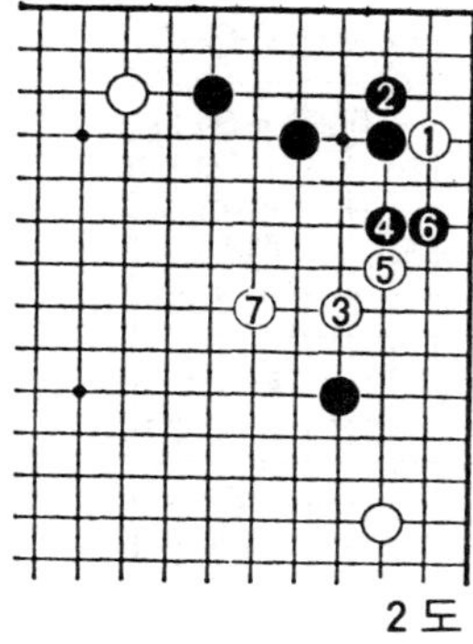

2 도

1 도 (고등전술) 백 1 아래쪽 붙임은 고등전술이다. 흑은 이외에도 ㉮와 ㉯의 곳을 둘 수 있다.

2 도 (경쾌) 백 3 이 가벼운 타개법이다. 흑 4 에서 백 5 의 마늘모는 자만이다. 7 로 중앙을 나간다.

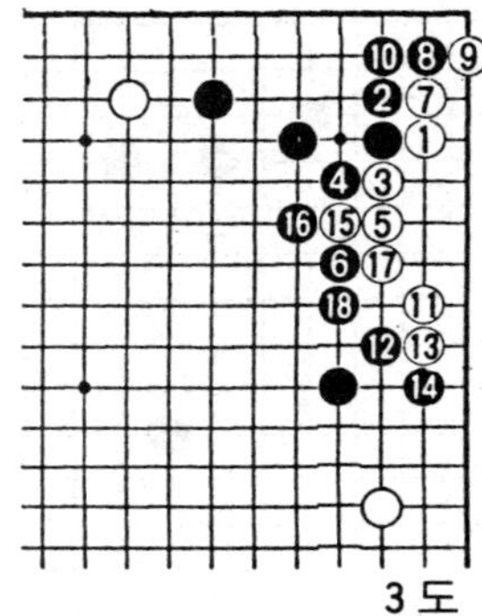

3 도

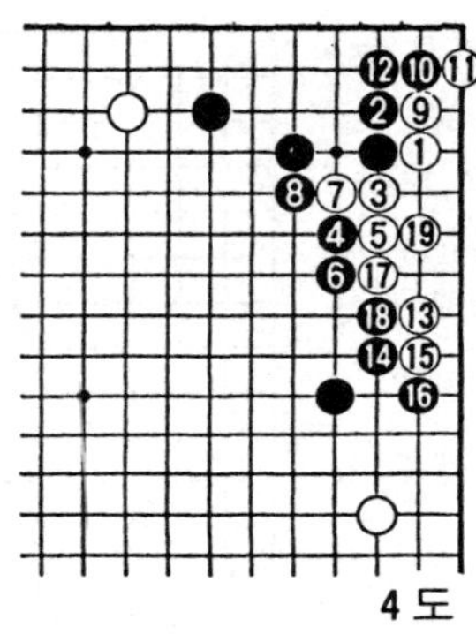

4 도

3 도 (폭이 좁다) 백 3 으로 젖혀 17까지 사는 모양이다. 흑 모양이 두텁다.

4 도 (같다) 흑 4 의 날일자에 백 5, 7 이하 13까지 나가면 전도와 같은 결과다. 흑은 폭이 좁아 불만이다.

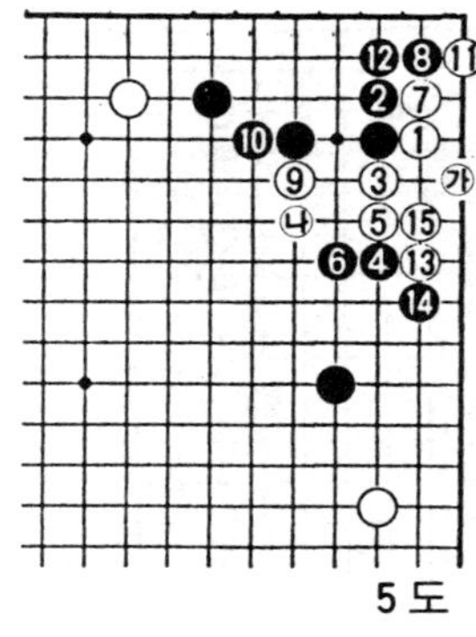

5 도

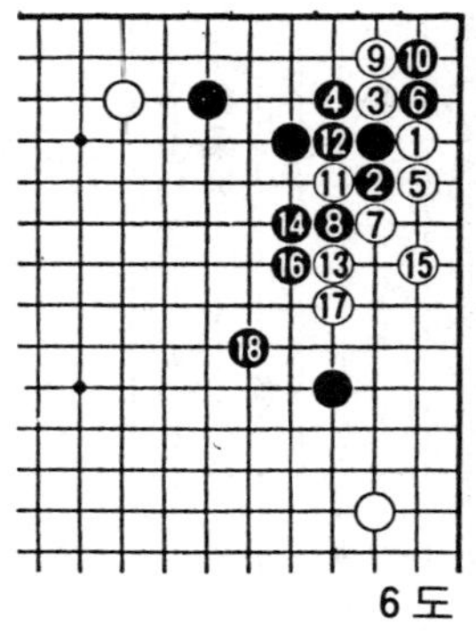

6 도

5 도 (변화) 흑 4 는 급소. 백 5 의 부딪힘에서 이하 15까지 흑 ㉮는 백 ㉯에 둔다.

6 도 (변화) 흑 2 로 늘면 백 3 에서 5 까지. 다음 흑 6 의 굳음은 당연하다. 백 7, 9 가 좋은 수순이다. 백성공.

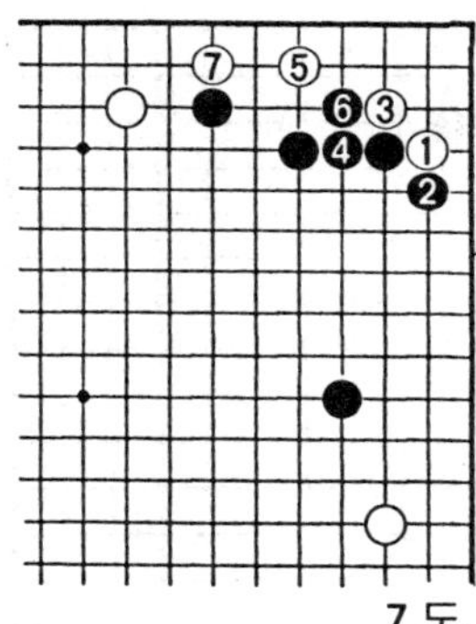
7 도

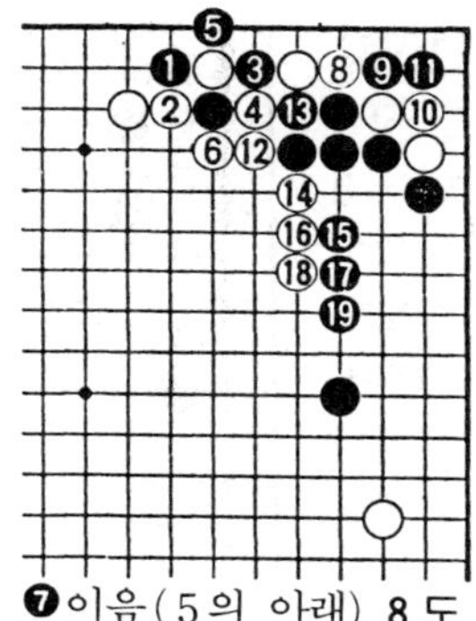
❼이음(5의 아래) 8 도

7 도(젖힘) 흑 2 로 바깥을 막는 것은 상변의 백한점을 움직인다. 백 3 으로 윗쪽을 젖힌 다음 백 5 의 마늘모, 다음 백 7 이 맥이다.

8 도(변화) 전도 다음에 흑 1 에서 백 2 이하 8 까지. 귀쪽 돌을 사석으로 이용한다.

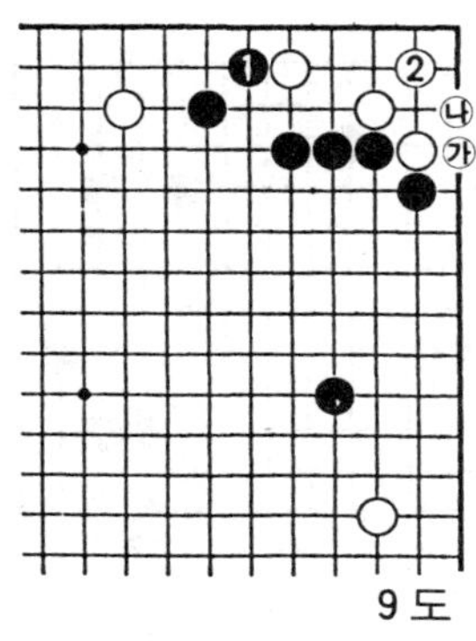
9 도

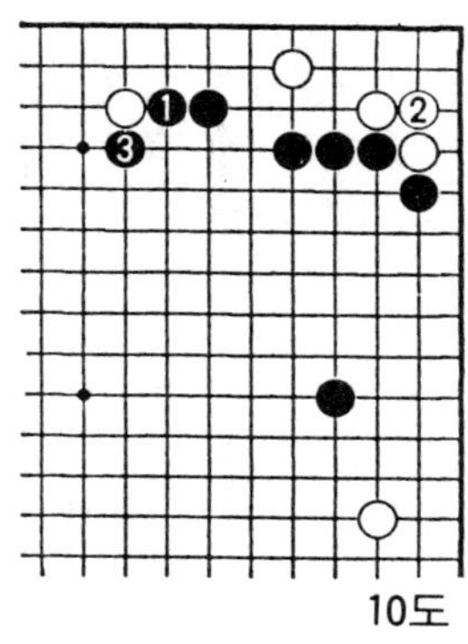
10도

9 도(탄력) 7 도의 흑 6 으로 1 의 곳 마늘모는 백 2 로 둔다. 다음 흑 ㉮는 백 ㉯로 패다.

10도(흑 두텁다) 흑 1 로 부딪히면 백 2 로 잇는다. 다음 흑 3 까지 흑이 두터운 모양이다.

제10형

한칸 뜀에 양날개로 전개가 되어 있는 모양이다. 실전에 자주 나타나는 모양이다.

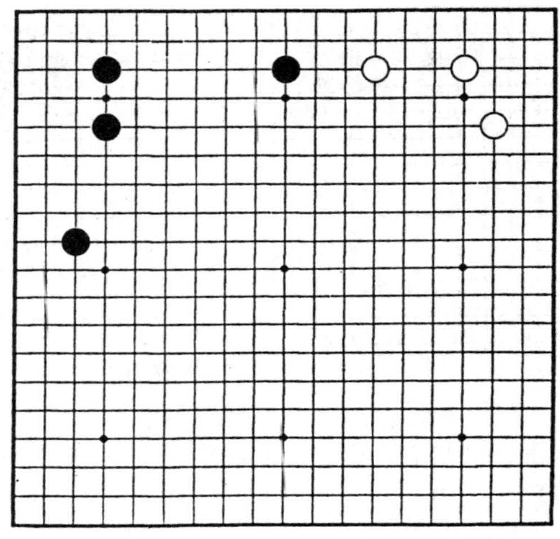

제10형

1도 (어깨짚기) 백 **1**에 흑 **2**는 백 **3**, **5**로 정형인데 흑 **4**의 마늘모는 절대이다.

2도 (변화) 전도 백 **5**의 뻗음으로 **1**의곳을 구부리는 것은 흑다음 **12**까지 되어 위험하다.

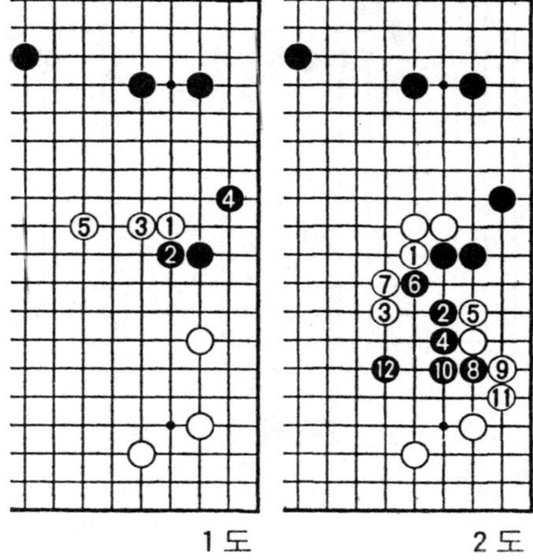

1도　　2도

3 도 (구부림) 흑 4로 올라서는 것은 백 5 다음 흑 6, 다음 7의 구부리는 수가 있다.

4 도 (강렬) 전도의 백 7을 손빼면 1의 곳을 두어 공격하는 것이 강렬하다.

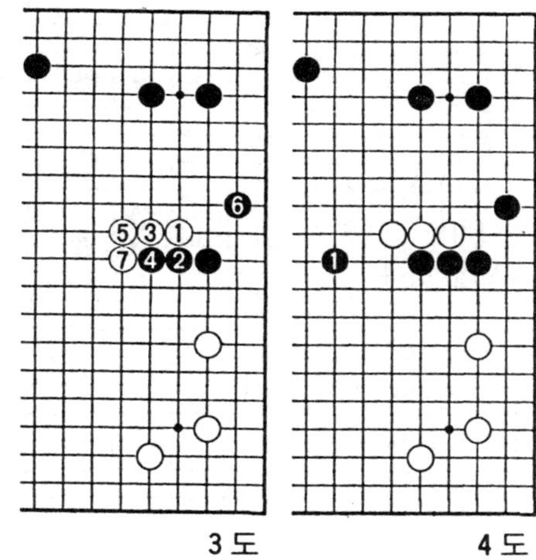

3 도　　4 도

5 도 (공격) 3도의 백 7 다음 흑 1의 분단은 백12까지 두터운 모양이다.

6 도 (의문) 흑 4, 6은 의문이다. 백 5, 7로 모양을 갖춘다. 다음 백이 ㉮의 곳을 내려서면 흑모양이 엷어진다.

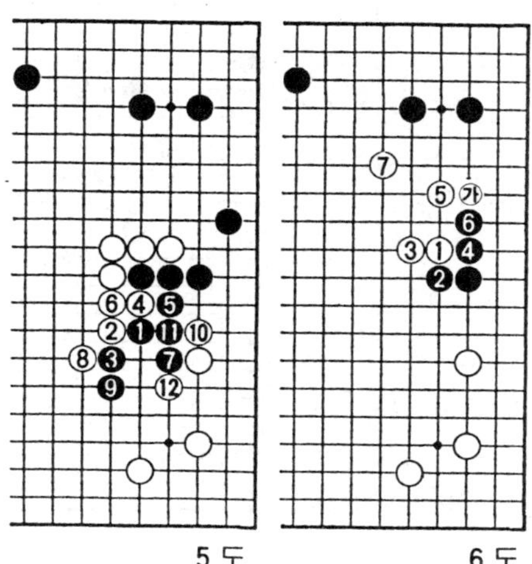

5 도　　6 도

7도(뻗음) 흑 2의 뻗음 다음 백 3의 한칸 뜀은 흑 4의 집어넣음이 맥이다. 흑 8로 건너가면 백 9로 바깥을 민다.

8도(정형) 흑 2, 4는 정형이다. 흑 8로 포위하여 공격한다.

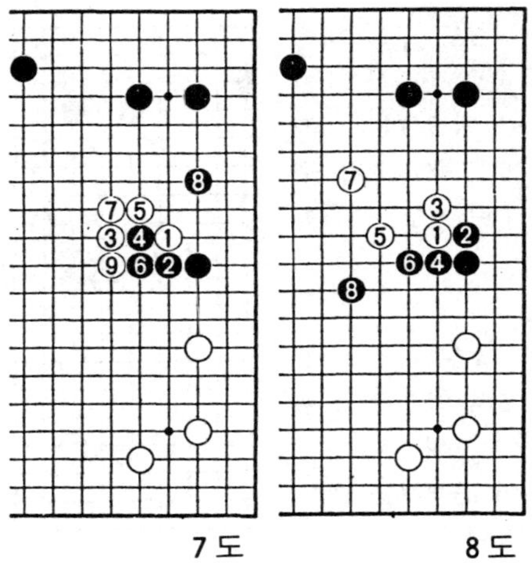

7도 8도

9도(깊다) 백 1로 깊숙이 침입하는 것은 무리이다. 이하 10까지 봉쇄된다.

10도(참고) 백 △표가 있을 때 백 1은 흑 2, 4로 올라섬은 좋지않다.

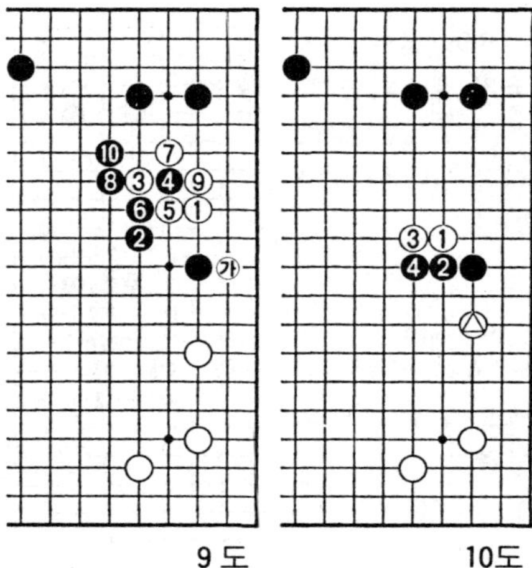

9도 10도

제11형

변의 화점 아래에서 한 칸 뛰어있는 모양이다. 백은 어디에 먼저 착수하여야 하나?

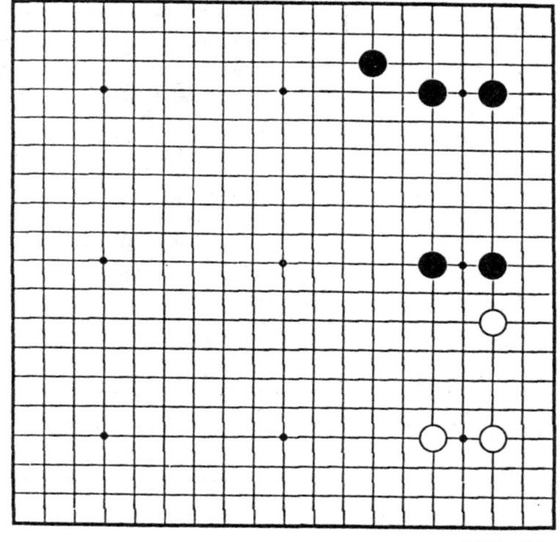

제11형

1도 (갈림) 이런 모양에서는 백 1, 3으로 가볍게 삭감하는 것이 좋다.

2도 (침입) 백 1로 침입을 하면 흑은 백의 무리를 응징한다. 13까지 모양.

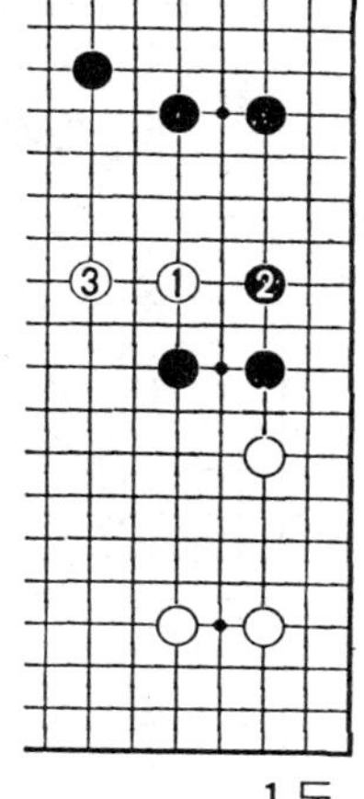

1도

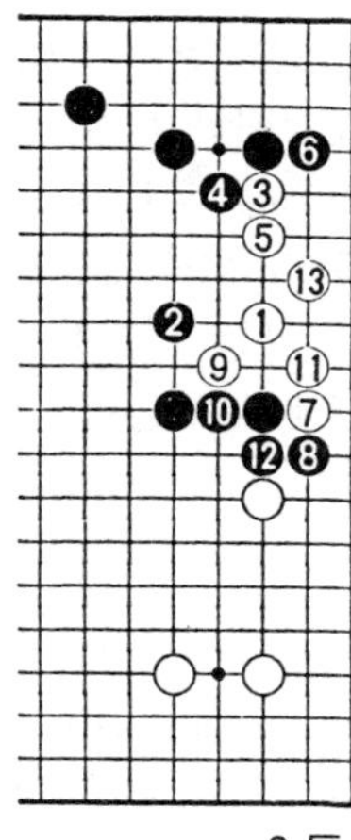

2도

3 도 (강수) 흑 **8** 은 강수. 백 **9, 11**에 요주의.

4 도 (좋은 수순) 전도 다음에 백 **1** 의 단수는 백 **3** 의 젖힘이 호수순이다. **11**까지 성공이다.

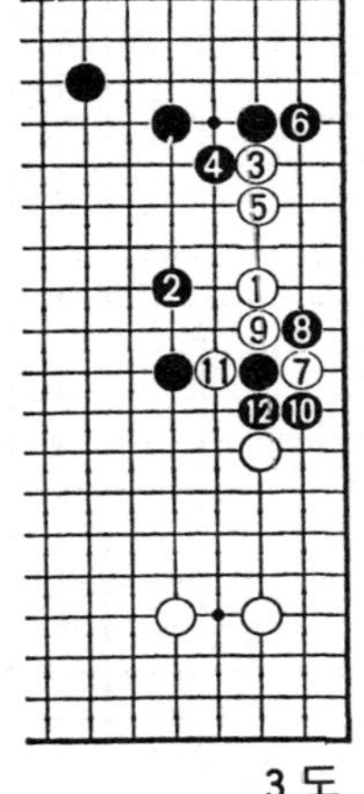

3 도

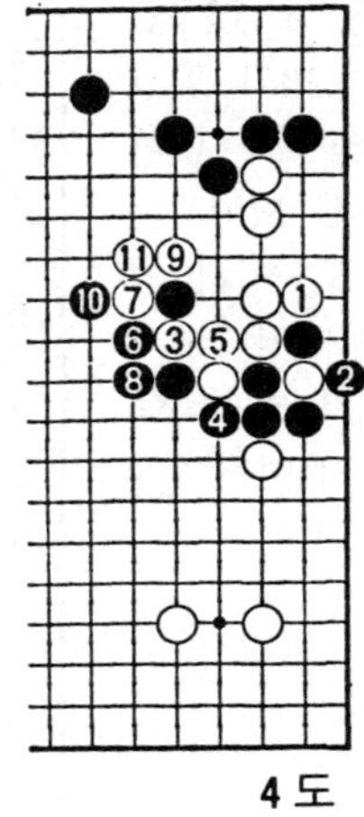

4 도

5 도 (변화) 전도의 백 **1** 이하의 수단으로 본도의 백 **1, 3** 은 흑 **6, 8** 다음 ㉮와 ㉯의 곳을 맞보아 백이 나쁘다.

6 도 (마늘모) 흑 **2** 의 마늘모. 백은 **3** 이하 **11**까지 일단락이다.

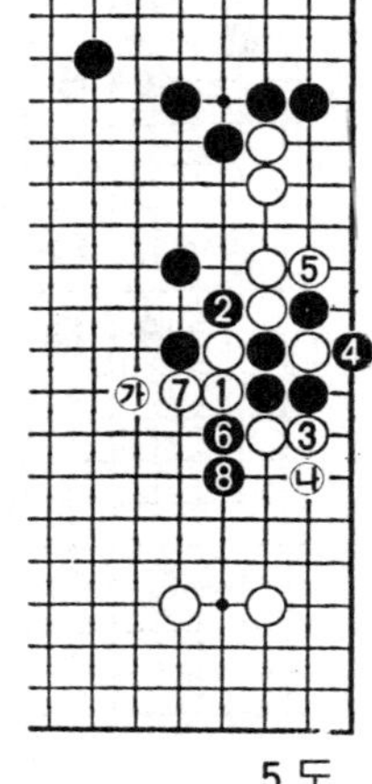

5 도

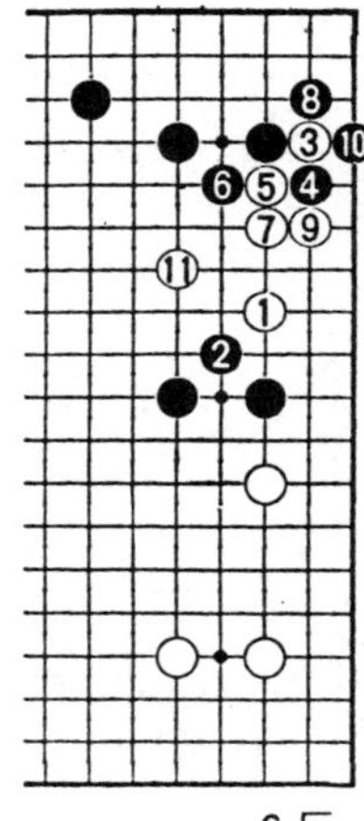

6 도

7 도 (저항) 흑 6 으로 저항을 하면 백은 7, 9 로 귀쪽을 둔다. 17까지 사는 모양이나 흑 모양이 견고하다.

8 도 (궁하다) 백 3, 5 의 붙여뻗음은 흑 6 의 내려섬이 있다. 백 7 엔 흑 8 로 백이 궁하다.

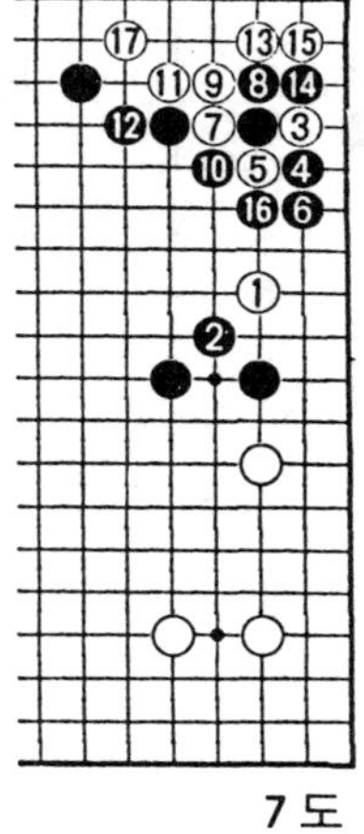

7 도

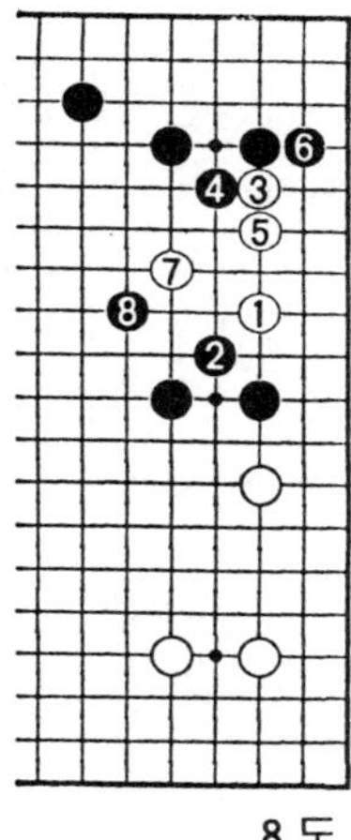

8 도

제12형

제12형

한칸 굳힘에 양날개의 견고한 모양이다. 백의 착수는?

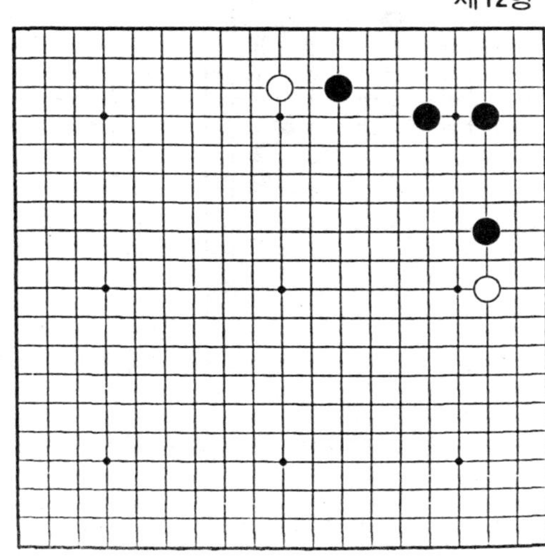

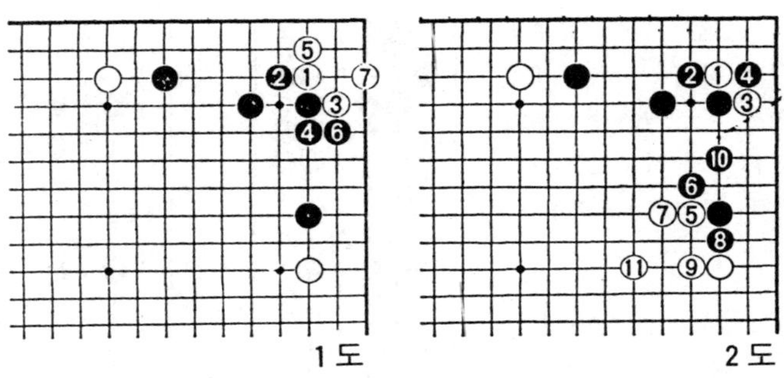
1 도 2 도

1 도 (붙임) 백 1 의 붙임에 이하 7 까지는 정석이다. 간단하게 사는 모양이다.

2 도 (움직이다) 흑 4 의 끊음에 이하11까지 교환하여 움직인다.

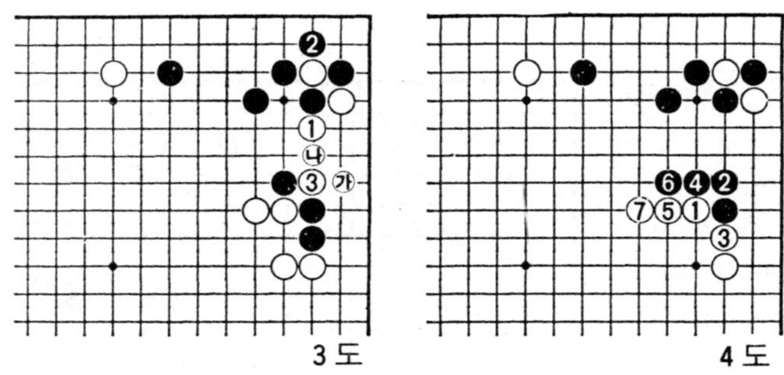

3 도 4 도

3 도 (수) 전도의 10을 손빼면 백 3 의 끊음이 있다. 흑은 ㉮와 ㉯의 곳을 단수.

4 도 (누름) 백 1 에 흑이 2 로 받으면 이하 7 까지 귀와 교환하여 움직인다.

백이나 흑이나 모두가 다 만만찮은 호각을 이루고 있다.

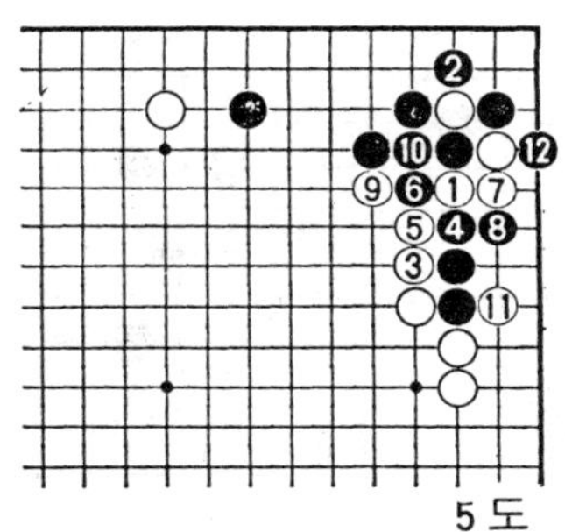
5 도

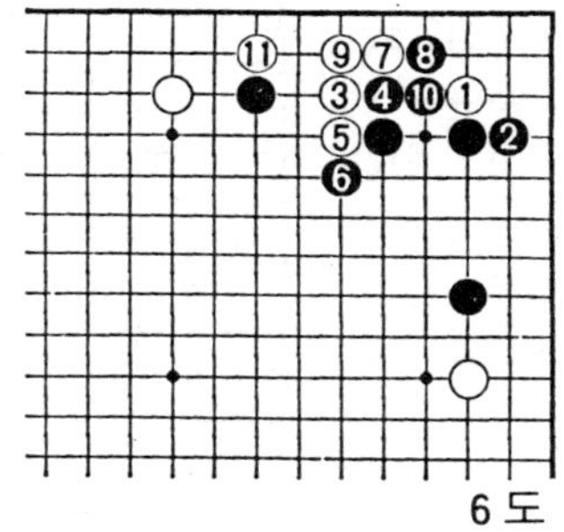
6 도

5 도 (흑이 나쁘다) 전도의 흑 4 의 구부림을 손빼면 3 , 5 의 누름 다음 백 9 의 단수, 다음 11의 젖힘까지 흑이 나쁘다.

6 도 (변신) 백 1 에는 흑 2 의 저항이 있다. 백은 3 으로 상변에 눈을 돌린다. 백이 성공.

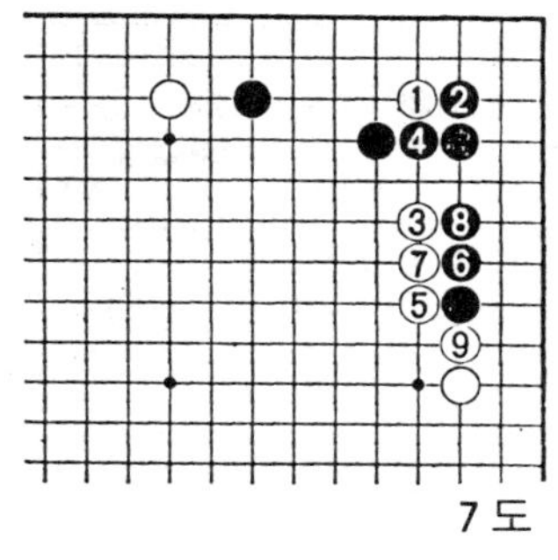
7 도

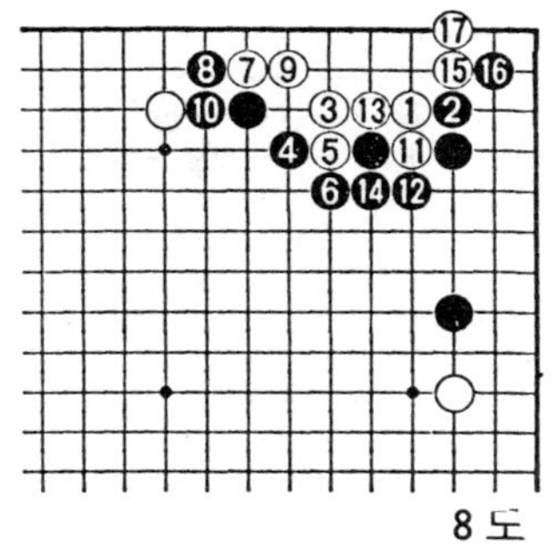
8 도

7 도 (변화) 백 1 , 흑 2 다음 백 3 이 교묘하다. 이하 9 까지 흑모양을 삭감하여 성공이다.

8 도 (패) 백 3 으로 두는 것도 한 수단이다. 패의 수단이 남는다.

백17까지로 되면 패가 남는데, 흑의 외세도 다소 영향을 미치므로 이해(利害)가 상반되는 형세라 할 수 있다.

제13형

우변은 12형과 같다. 상변에 전개되어 있는 흑모양이 다르다.

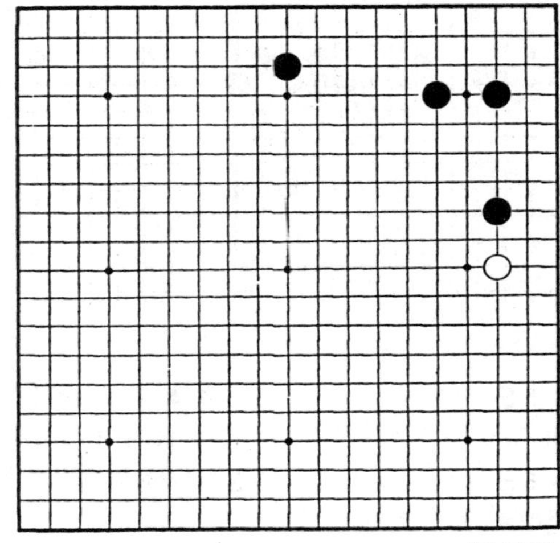

제13형

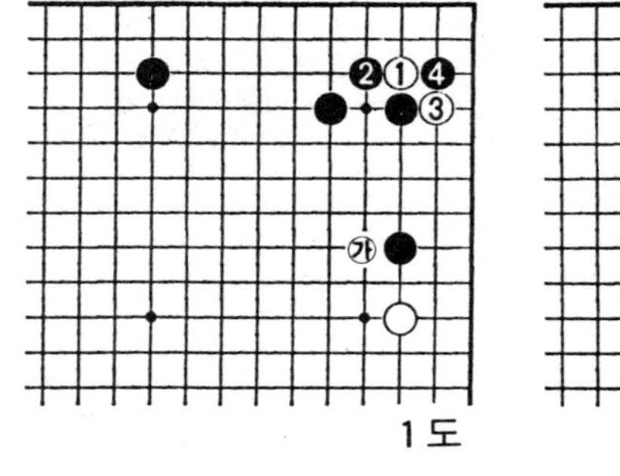

1도

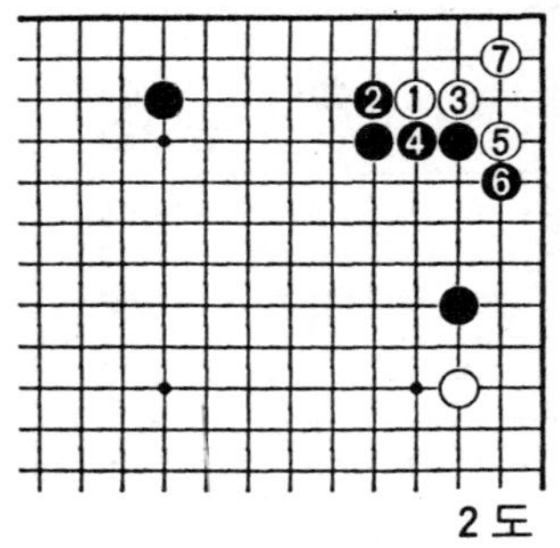

2도

1도(붙임) 백 1, 3이 응용의 맥이다. 흑4 다음 ㉮의 붙임이 있다. 이미 나온 12형과 같은 수가 성립한다.

그러나 윗변은 넓어서 직접 침입할 수도 있다.

2도(침입) 백 1로 침입을 하는 것은 흑 2, 백 3에서 5, 7까지 패.

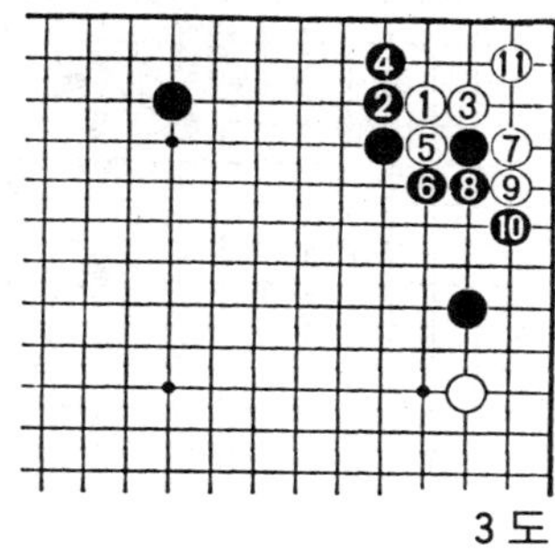
3 도

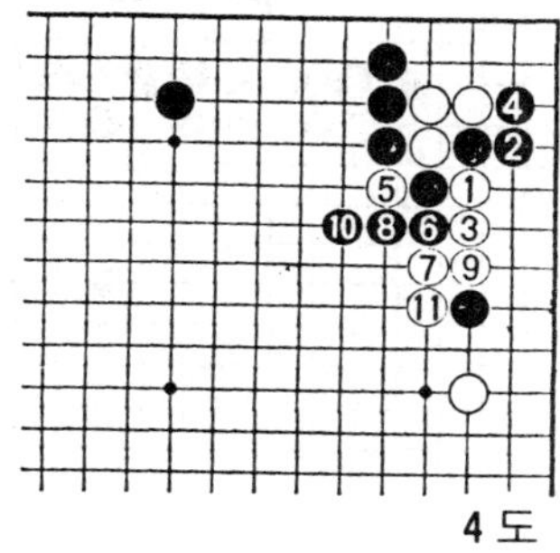
4 도

3 도 (내려섬) 흑 4 의 내려섬은 어떨까. 백은 평이하게 7, 9 로 둔 다음 11까지로 산다. 흑의 불만이다.

4 도 (변화) 전도의 백 7 대신 1 로 위쪽을 끊는 것은 어떨까. 백 3 에서 5 의 수순 다음 11까지 흑 한점을 잡는다.

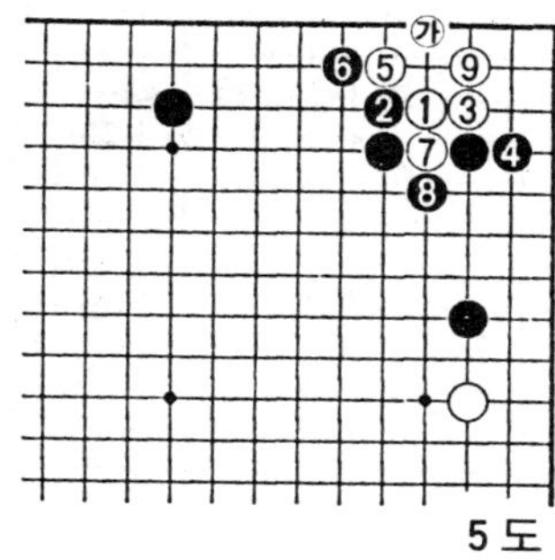

5 도

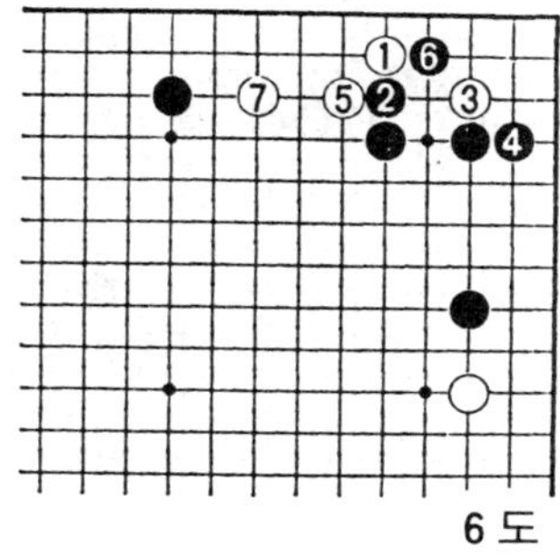
6 도

5 도 (맛이 나쁘다) 흑 4 로 내려뻗는 것은 9 까지 패가 나는 모양이다. ㉮의 곳을 치중할 수 있으나 흑의 맛이 나쁘다.

6 도 (저공) 백 1 로 저공비행하는 것은 어떨까? 흑 2 로 누르면 백 3 으로 흑 4 를 교환하고 이하 5, 7 까지 경쾌하다.

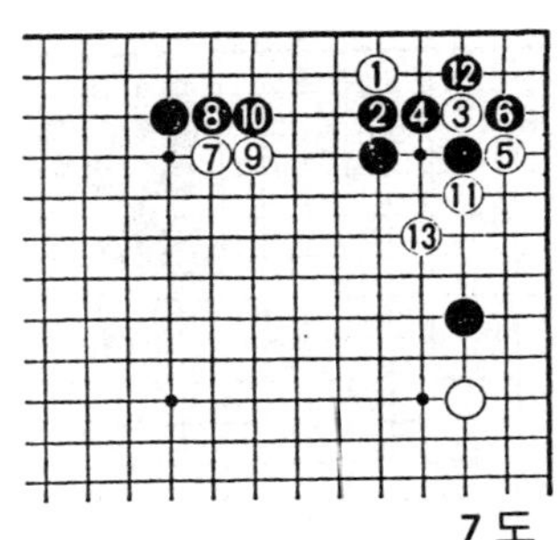

7 도

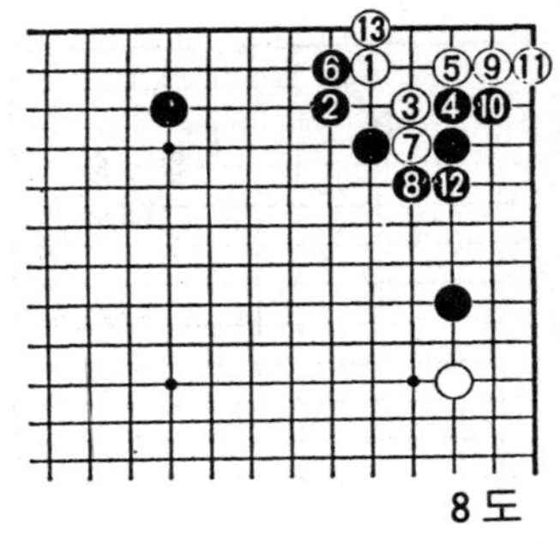

8 도

7 도 (위쪽) 백 3 에 흑 4 의 마늘모는 백 5, 흑 6 을 교환하고 백 7, 9 로 전환한다. 이하 13까지 가볍게 둔다.

8 도 (삶) 흑 2 로 아래쪽을 붕쇄하는 것은 귀쪽으로 방침을 세운다. 11이 선수여서 13까지 백 만족이다.

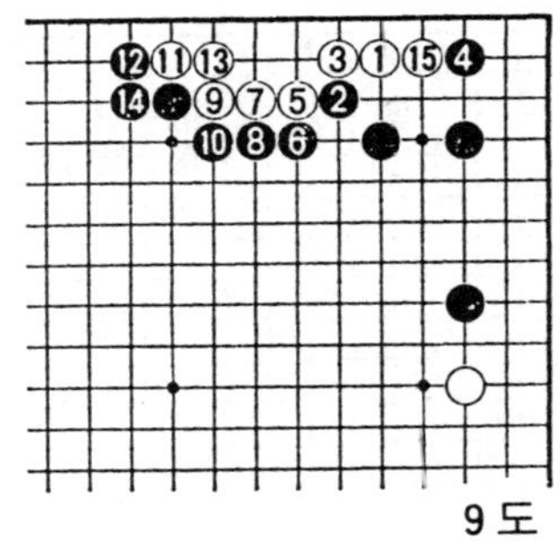

9 도

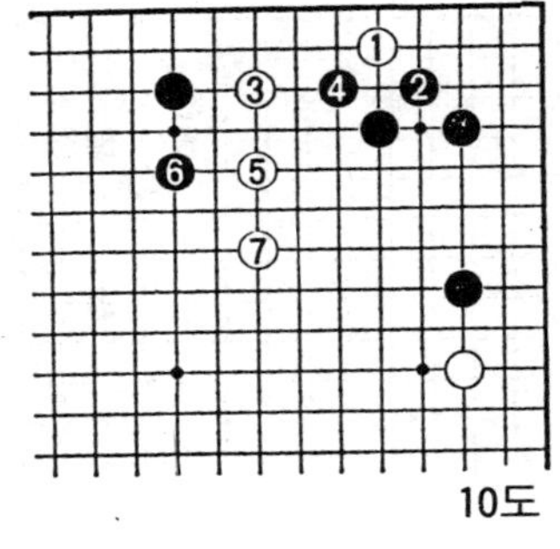

10도

9 도 (삶) 백 3 에는 흑 4 로 귀를 지킨다. 이후 15까지 사는 모양이다. 백 5 이하는 필연의 수순이다. 흑은 바깥을 막는다.

10도 (중앙) 백 1 에 흑 2 다음 백 3, 5, 7 은 중앙을 염두에 둔 점이다.

제14형

이런 모양에는 어디가 약점일까? 연구하여 보자.

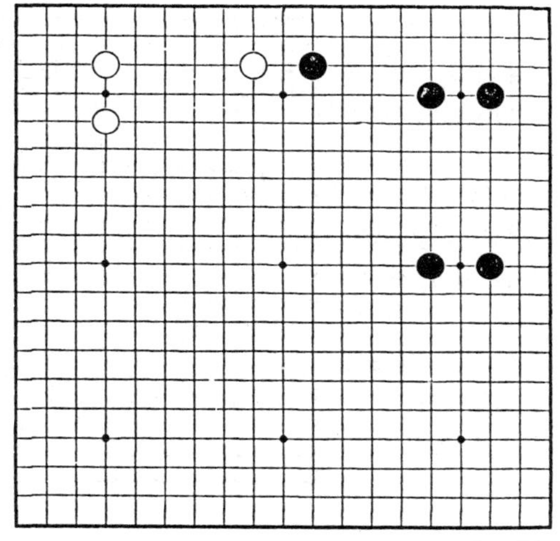

제14형

1도(최대한 활용) 백 1의 붙임의 수, 흑 2, 백 3, 흑 4의 교환이 최대한의 활용의 점이다. 백 5, 7로 상변의 모양을 삭감한다. 흑 8이 절호점이다. 이하 13까지 효과적이다.

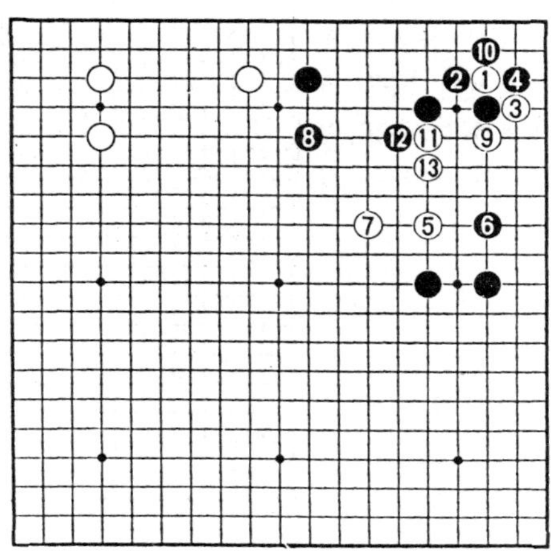

1도

2 도 (성공) 전도 백 **9** 에서 **11**의 맥을 방지하기 위하여 흑 **8** 로 지키는 것은 백 **9** 의 한칸 내려섬. 다음 백**11** 까지에서 **15**의 맥이 있다. 수순이 교묘하다. 백**19**까지 성공이다.

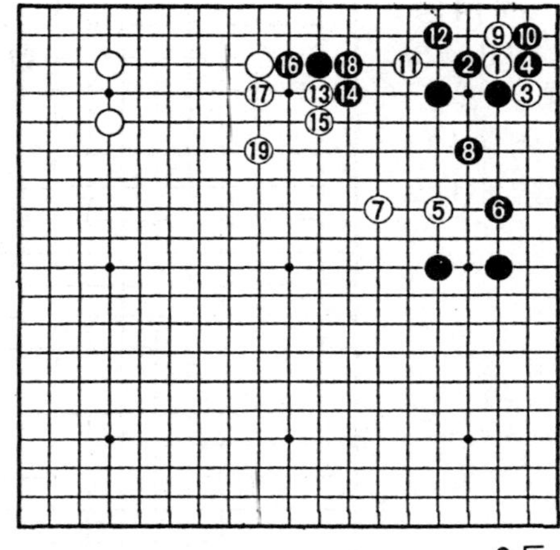

2 도

3 도 (만족) 백 **7** 의 뜀에 흑 **8** 은 두터운 수. 백은 **9** 의 날일자, 흑**10**, 백 **11**까지 나쁘지 않다.

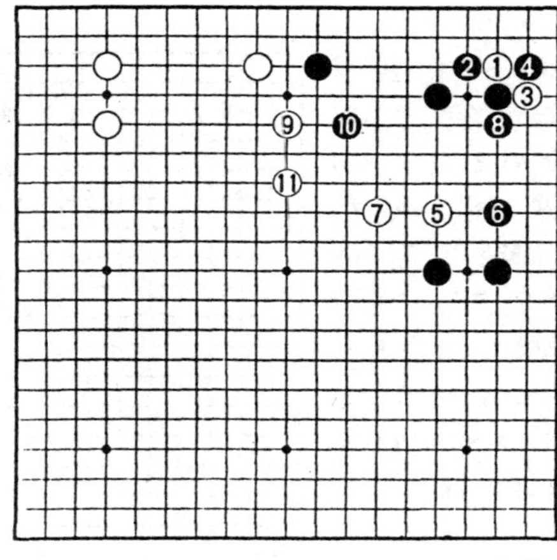

3 도

4도(뒷맛) 백 **3**에 흑 **4**는 다음 백 ㉮로 두어 사는 수가 남는다. 백 **5**, **7**로 붙여 이은 다음 백 **9**까지 모양이 크다.

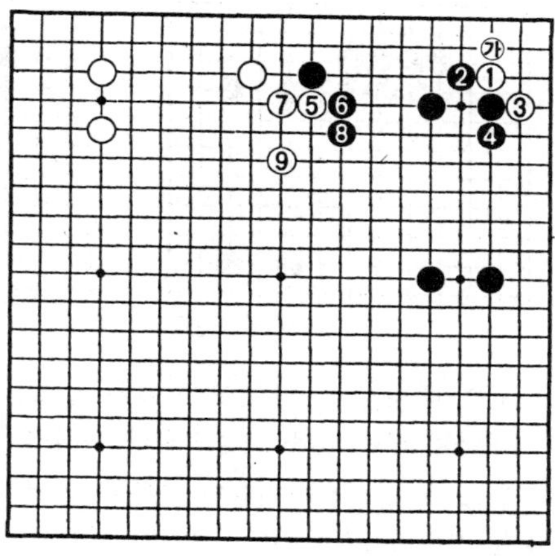

4도

제15형

흑의 대모양인데 주위에 백의 배석이 없어 원군이 없다. 깊이 침입하는 것은 금물이다.

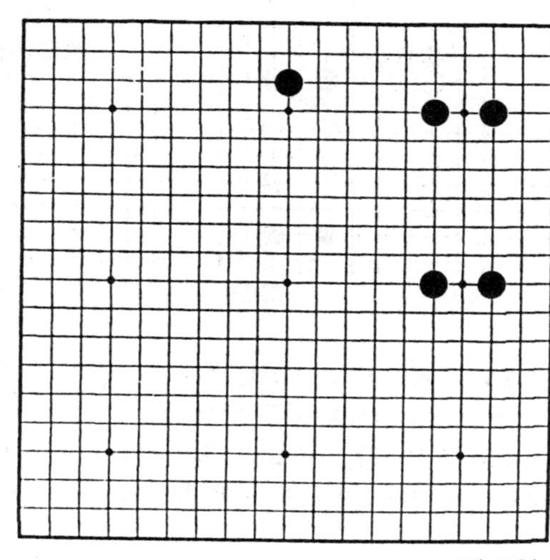

제15형

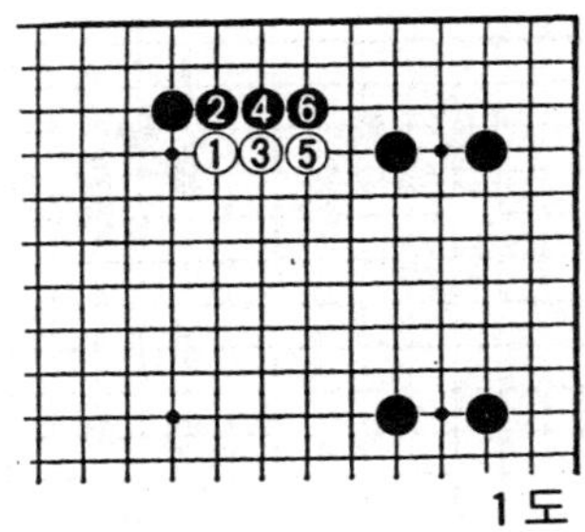

1 도

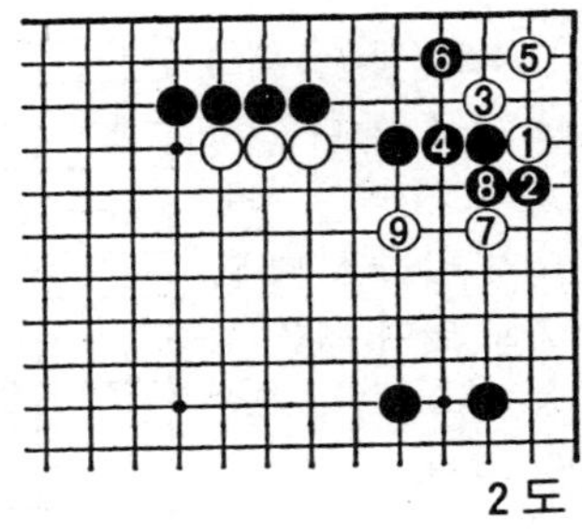

2 도

1 도 (어깨짚기) 백 1 로 어깨를 짚으면 이하 3, 5 까지—. 어깨를 짚는 것은 고등전술의 하나다.

2 도 (사석) 전도 다음에 백 1 의 코붙임 다음 3, 5 로 모양을 갖춘다. 흑은 귀를 잡지만 상변을 두게 하여 의미가 없다. 백은 1, 3, 5 의 사석을 이용한다.

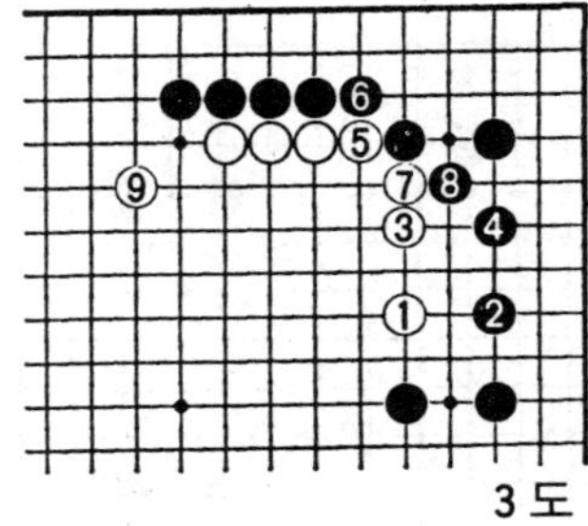

3 도

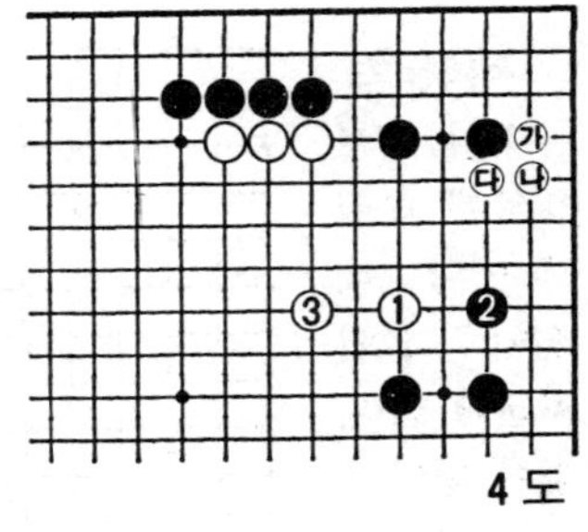

4 도

3 도 (변화) 1 도 다음에 백 1 로 간단히 두면 이하 9 까지 상변을 두어 목적을 십분 발휘한다.

4 도 (견실) 백 1 흑 2 의 교환 다음에 백 3 으로 그냥 튀는 수가 견실하다. 장래 백 ㉮의 붙임으로 귀가 엷어진다. 백 ㉮, 흑 ㉯, 백 ㉰의 곳.

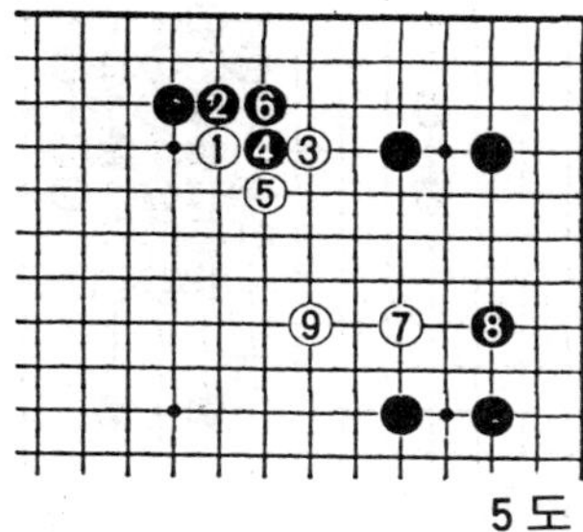

5 도

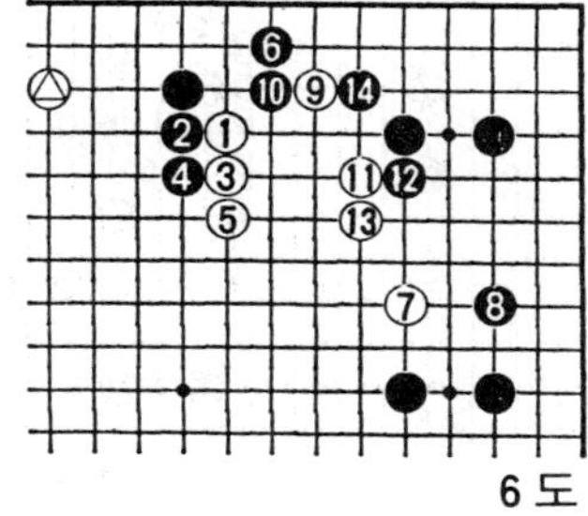

6 도

5 도 (발이 빠름) 백 **3** 의 한칸뜀은 발이 빠르고 경쾌하다. 흑 **4** 의 끼움에는 백 **5** 다음 **7**, **9** 로 우변을 향한다. 싸움에는 불리하다.

6 도 (변화) 좌방에 백 △ 표가 있다면 흑 **2**, **4** 로 누른다. 흑 **6** 은 절대.

제16형

아주 이상적인 흑모양이다. 수단의 여지가 있을까?

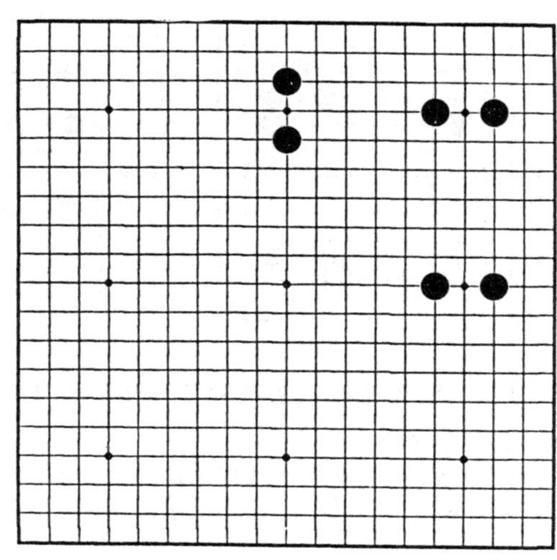

제16형

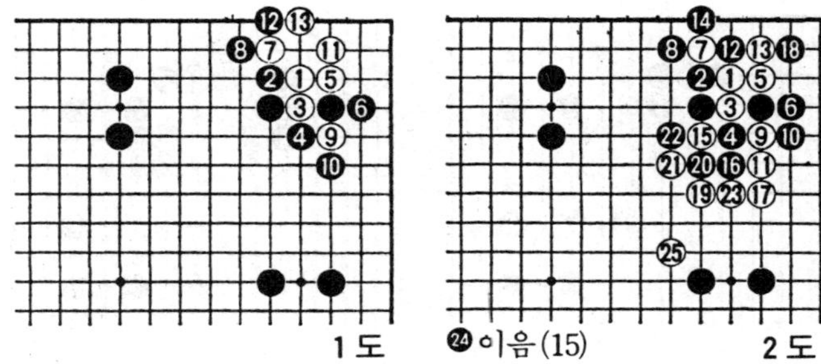

1 도　　㉔이음(15)　　2 도

1 도 (침입) 백 1 은 상용의 침입 백 7 의 젖힘에서 11까지 무조건 사는 모양.

2 도 (탈출) 흑10은 귀를 염두에 둔 점. 25까지 돌파하여 탈출한다.

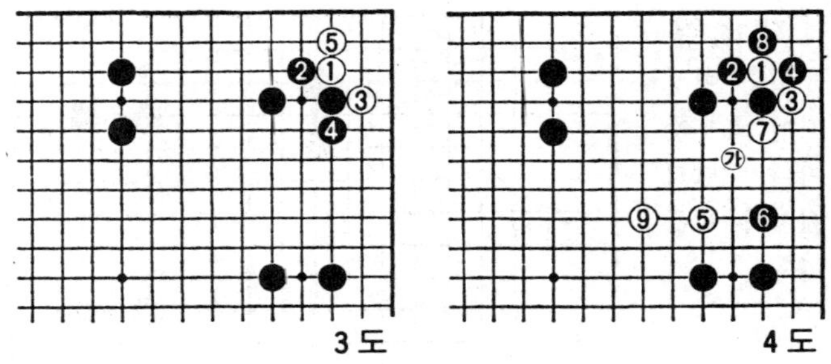

3 도　　4 도

3 도 (삶) 백 1 의 붙임에 흑 2, 백 3 에 4 의 뻗음은 백 5 로 늘어서 산다.

4 도 (삭감) 흑 4 로 끊으면 백 5 로 삭감을 한다. 흑 6 에는 7 다음 9 의 곳 한칸을 뛴다. 백 ㉮의 수가 남는데 ㉮의 곳은 선수의 의미가 있다.

참고보 1(전기) 흑이 ▲ 표가 있을 때는 1의 곳을 둔다. 백 ㉮는 의문이다. 11까지 두터운 모양이다.

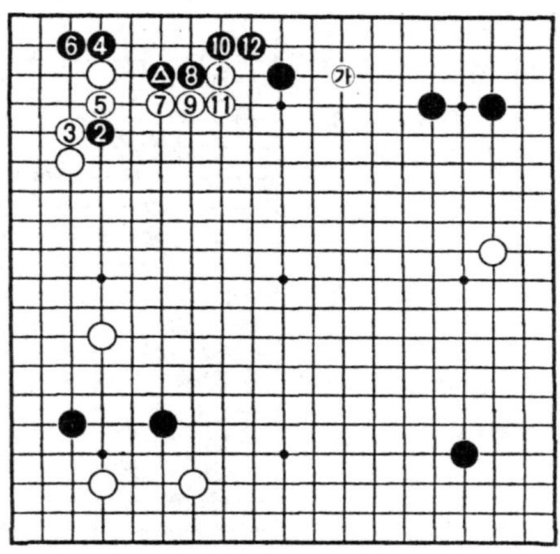

참고보 1

참고보 2 (세력과 실리) 흑 **1**로 두는 수가 있다. 이것은 ㉮, ㉯의 착상이다. 백 2 협공으로 12는 ㉰의 벌림이 안성맞춤이다.

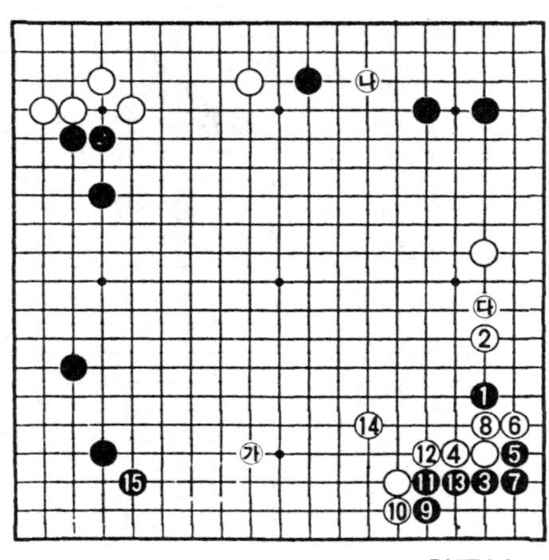

참고보 2

참고보 3 (모양의 형성) 이 국면은 백 1의 침입에 대하여 13까지 된 모양이다. 다음에 흑 ㉮, 백 ㉯, 흑 ㉰, 백 ㉱, 흑 ㉲로 모양을 구축한다.

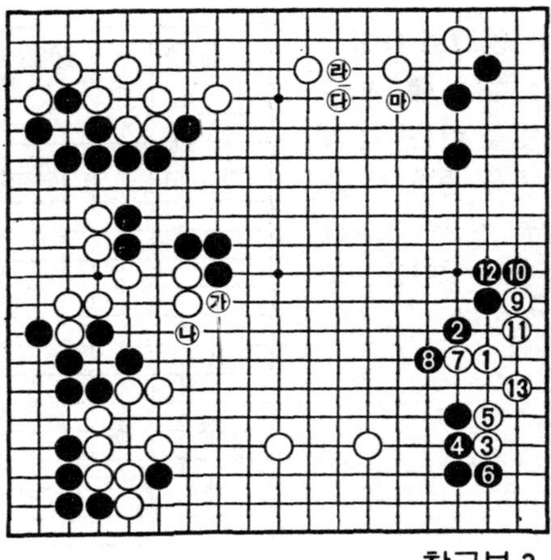

참고보 3

참고도 (수단) 본도는 실전에서 취재한 모양이다. 백 1 붙임에 흑 2, 다음 백 3의 껴붙임에서 백 7까지 된 모양이다. 백 3으로 4는 흑 ㉮가 있다.

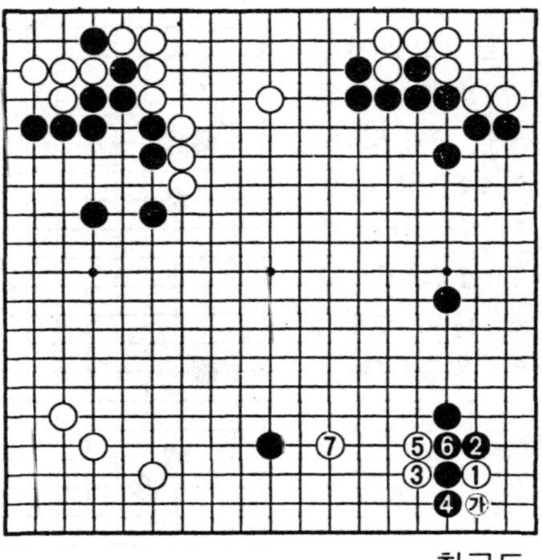

참고도

제 4 장

화점 주변의 침입

제 1 형

바둑을 둘 때면 가장 먼저 만나는 모양이다. 침입의 기본이다.

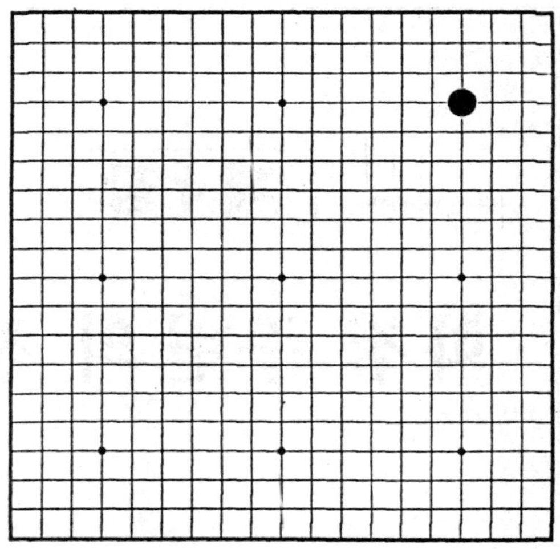

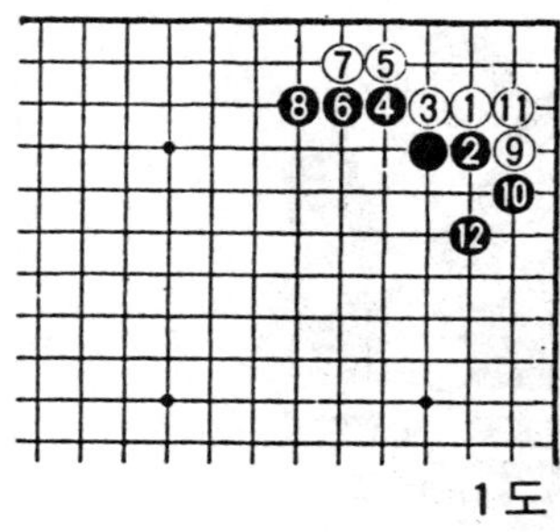

1 도

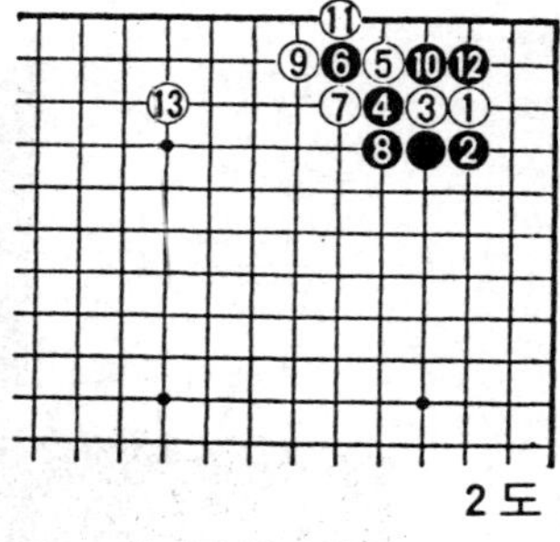

2 도

1 도 (상형) 백 1 의 3 · 3 의 침입에서 12까지는 상형이다. 백의 실리, 흑의 외세이다.

2 도 (바꿔치기) 백 5 에 흑 6 의 2 단젖힘은 이하 13까지 일단락이다.

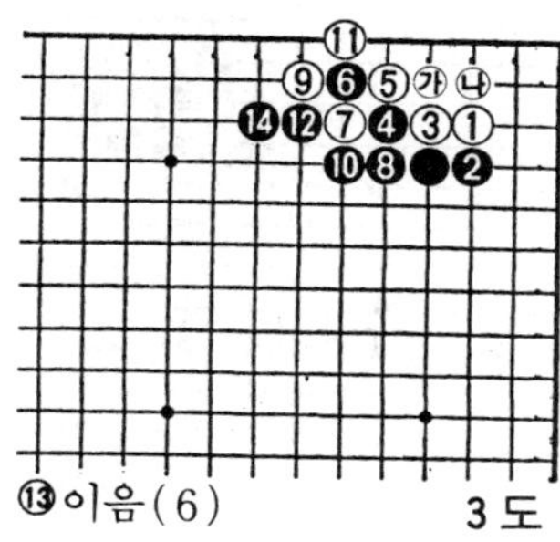

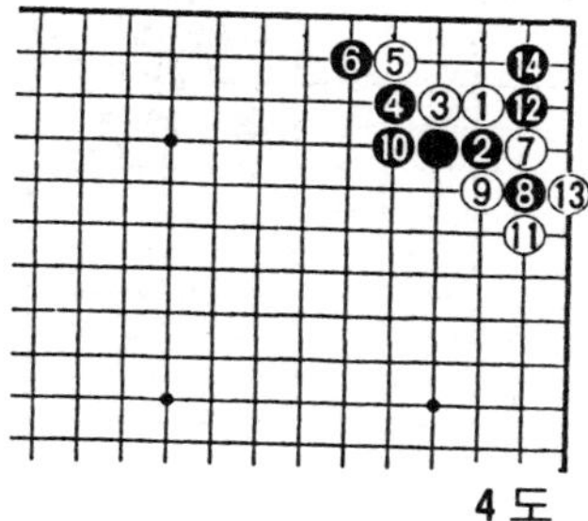

3도(두텁다) 흑10으로 위쪽을 단수하는 것은 두터운 수. 12, 14로 뻗어 두터운 모양이다. 흑㉮, 백11, 흑㉯로 모양.

4도(모양) 백7에 9도 정석의 한 모양이다. 흑은 10으로 이은 다음 12, 14로 귀를 잡는다.

제2형

화점에서 한칸 굳힘의 모양이다. 물론 단독 침입이 가능하다.

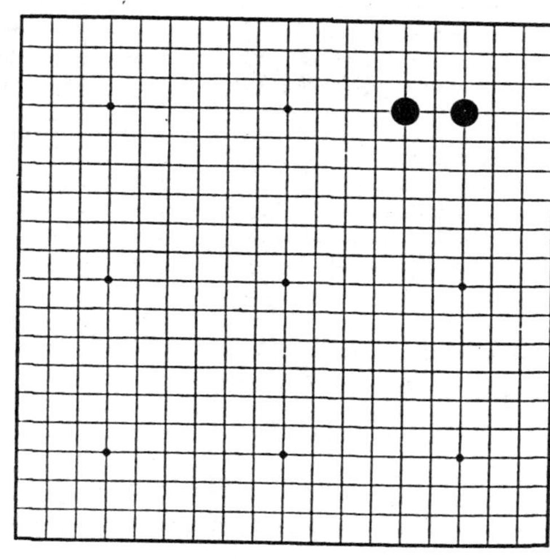

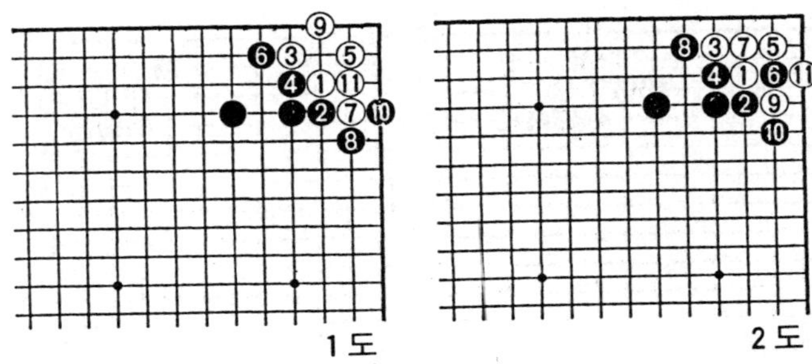

1도　　　　　　　　2도

1도(3·3) 백 1의 3·3이 급소. 흑 2에서 11까지 귀에서 산다.

2도(손해) 백 5로 두는 것은 6의 단수 다음 8은 흑의 한집 손해이다.

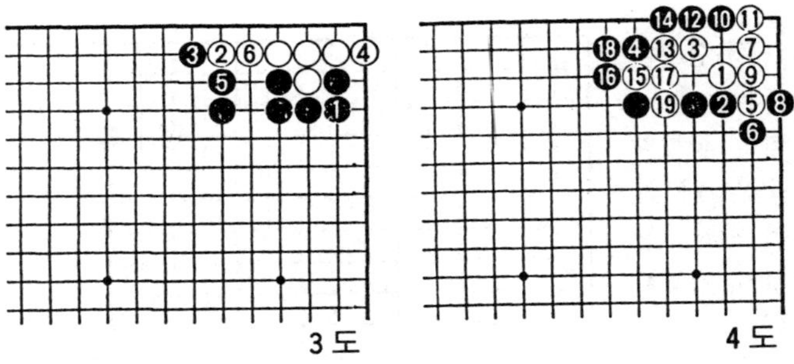

3도　　　　　　　　4도

3도(우변) 전도의 8로 1의 곳을 잇는 것은 우변을 고려한 점이다. 백은 6까지 산다.

알기 쉽게 산 모양이다.

4도(무리) 흑 4의 한칸 뜀은 백 9로 근거를 만든 다음 11로 내려서 무리. 백 9 이하 19까지 흑의 파탄이다.

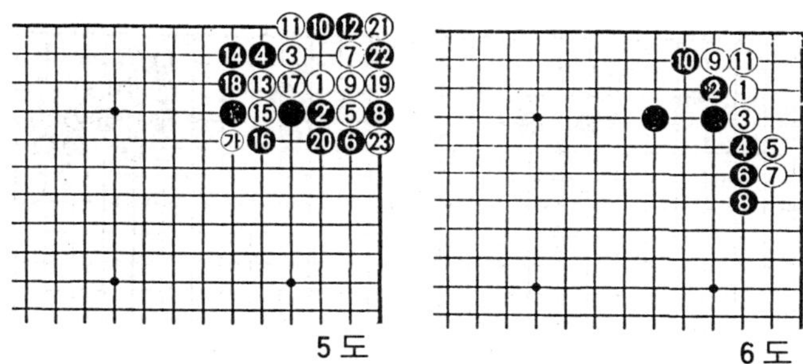

5 도 (성공하지 못함) 백 **3** 의 마늘모에 흑 **4** 의 붙임은 어떨까. **23**까지로 사는 모양이다. 흑은 ㉮의 곳 끊음이 남는다. 두터운 모양이다.

6 도 (일책) 흑 **2** 의 내림은 일책인데 백 **3** 이하 **11**까지 귀에서 산다. 흑은 **4**, **6**, **8** 로 외세가 좋다.

제 3 형

화점에서 한칸 굳힌 다음의 눈목자의 전개이다. 백의 침입이 용이하다.

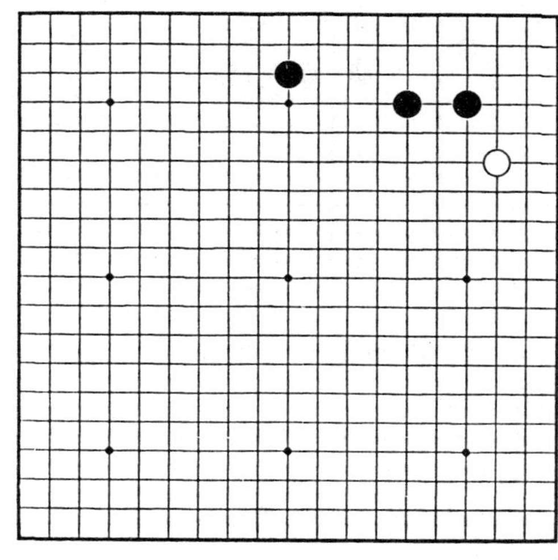

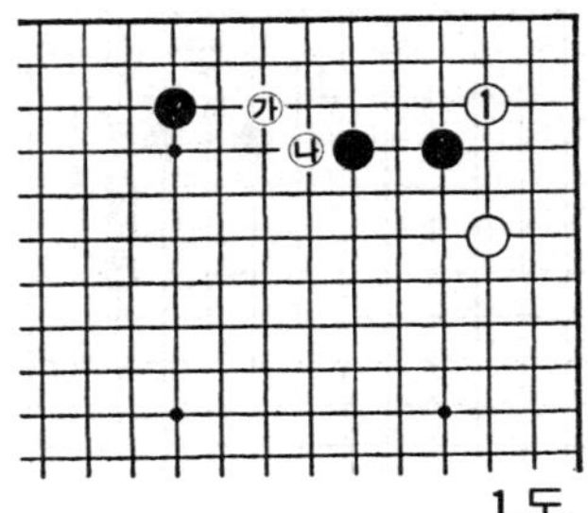
1 도

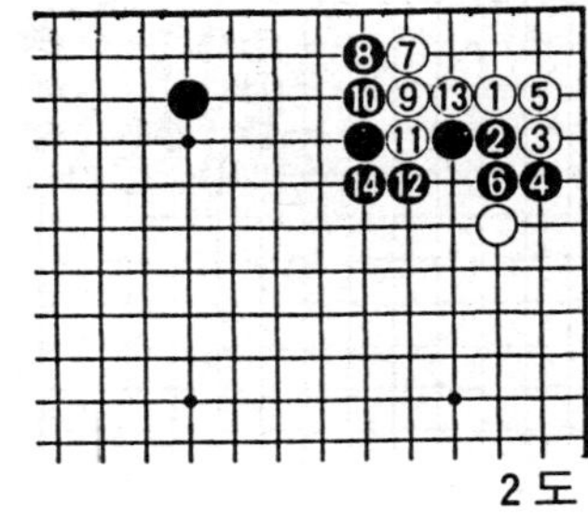
2 도

1 도 (3·3) 백 1 의 3·3 침입의 수가 있다. 백 1 로 ㉮와 ㉯의 곳이 있다.

2 도 (정형) 백 1 의 침입에 흑 2 로 두면 이하 14까지 정형이다.

백 3, 5 의 굳힘으로부터 7 로 뛰어서 살게 된다. 흑도 8, 10, 12등의 수순으로 진행하여 결코 불만은 없다.

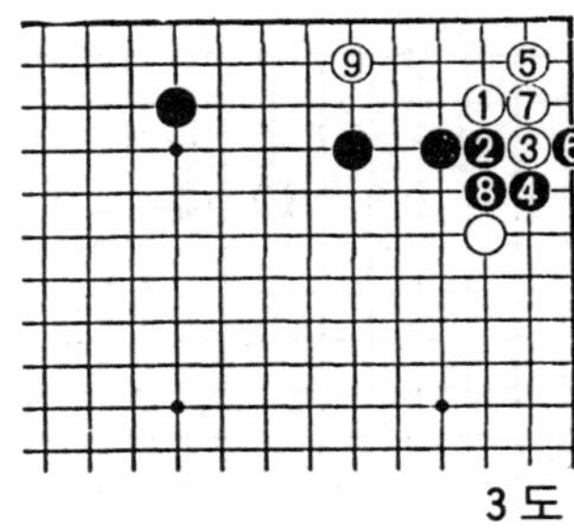
3 도

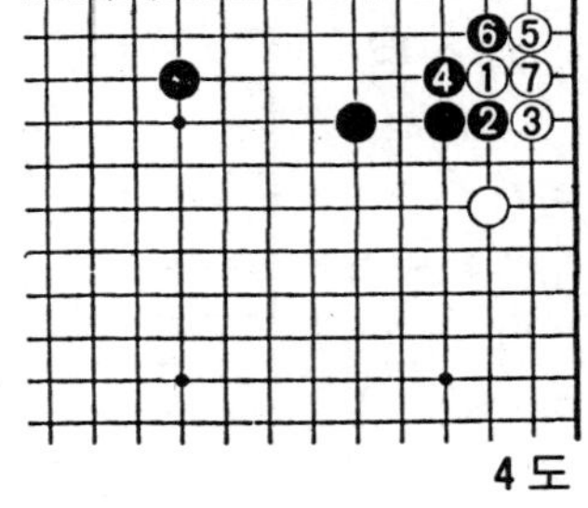
4 도

3 도 (일형) 백 3, 5 다음 9 까지도 일형이다. 백은 실리, 흑은 외세다.

4 도 (선수) 흑 4 의 막음은 일책이다. 5 에는 흑 6 의 선수로 백 7 을 강요하고 다른 곳을 둔다. 불만이 없는 침입.

흑은 윗변을 굳혔고, 백은 귀를 침입하여 서로간에 이해가 상응하는 형세이다.

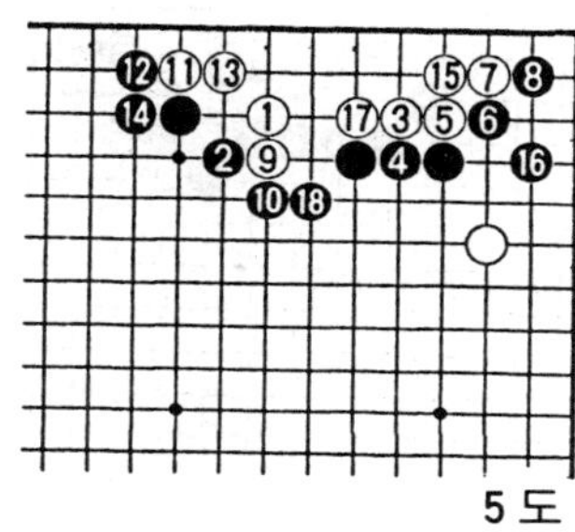

5 도

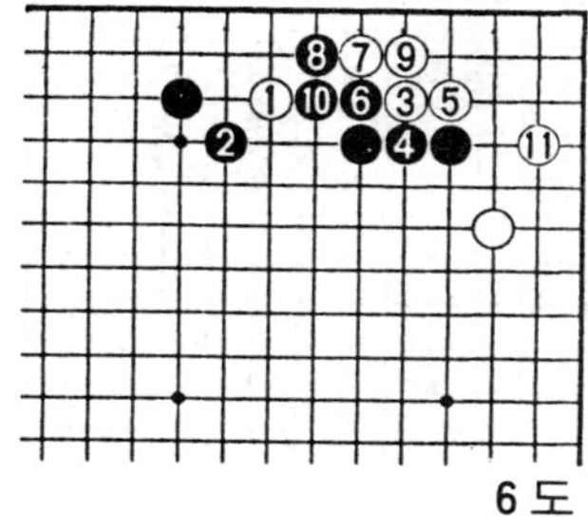

6 도

5 도 (상형) 상변과 좌방의 관계가 있는 침입이다. 흑 2 의 마늘모에서 이하 17까지 사는 모양이다. 흑18로 봉쇄하여 상형이다.

6 도 (달다) 백 5 로 나갈 때 흑 6 의 내려섬. 흑10까지 된 다음 11로 건너간다.

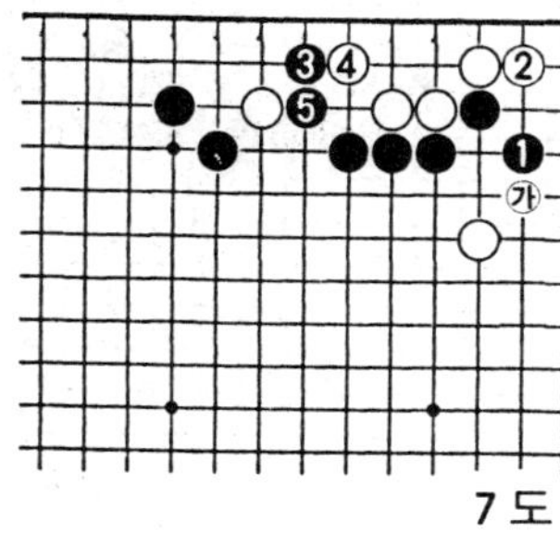

7 도

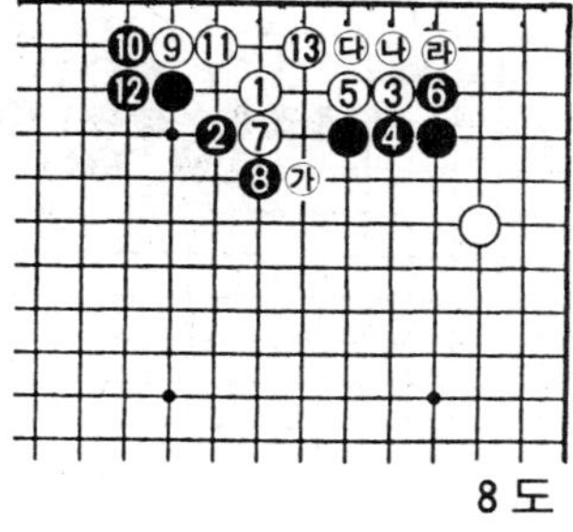

8 도

7 도 (변화) 5 도 흑 8 의 2 단젖힘 대신 1 로 두는 것은 이하 5 까지 된다. 우변은 백 ㉮의 끝내기가 남는다.

8 도 백 5 에 흑 6 으로 귀를 내려서면 13까지 선수로 산다. 다음에 흑은 ㉮로 지킨다. 백이 두지 않으면 흑 ㉮, 백 ㉯, 흑 ㉰가 될 자리다.

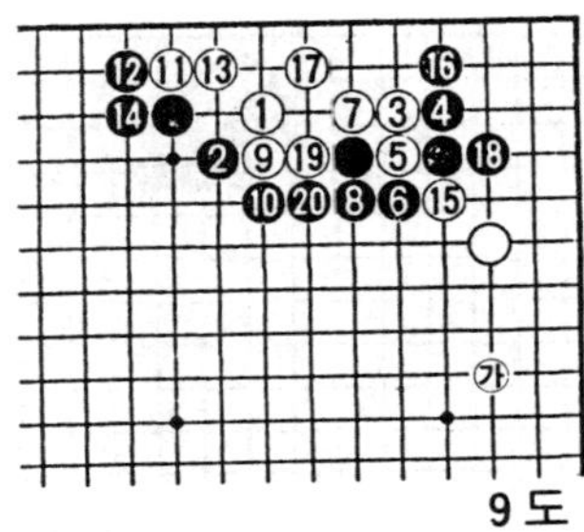

9 도

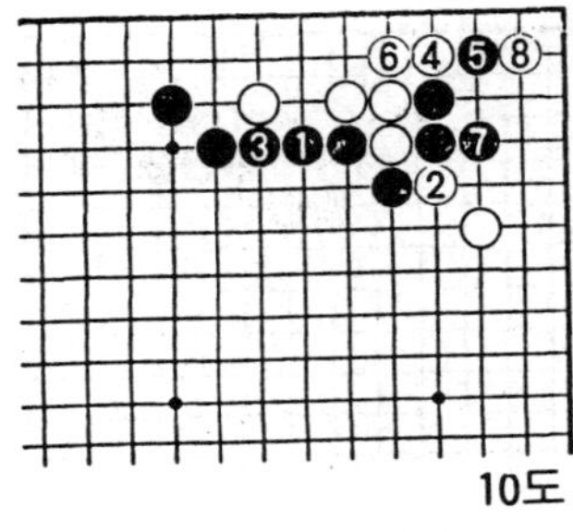
10도

9 도 (좌변이 급함) 흑 4 는 맛이 나쁘다. 백 5 에서 7 로 구부린다. 흑 8 일 때, 백 9 이하 19까지 산다. 흑은 20까지 외세를 쌓는다. 다음 ㉮방면이 급해진다.

10도 (변화) 전도 흑 8 로 1 의 곳을 두는 것은 별다른 의미가 없다. 백 2 의 끊음에 흑 3 , 흑 7 로 모양을 갖출 때 백 8 이 맥이다.

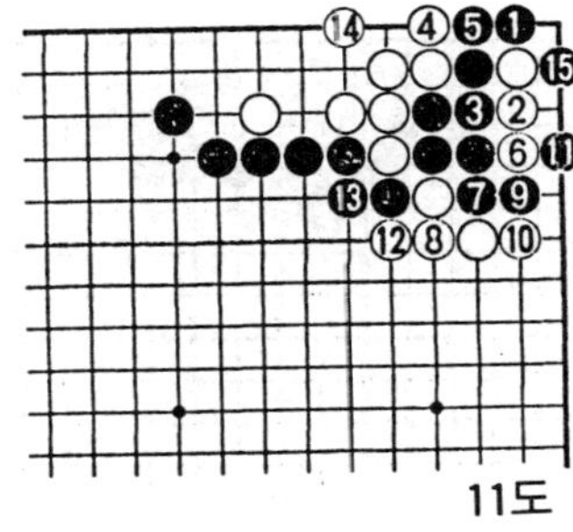
11도

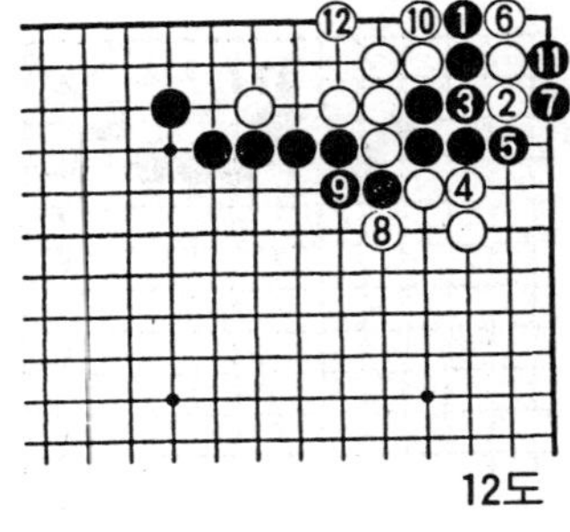
12도

11도 (선수) 전도 다음 , 흑 1 의 젖힘에 백 2 , 흑 3 다음 백 4 로 흑 5 를 강요하고 6 으로 뻗어 사석작전. 이하14까지 선수로 산다.

12도 (차이) 흑 1 로 내려서면 결과는 큰차이가 없다. 백 6 의 내려서는 수가 있다. 이하 12까지 선수로 산다.

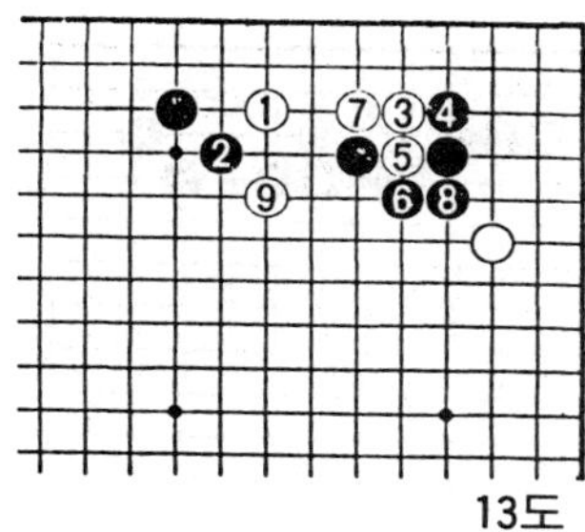

13도

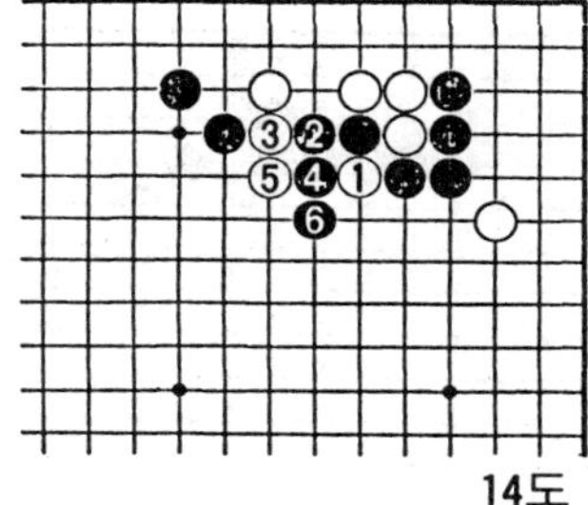

14도

13도 (맥) 흑 8 의 이음이 견실하다. 다음 백 9 의 한칸 뜀이 맥이다.

14도 (다른 수) 전도 9 의 수로 1 에 단수하여 나가는 것은 다른 수이다. 흑이 6 으로 나가 백모양이 무겁다.

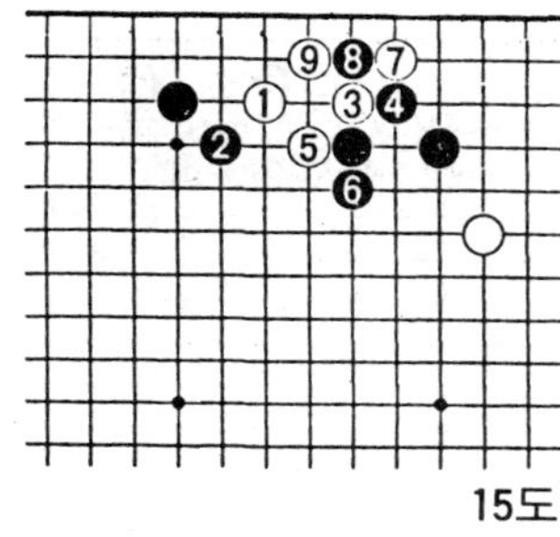

15도

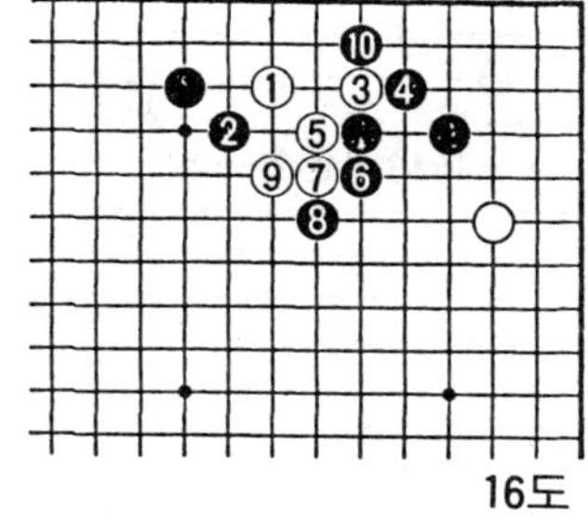

16도

15도 (조화) 백 3 으로 붙이면 이하 9 까지 패가 난다. 알기쉽고 간단하다.

가볍고 날씬하다. 부담이 없는 모양이다.

16도 (무겁다) 백 7 로 나가면 흑 8 에 백 9 의 구부림은 백의 나쁜 타개방법이다. 흑10으로 근거를 없애며 공격한다.

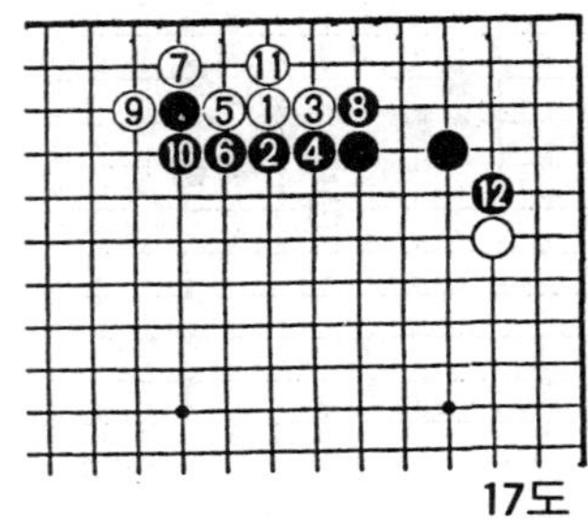
17도

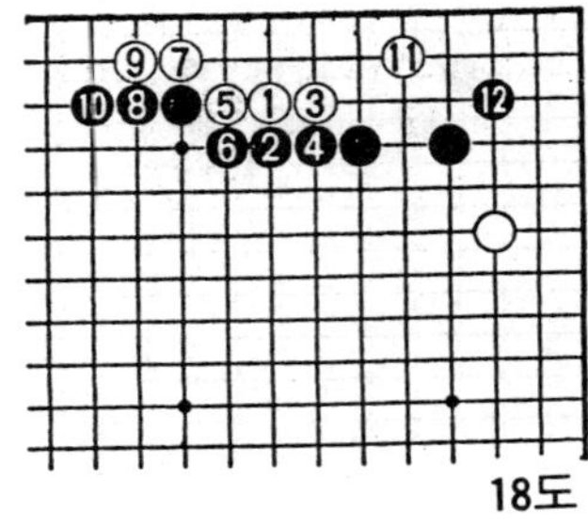
18도

17도(머리붙임) 백 1에 흑 2의 머리 붙임은 착상. 백 3에서 11까지 사는 모양이다. 흑12까지 백의 불만

18도 (외세) 백 7의 젖힘에 흑 8, 백 9로 뻗으면 이하 흑 12까지 상형이다.

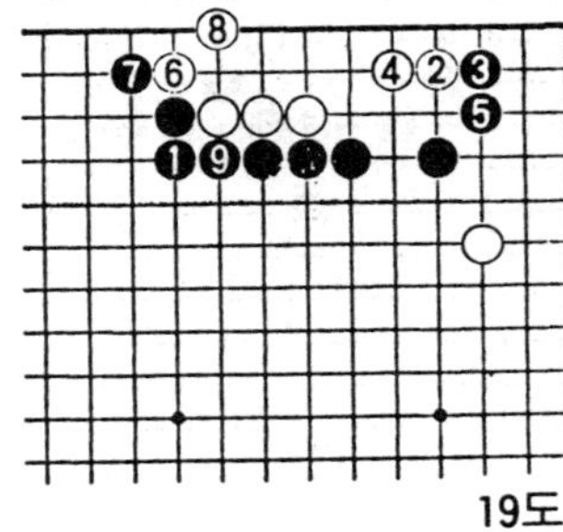
19도

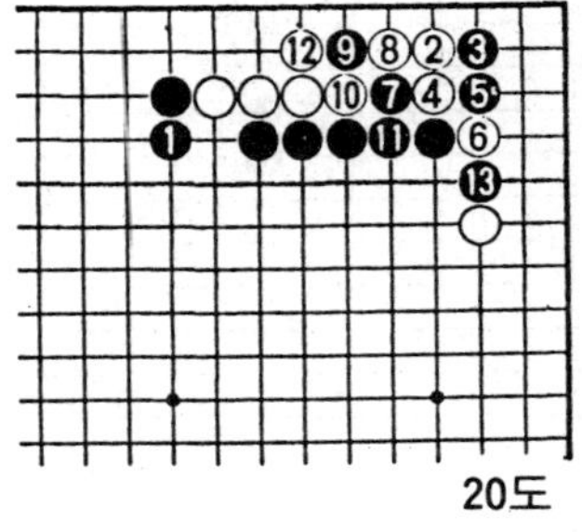
20도

19도 (봉쇄) 전도 흑 6으로 1의곳을 서는 것은 백 2의 비마가 있다. 흑은 9까지 봉쇄한다.

20도 (난폭) 흑 3에 대하여 백 4의 올라섬. 다음 6의 끊음은 난폭하다. 흑 7, 9로 모양이 결정되는데 13까지 흑의 외세가 좋다.

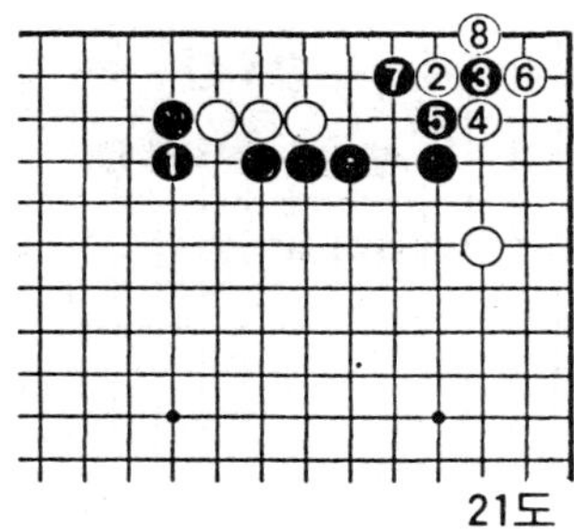
21도

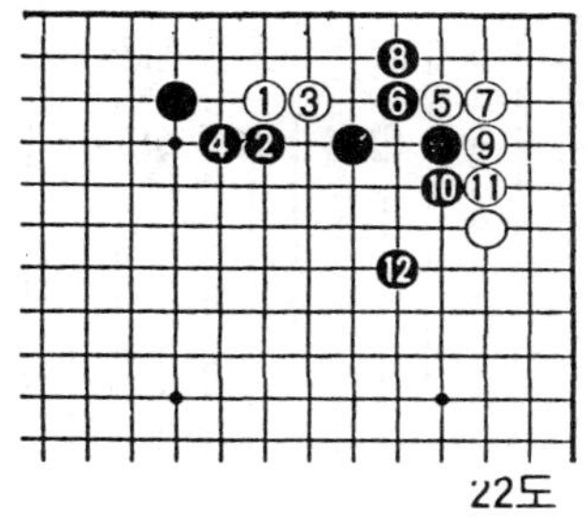
22도

21도 (기합) 흑 3 에 백 4 의 젖힘은 기합이다. 흑도 5, 7 로 백을 포획한다. 4 의 젖힘으로 느는 것은 19도로 돌아간다.

22도 (흑 좋다) 흑 4 의 뻗음은 생각해 볼 수 있다. 백 5 의 붙임이 맥이다. 이하 12까지 흑이 좋다.

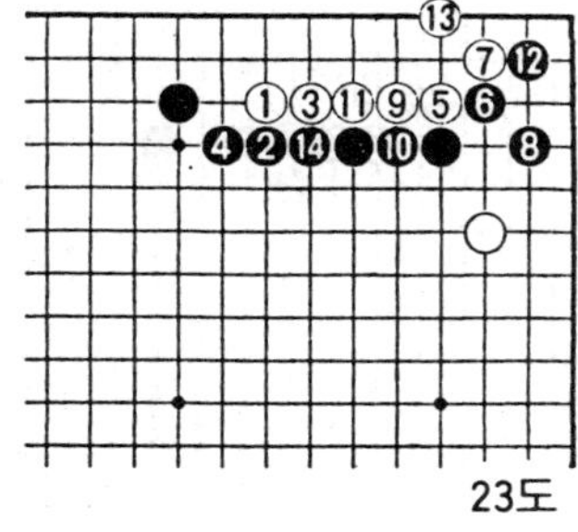
23도

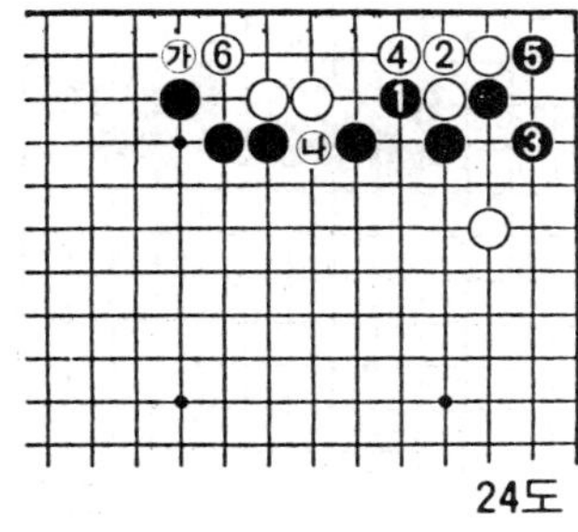
24도

23도 (봉쇄) 백 5 의 붙임에는 흑 6 으로 귀쪽을 두는 수가 있다. 백 7 이 맥점이다. 흑 8 에서 백 9 이하 13까지 산다. 흑은 14로 봉쇄한다.

24도 (속수) 전도 흑 8 로 1 의 단수는 3 까지 되어 속수다. 백 4, 흑 5, 백 6 의 마늘모. 흑은 피곤하다. 흑㉮에는 백㉯.

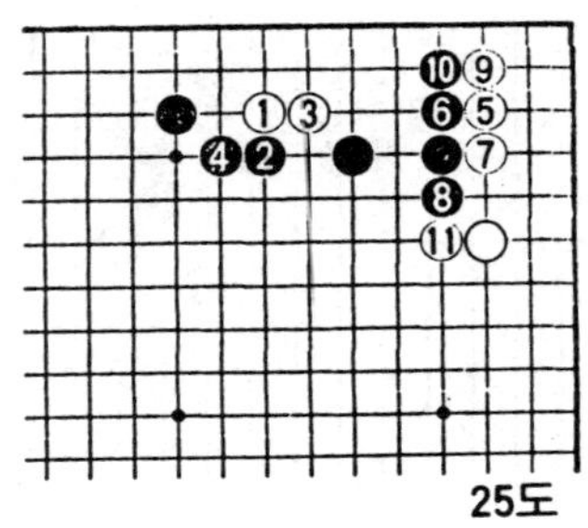

25도

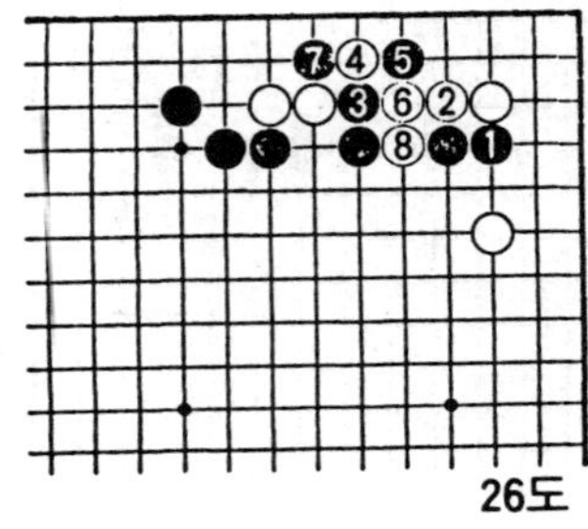

26도

25도 (3·3) 백 5의 3·3 으로 전환하는 수도 있다. 흑 6 에는 백 7, 흑 8, 백 9 이하 11까지 외길.

26도 (파탄) 전도 흑 6으로 1 로 두는 것은 백 8 까지 흑의 파탄이다.

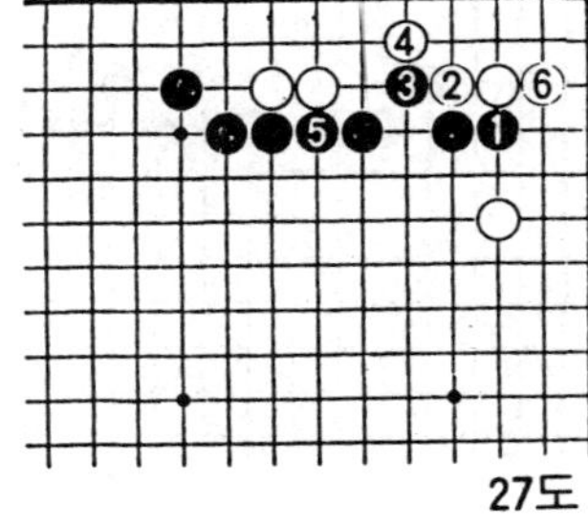

27도

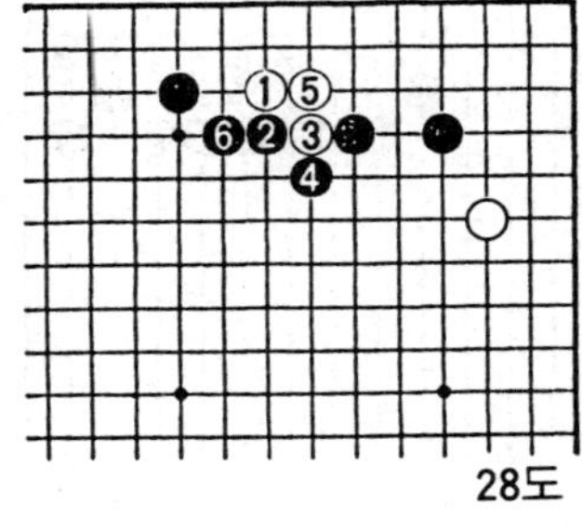

28도

27도 (귀가 크다) 백 2 에 흑 3 은 이하 6 까지 귀의 실리가 크다.

28도 (젖혀끼움) 백 3 의 젖혀끼움이 있다. 백 3, 흑 4 교환후 6 까지—.

백 3, 흑 4 의 교환은 결정적인 모양을 만들어 주고 있다.

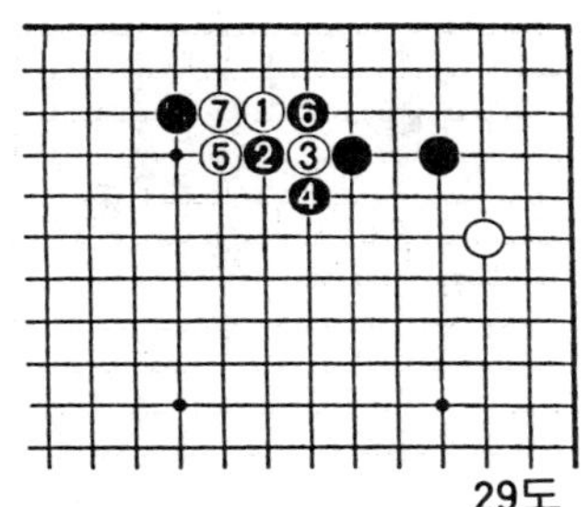

29도

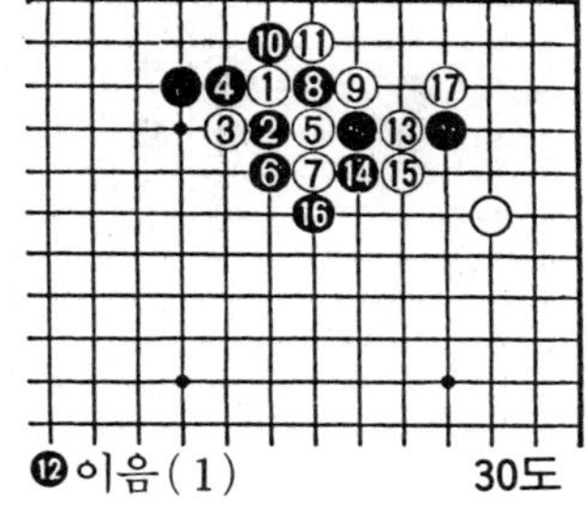

❿이음(1)

30도

29도 (두텁다) 흑 4 의 단수에 대하여 백 5 의 젖힘은 흑 6 으로 때려 두텁다.

30도 (거북이 등) 백 3 의 젖힘에서 5, 7 은 속맥이다. 흑16 으로 2 점을 때려 거북이 등처럼 판단하다.

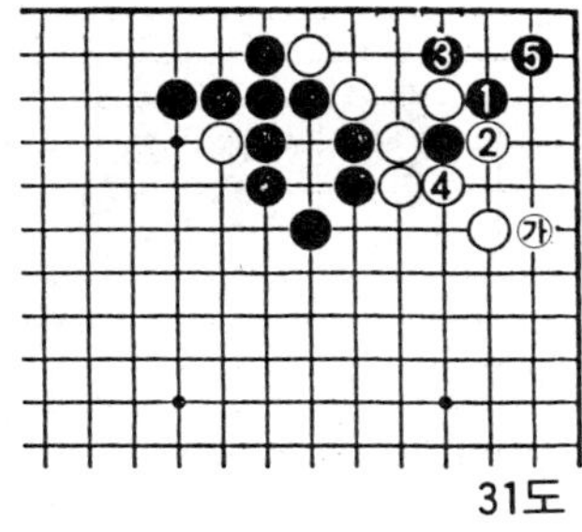

31도

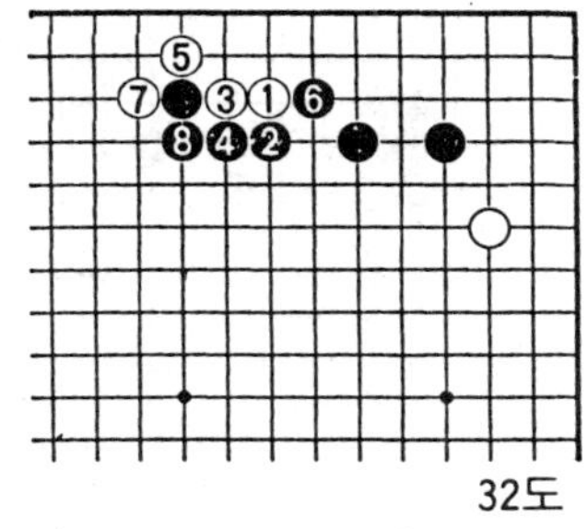

32도

31도 (맛) 전도 다음 흑 1, 3 으로 두는 수가 있다. 백 2 에는 흑 3. 혹은 ㉮의 곳에 두는 맥점이 있다.

32도 (알기쉽다) 백 1, 3 으로 끄는 것은 흑 8 까지 외세가 크다.

흑 4 로 위를 막고, 흑 6 으로 귀를 지키는 것이 간명한 수순으로 나타나고 있다.

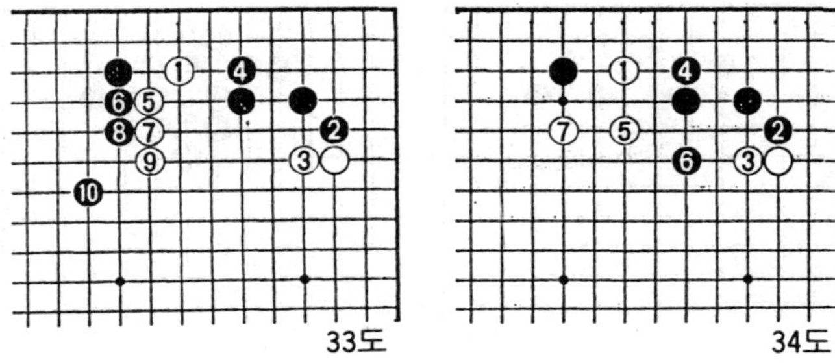

33도 34도

33도 (추격) 백 **1** 의 침입에 흑 **2**, **4** 로 귀를 지키게 되면 백은 중앙으로 나간다. 이것은 흑이 좋은 타개이다.

34도 (소극적) 백 **5** 로 가볍게 중앙으로 뛰는 것은 흑 **6** 까지 소극적인 모양이다. 백 **7** 로 강화한다.

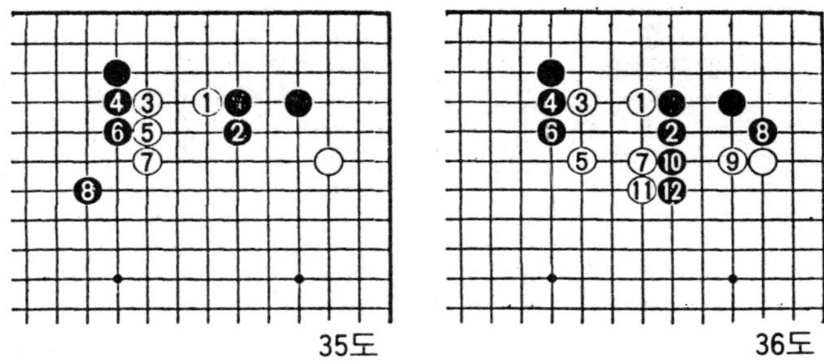

35도 36도

35도 (정형) 백 **1** 의 붙임에 흑 **2** 의 올라섬. 백 **3** 의 어깨짚기에서 **8** 까지 목적달성이다.

36도 (모양) 백 **5** 의 뜀에 흑 **6** 은 백 **7** 로 뛰어 모양이다. 흑은 **8** 의 마늘모로 백모양을 무겁게 한다. 흑**12**로 계속 추격하여 나간다.

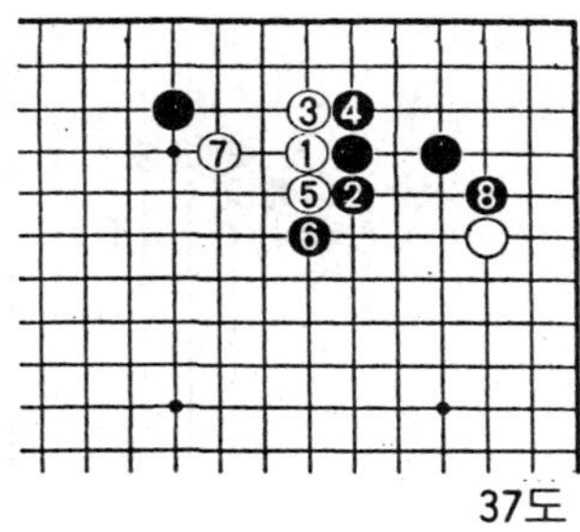

37도

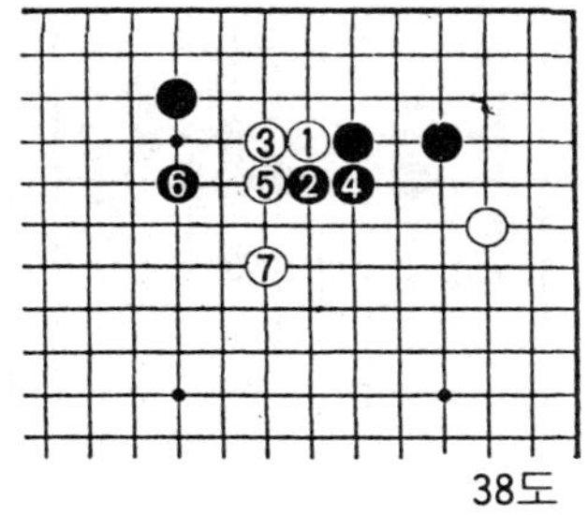

38도

37도 (조화) 백 3 의 내려섬에 흑 4 의 내림 다음 백 5, 흑 6. 백 7 로 나가면 흑 8 로 귀를 확보한다.

38도 (위로 젖힘) 흑 2 의 위로 젖힘은 강수. 이하 7 까지 백이 만족스런 모양이다.

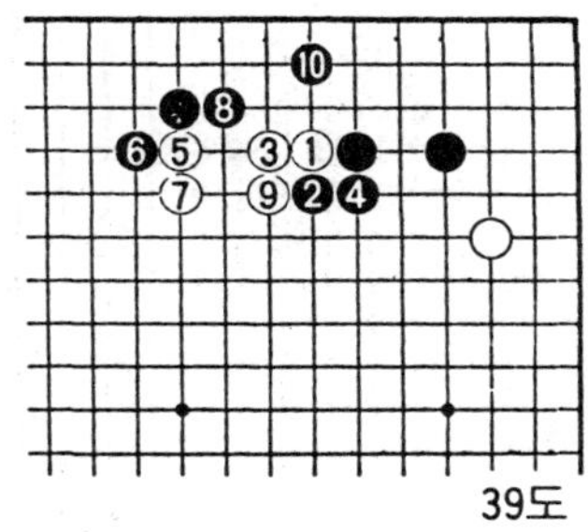

39도

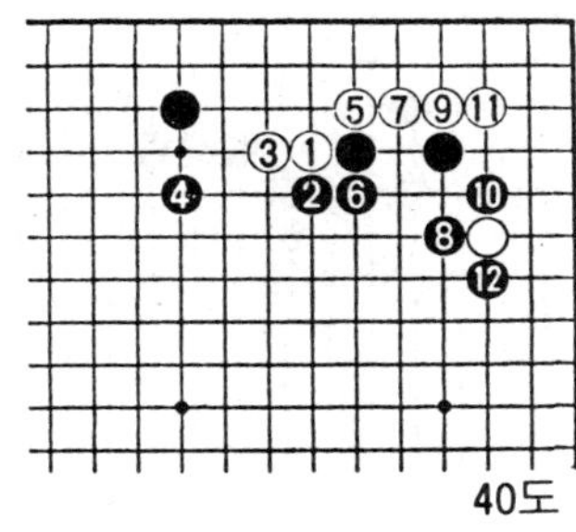

40도

39도 (붙여뻗음) 백 5, 7 로 붙여뻗는 것은 타개의 한 방법이다. 10까지 건너가 만족스런 모양이다.

40도 (바꿔치기) 백 3 의 뻗음에 백 4 로 한칸 뛰는 것은 이하 12까지 바꿔치기의 모양이다.

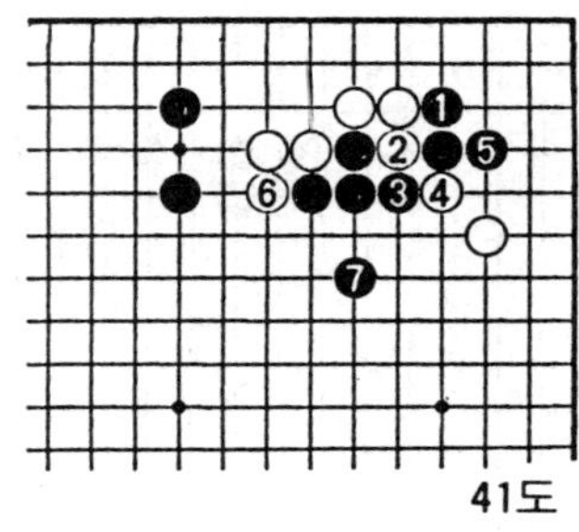

41도

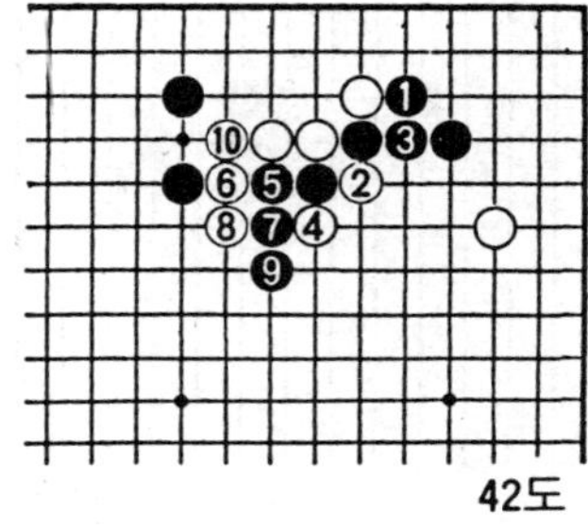

42도

41도 (막음) 전도의 8로 1에 막으면 백 2, 4로 끊는다. 흑 5의 구부림이 모양이다. 다음 백 6에는 흑 7로 둔다.

42도 (돌파) 40도 흑 6은 견실한 이음인데 흑 1로 두는 것은 이맥이다. 이하10까지 돌파당하여 흑이 실패다.

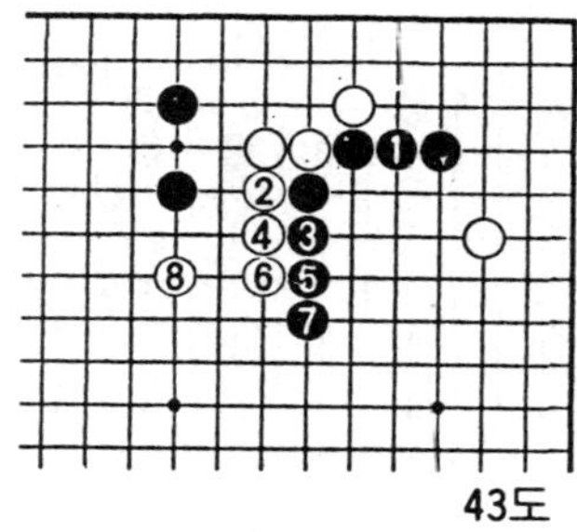

43도

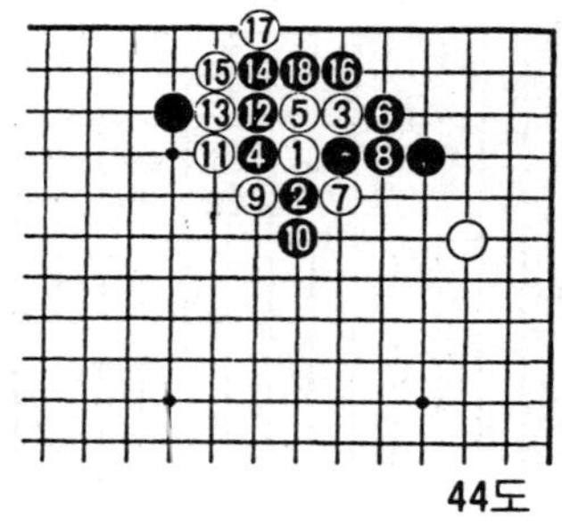

44도

43도 (막대기 이음) 흑 1의 막대기 이음도 생각해 볼 수 있다. 그러면 백 8까지 모양이 형성된다.

44도 (한 수단) 백 3으로 반발하여 젖히면 이하 18까지 3점이 잡혀 나쁘다.

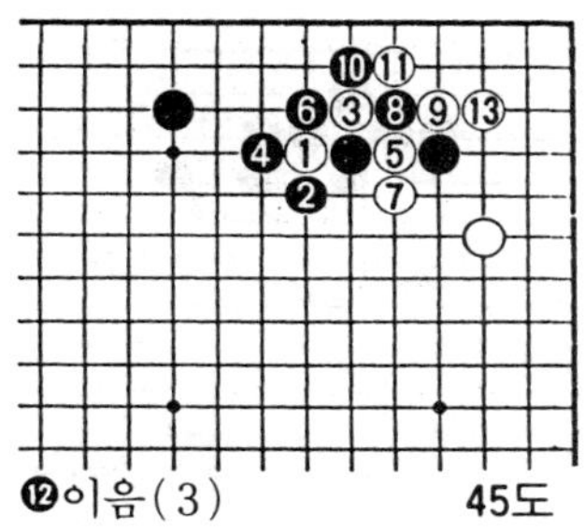

45도

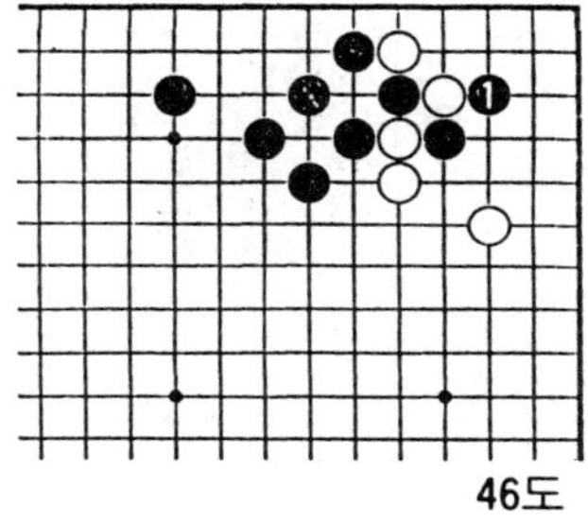
46도

45도(바꿔치기) 백 **5** 의 반발을 생각해보자. 그러면 흑 **6**, 백 **7**, 흑 **8** 의 끊음 백**13**까지 상당한 형이다.

46도(패) 전도 **12**의 이음으로 **1** 의 곳을 두면 이것은 패를 만드는 수단이 남는다.

이것을 겨냥하고 싶은 곳이다.

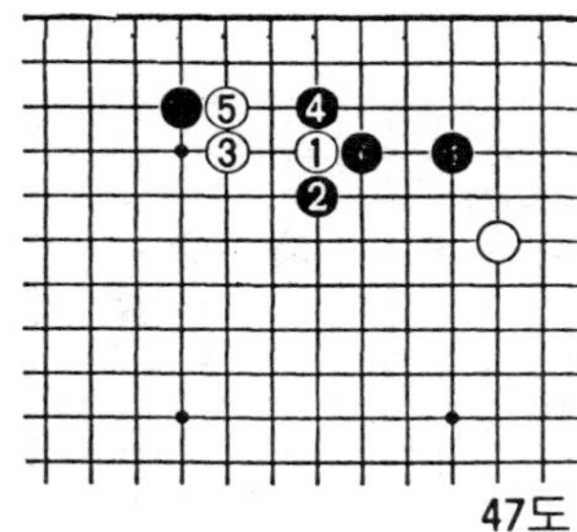
47도

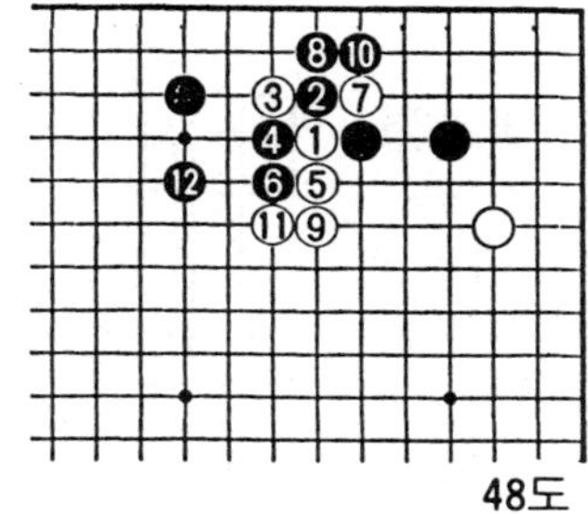
48도

47도(공격목표) 백 **3** 의 한칸에 흑 **4** 의 단수, 백 **5** 로 내려서 상변 한점이 공격목표이다.

48도(정형) 흑 **2** 로 밑을 젖힐 때 백 **3** 의 2단젖힘은 흑 **4** 의 끊음에서 이하 **12**까지 정형이다. 흑은 실리,백은 외세.

흑은 실리, 백은 외세가 서로 두텁게 된다.

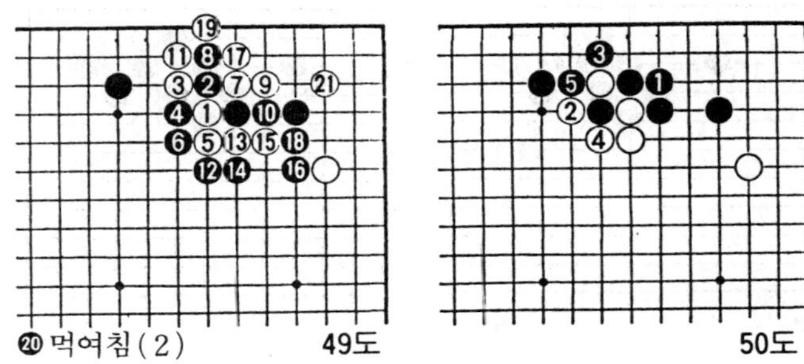

49도 (일형) 백 9 로 타개하려는 것은 흑10의 이음 다음에 15까지. 다음에 16의 장문이 좋은 맥점이다. 백은 21로 귀에 근거를 남긴다.

50도 (변화) 전도 흑 6 으로 1 의 곳을 이으면 백 4 로 때려낼 때 5 의 곳으로 건너간다.

제 4 형

이모양은 호선에서 흔히 나타나는 모양이다. 백의 침입이 유효하다.

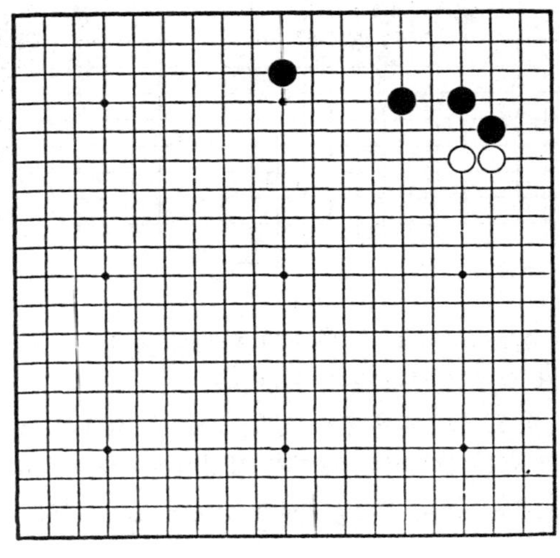

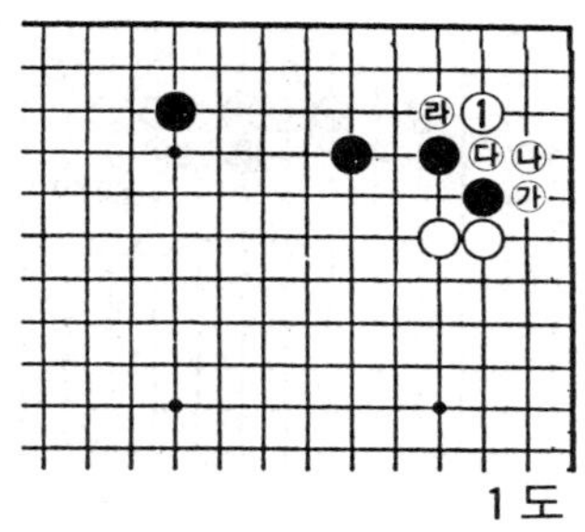
1 도

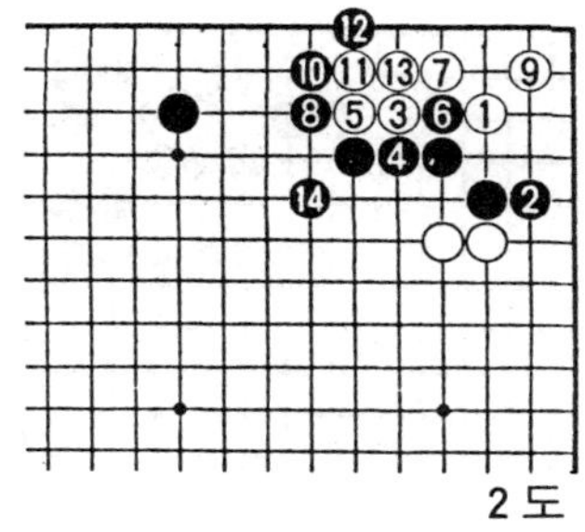
2 도

1 도(3·3) 이 모양에서도 **1**의 침입이 급소. 이에 대하여 흑이 받는 수단은 ㉮, ㉯, ㉰, ㉱ 네 곳이다.

2 도(정형) 백 **1**에 대하여 흑 **2**의 내려섬이 적극적인 수. 이하 **14**까지 정형이다.

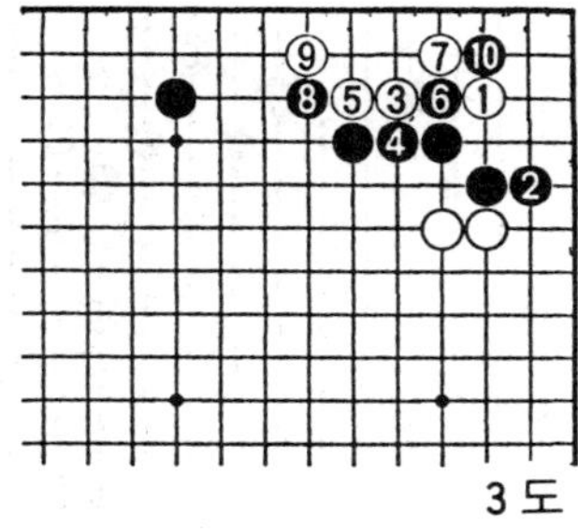
3 도

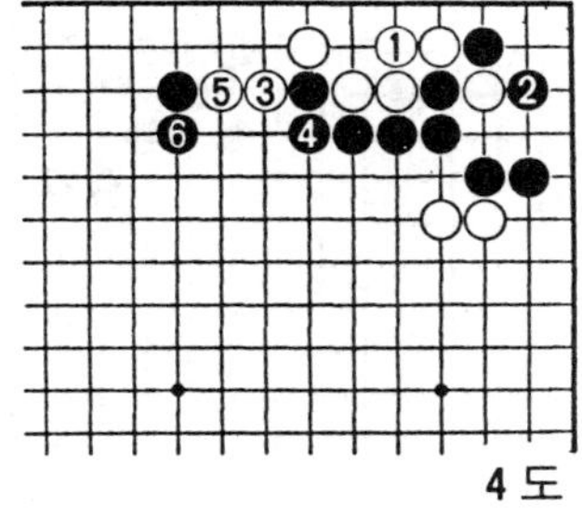
4 도

3 도(변화) 흑 **6**에서 **8**로 내려설 때 백 **9**로 젖히는 것은 귀를 흑에게 양보하여, 상변으로 근거를 만들기 위한 방법이다.

4 도(상형) 백 **1**로 이으면 흑 **2**, 다음 백 **3**, 흑 **4** 이하 **6**까지 일단락이다. 흑의 외세는 다음이 문제이다.

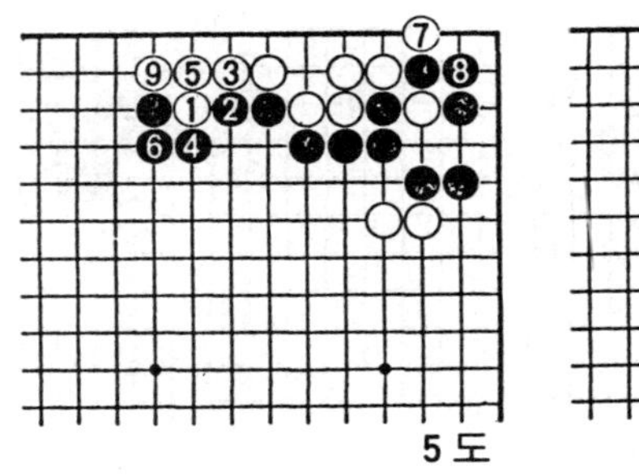
5 도

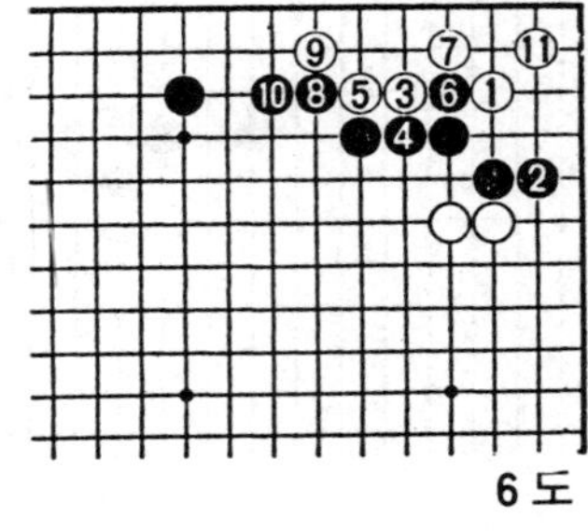
6 도

5 도 (변화) 전도 15로 백 1 에 두게 되면 흑은 평범하게 2, 4 로 둔 다음 6 으로 꽉 잇는다. 외세가 견고하다.

6 도 (달다) 백 9 의 젖힘에 흑10으로 받는다.

본도 역시 흑의 외세가 좋다.

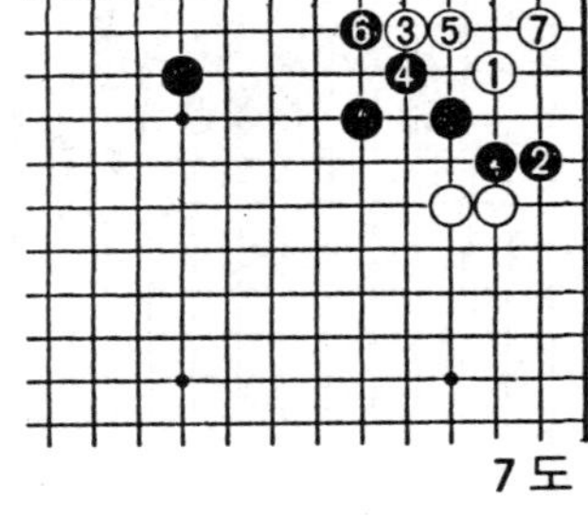
7 도

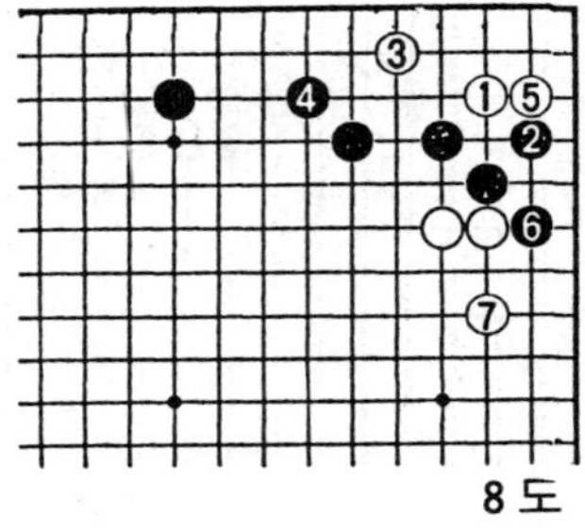
8 도

7 도 (날일자) 백 3 의 날일자는 어떨까. 그러면 백 4 의 모붙임. 백 5 로 끌면 흑 6 다음 7 까지. 백은 귀에서 최소로 산다.

8 도 (변화) 백 1 에 흑 2 의 마늘모. 백 3, 흑 4 가 모양이다. 백 5 로 살 때 흑 6 의 젖힘이 있다. 백 7 의 한칸 뜀까지 —.

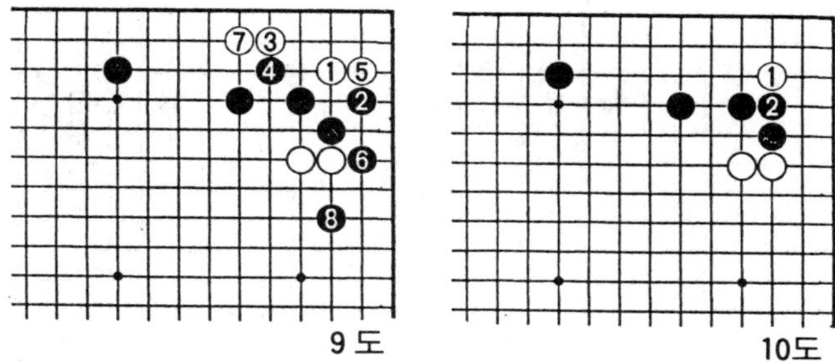

9 도 (일장일단) 흑 4 의 마늘모로 두는 수가 있다. 백 5 의 내려섬 다음 흑 6 의 젖힘, 백 7 로 나가면 흑도 8 의 요점을 둔다.

10도 (빈삼각) 흑 2 의 빈삼각의 받음은 어떨까? 검토해 보기로 하자.

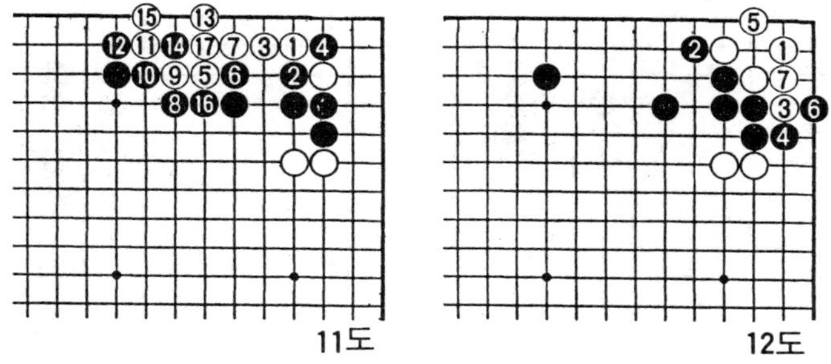

11도 (움직임) 다음에 움직이는 수는 백 1 의 마늘모이다. 흑 2 에는 백 3, 흑 4 의 단수면 이하 17까지 산다. 백이 좋지 않다.

12도 (귀) 전도 백 3 으로 1 로 두어 사는 수가 좋다. 흑 2 이하 7 까지 백이 좋다.

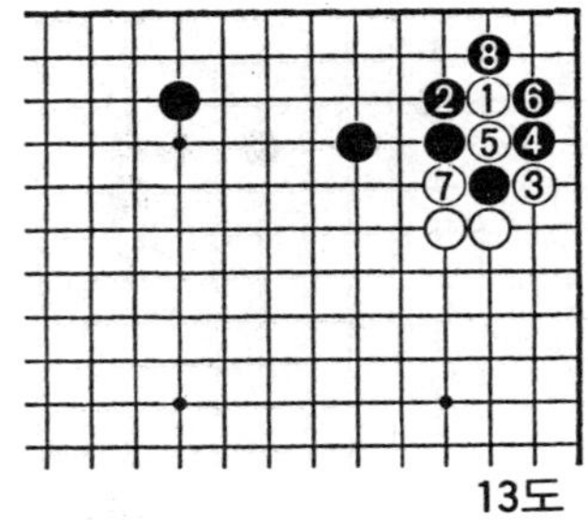
13도

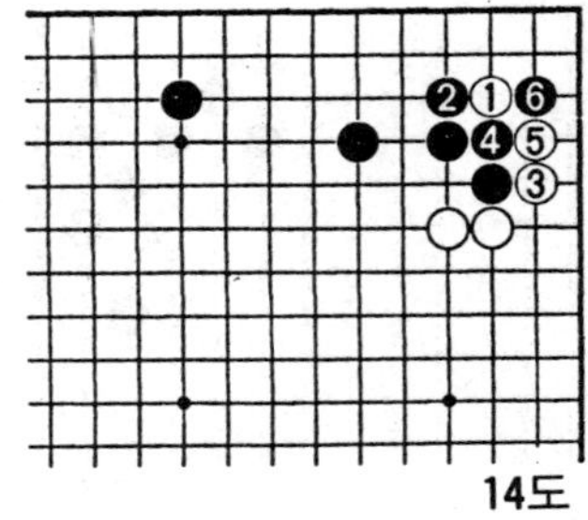
14도

13도 (흑 손해) 흑 2 로 안쪽을 두면 백 3 에 흑 4 이하 8 까지 흑이 손해다.

14도 (공격) 백 1 에 흑 2 의 막음. 백 3 의 젖힘에 흑 4, 백 5 에 흑 6 으로 일단락인데 백 5 는 보류할 자리.

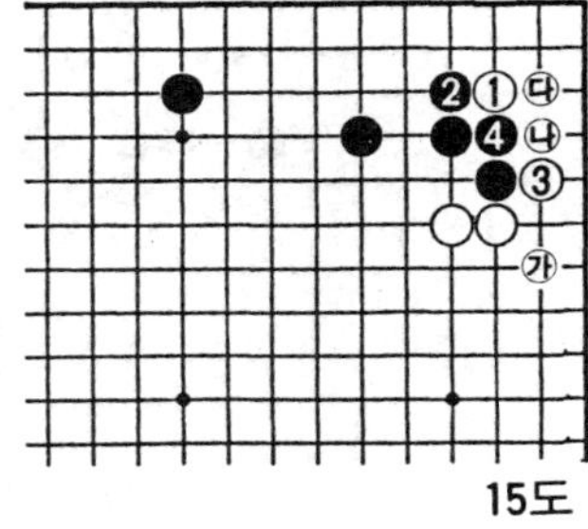

15도

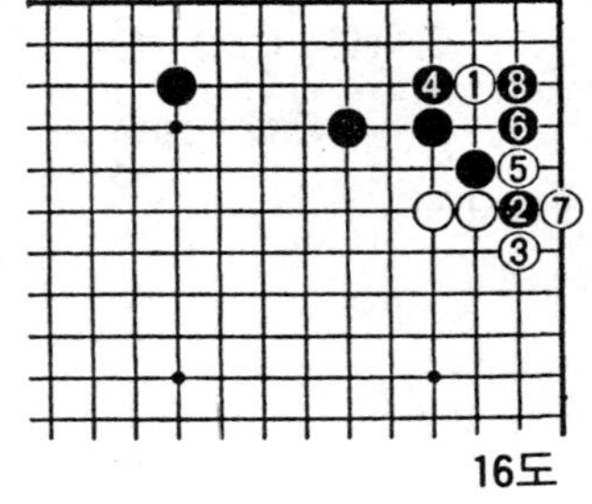
16도

15도 (선수) 실전에서는 백 3 에 흑 4 다음 백이 ㉮. ㉯. ㉰ 등 여러 곳의 작전을 세울 수가 있다.

16도 (귀의 집) 흑 2 의 젖힘에서 8 까지 귀를 확보하는 것은 백 7 로 따내어 만족이다.

흑이 귀를 확보하는 수순이 재미있다.

제 5 형

화점의 한칸 굳힘에서 화점 아래까지 전개되어 있는 모양이다.

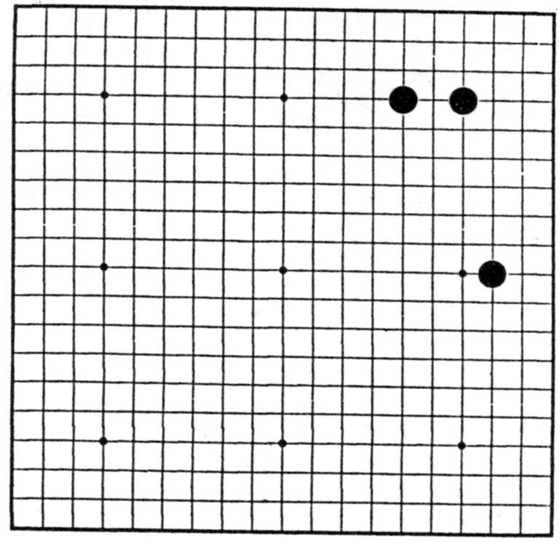

제 5 형

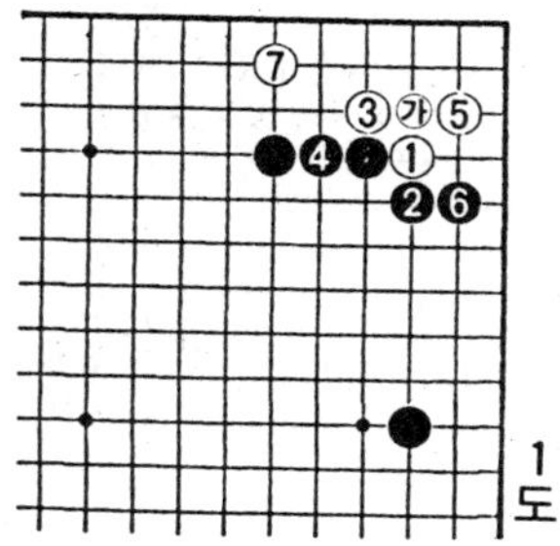

1도

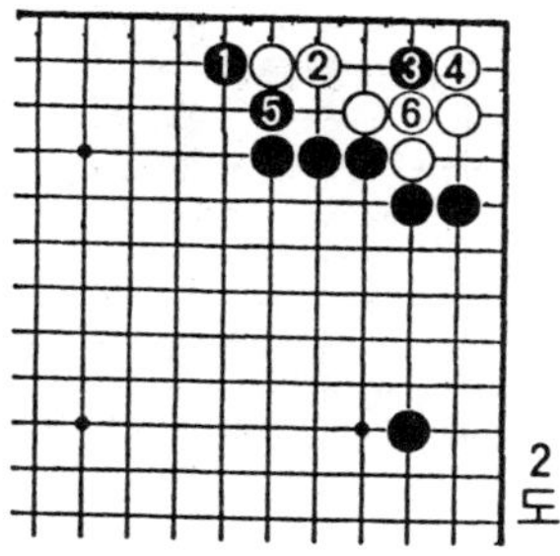

2도

1 도 (바깥내려섬) 백 1 에 흑 2, 백 3 에는 흑 4, 이하 7 까지인데 ㉮의 곳을 흑이 두기도 한다.

2 도 (수순) 전도 다음에 흑 1 의 붙임, 백 2 의 뻗음, 3 의 들여다봄이 전술이다. 흑 5 로 막아 선수.

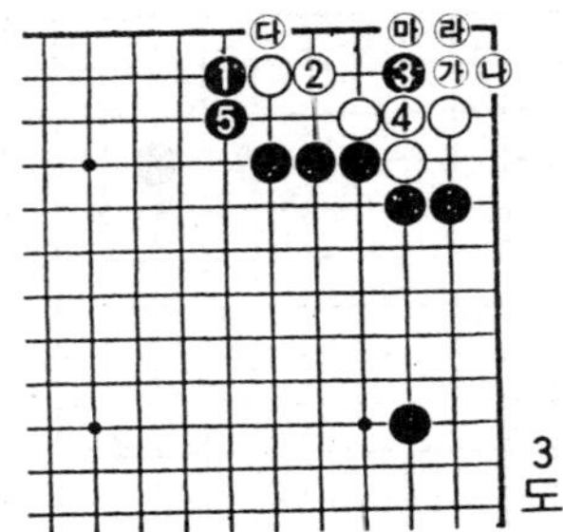
3도

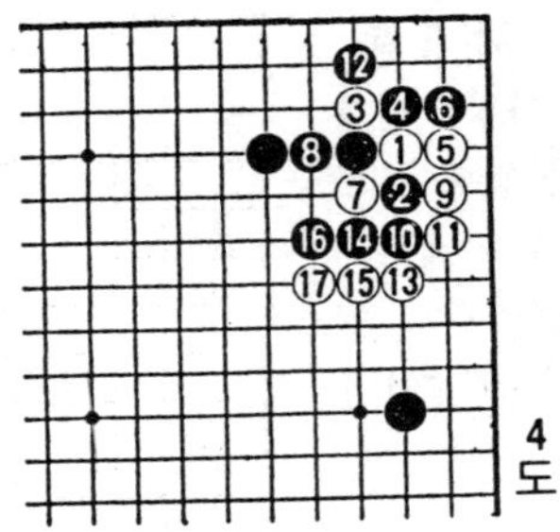
4도

3도 (패의 맛) 흑 **3** 다음 백 **4** 로 이으면 흑 **5** 로 올라선다. 다음 백이 손빼면 흑 ㉮ 백 ㉯를 교환하고 흑 ㉰의 곳을 젖힌다. 그러면 백 ㉱, 흑 ㉲로 패.

4도 (백 호조) 백 **3** 의 젖힘엔 흑 **4**, 백 **5** 이하 **11**까지 응수한다. 흑**12**의 단수면 이하 **17**까지 나간다.

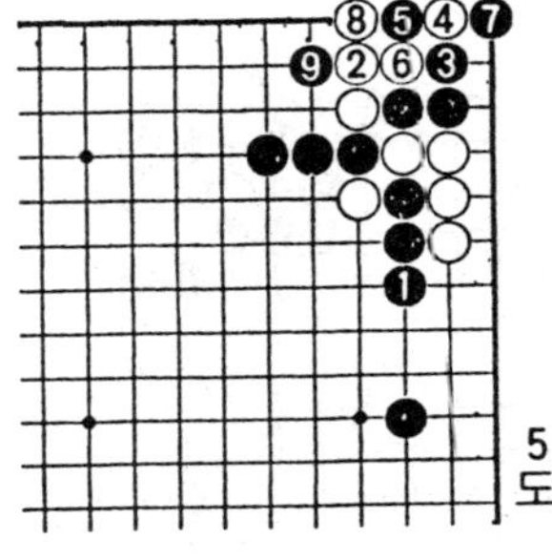
5도

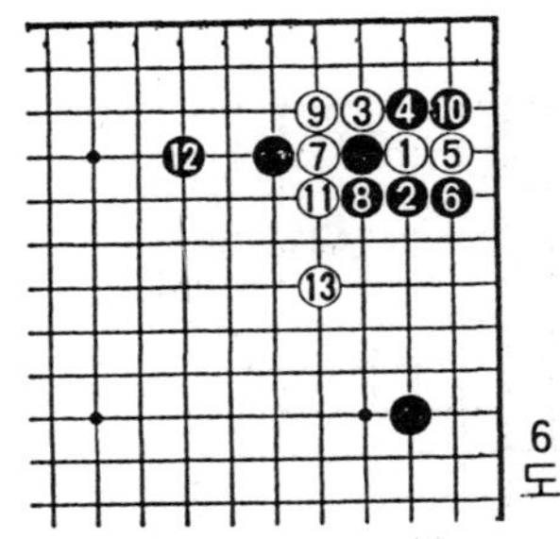
6도

5도 (패의 맥) 전도 흑**12**로 **1** 의 곳을 뻗으면 백 **2** 이하 **9** 까지 흑의 부담이 가는 패.

흑 **3** 으로 **6** 은 백 **4** 의 이음으로 흑이 부담스러워진다.

6도 (외부) 흑 **6** 으로 바깥을 조이는 수가 있다. 백은 **7** 의 단수 다음 **13**까지 탈출을 한다. 흑이 나쁘다.

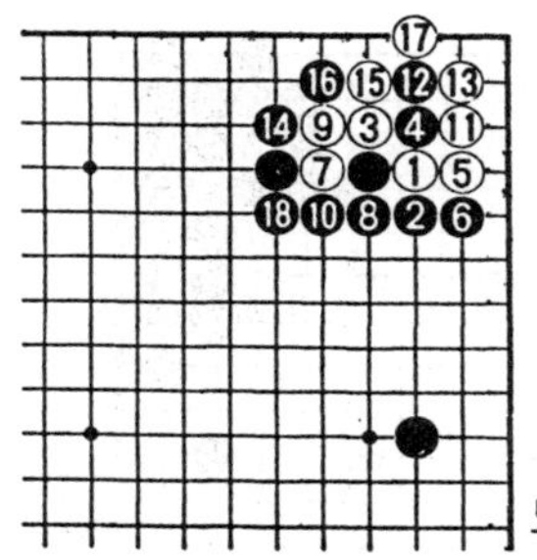

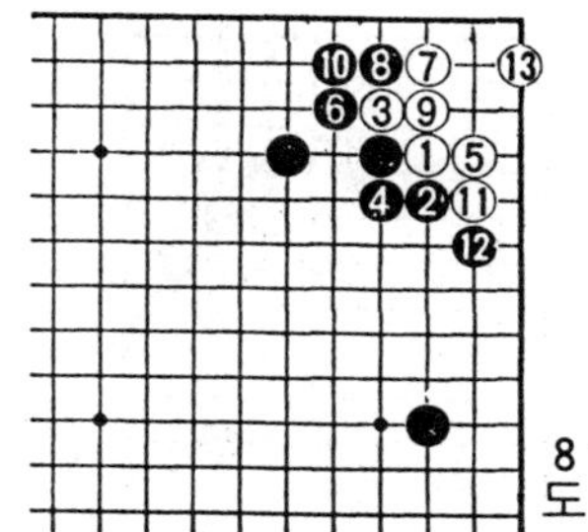

7 도 (실리) 백 9 의 뻗음에 10으로 봉쇄하면 이하18까지 백은 실리, 흑은 외세.

8 도 (같다) 백 3 에 흑 4 가 견실하다. 전도와 거의 같다.

백에 대하여 흑이 더 좋은 수이다.

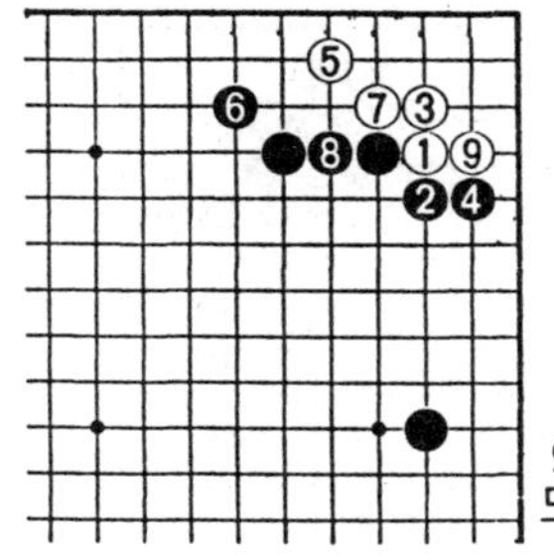

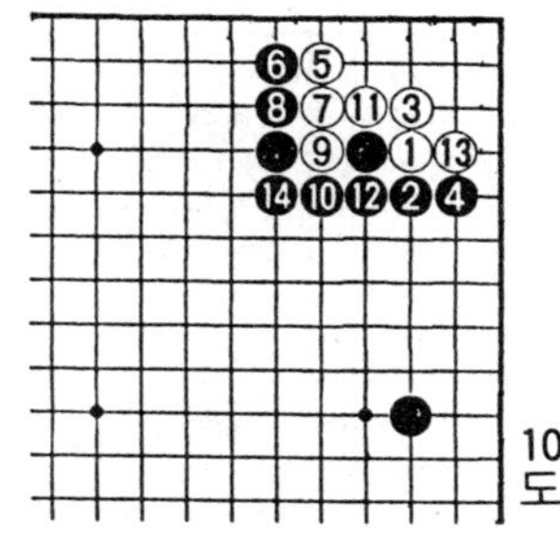

9 도 (무겁다) 흑 2 에 3 의 뻗음은 흑 4 의 내려섬이 있다. 백 7 에 흑 8 을 교환한 다음 백 9 를 손빼면 안된다.

10도 (결행) 백 5 에 흑 6 의 바로 막음은 백 7 에서 13까지 산다. 흑은 불만이 없다.

흑의 수가 두텁다. 특히 외세가 튼튼하므로 백보다는 더 만족이다.

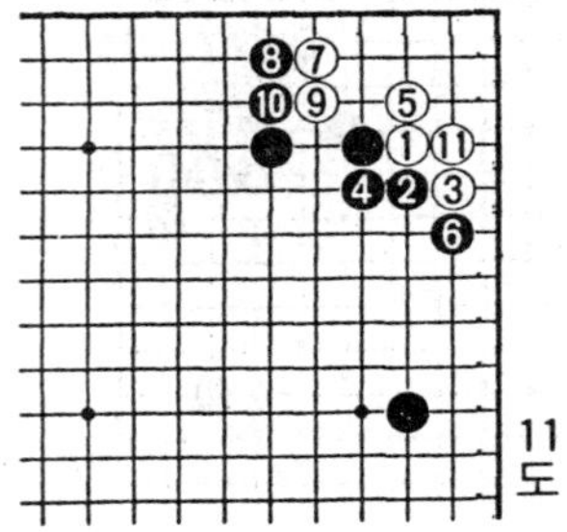

11도

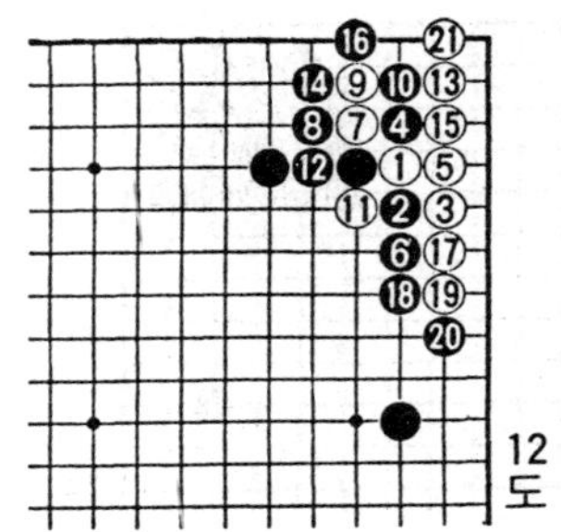

12도

11도 (삶) 흑 2 에 백 3 으로 젖혀 반발하는 것이 맥이다. 흑 4 의 이음이 견실하다. 그러면 백 5 로 둔다. 이하 11까지 산다.

12도 (삶) 백 3 에 4 로 끊으면 이하 21까지 산다.

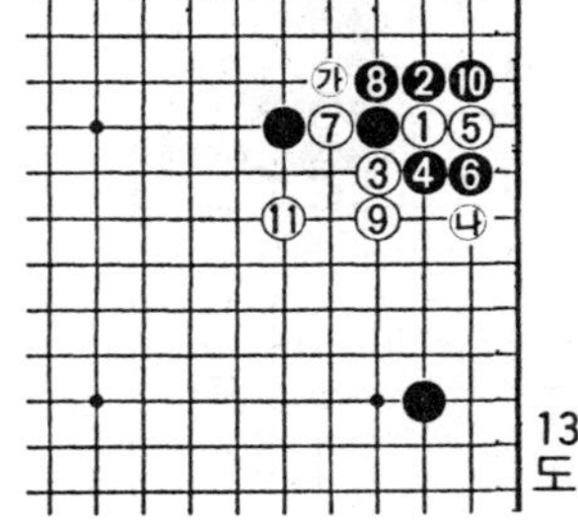

13도

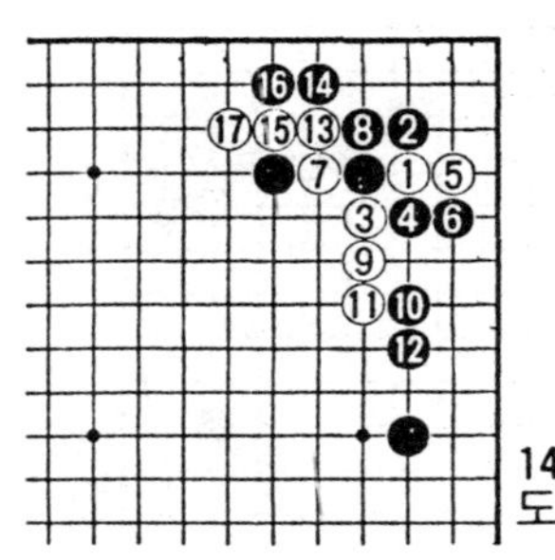

14도

13도 (안쪽 막음) 백 1 의 붙임에 흑 2 로 안쪽을 막으면 이하 11까지 외길의 진행이다. 다음 백은 ㉮와 ㉯의 곳을 맞본다.

14도 (변화) 흑10의 한칸 뛰는 수단이 있다. 흑은 우변에 주안점을 둔다. 백17까지 외길수순.

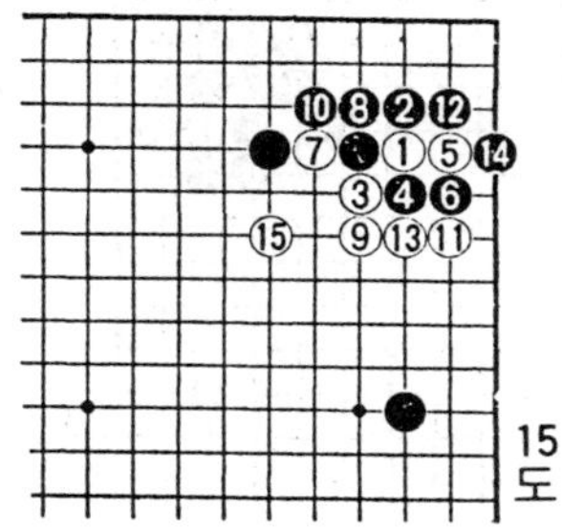

15 도

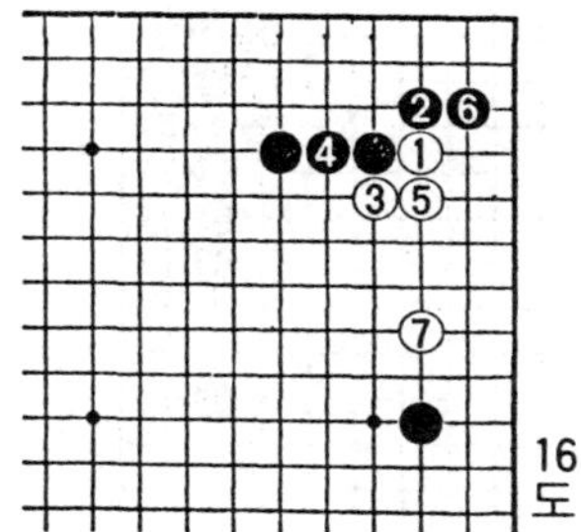

16 도

15도 (변화) 흑**10**으로 상변을 건너가는 것은 백**11**의 붙임이 있다. **15**까지 일단락인데 흑은 우변 화점 아래 한점이 고립되어 있다.

16도 (근거) 백 **3** 의 위쪽 젖힘에 흑 **4** 의 막대기. 다음 백 **7** 까지 근거를 만든다.

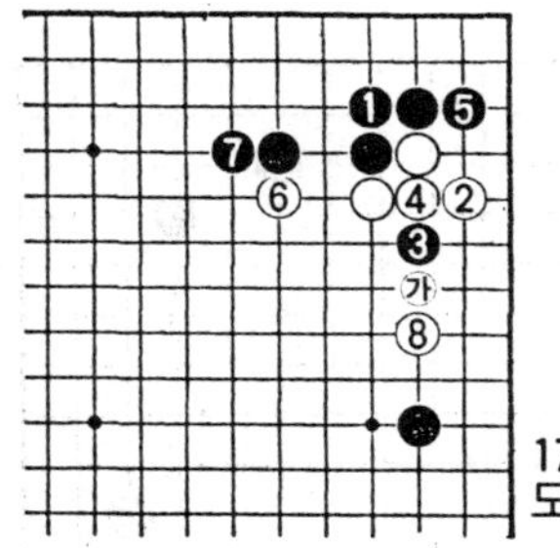

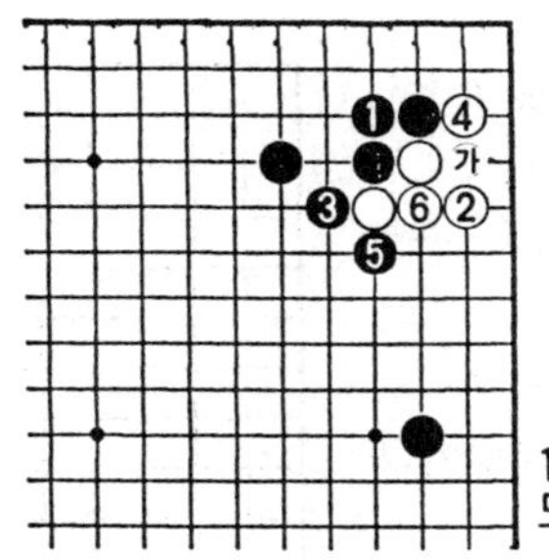

18 도

17도 (이음) 전도의 흑 **4** 의 막대기 이음으로 1 의 이음은 견실하다. 백이 **2** 로 두면 흑 **3**, **5** 로 공격한다. 이하 **8** 까지 된다음 흑은 ㉮의 곳을 엿본다.

18도 (세력) 흑 **3** 에는 백 **4** 가 세력이다.

4 로 **5** 의 곳을 두면 흑㉮로 백 모양이 나쁘다. 백 **6** 의 이음까지.

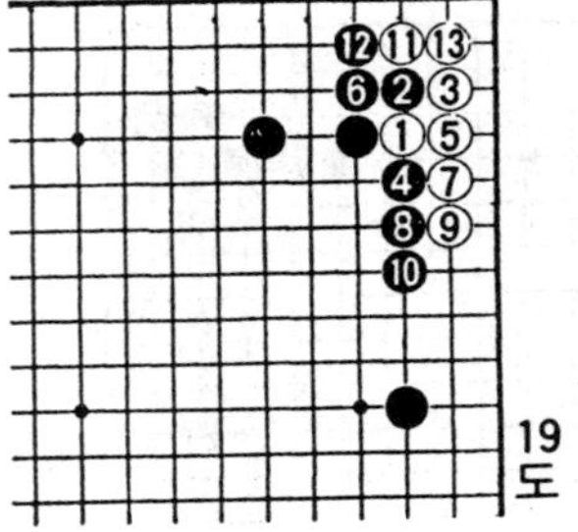

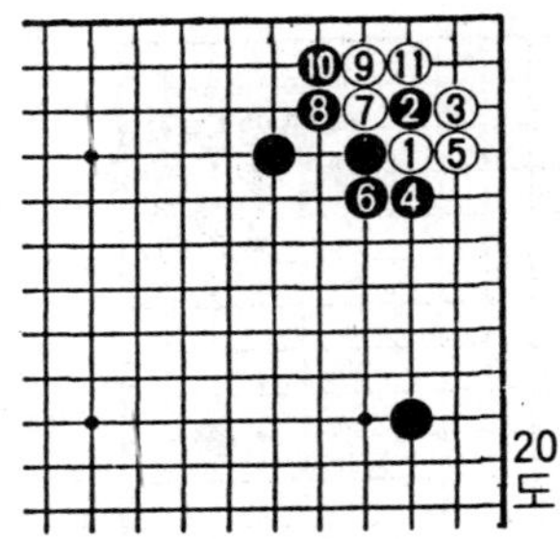

19도 (변화) 흑 2 로 막으면 백 3 의 반발이 있다. 백은 이하 13까지 사는데 흑은 외세가 좋다.

20도 (귀) 흑 6 으로 바깥을 이음은 백11까지 귀에서 살아 만족이다.

백 9 대신 단순히 11로 흑 2 를 따내면 흑 9 로 단숨에 패가 만들어져 백으로서는 곤란하게 된다.

제 6 형

화점에서 날일자 굳힘 다음 크게 전개되어 있는 모양이다.

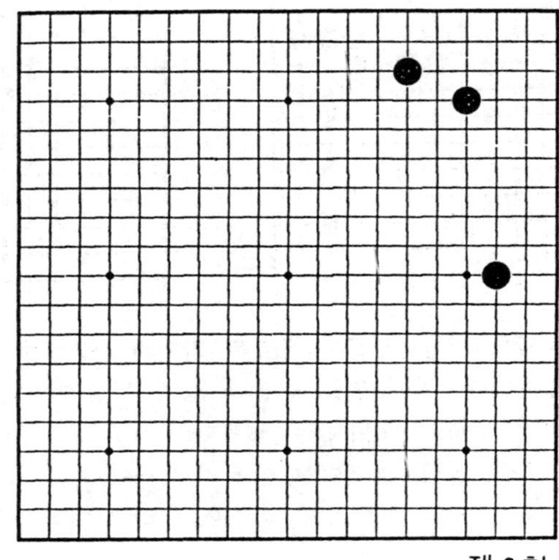

제 6 형

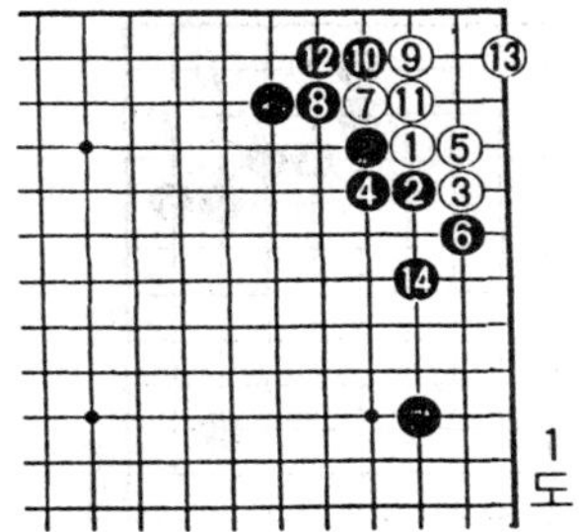

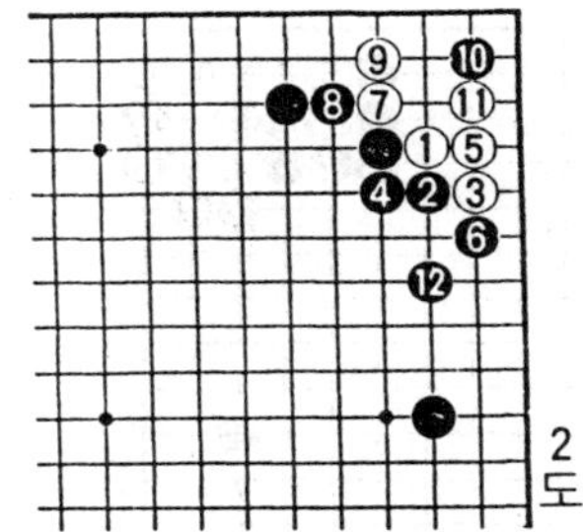

1 도 (바깥막음) 이 포진에서는 백 1 의 붙임이 급소다. 흑 2 로 바깥을 막으면 백 3 이 맥점이다. 이하13까지 귀에서 산다. 흑은 폭이 좁아 불리하다.

2 도 (맛) 백 9 에는 10으로 치중을 하여 둔다. 이하 12까지 된다음 귀는 늘어진 패의 맛이 남는다.

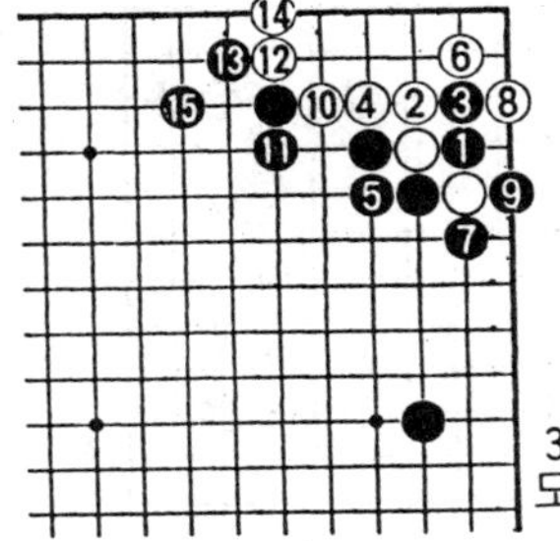

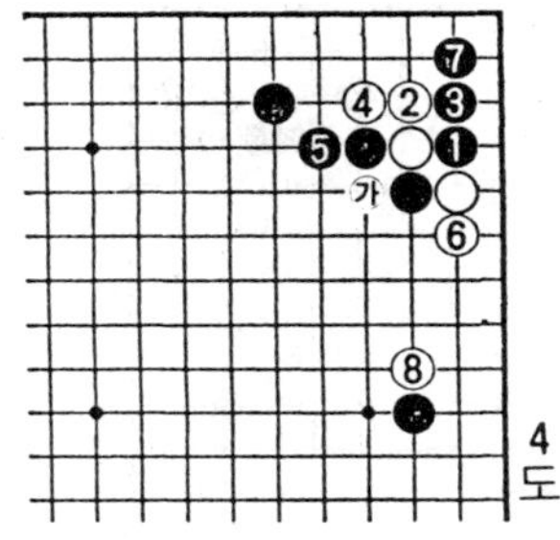

3 도 (복잡) 전도 흑 4 로 1 의 곳을 두면 복잡해 진다. 흑 5 의 이음이 견실하다. 백은 6 이하 한점을 사석으로 하여 14까지 산다. 흑15로 지켜 일단락.

4 도 (귀를 확보) 흑 5 로 뻗으면 백도 6 으로 뻗는다. 3 점을 사석으로 이용하는데 다음 8 의 붙임이 있다. 백은 ㉮ 의 맛을 노린다.

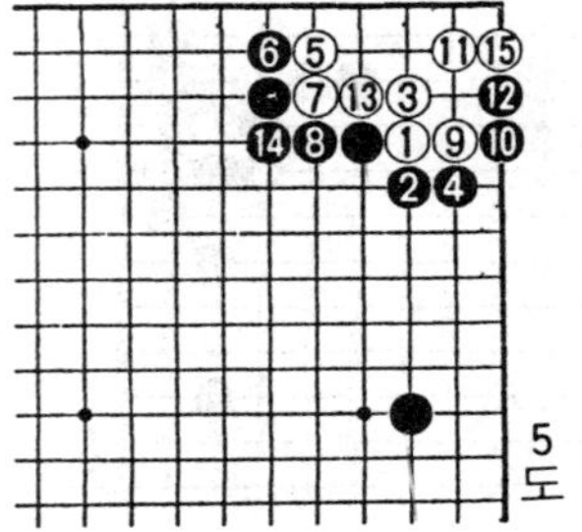

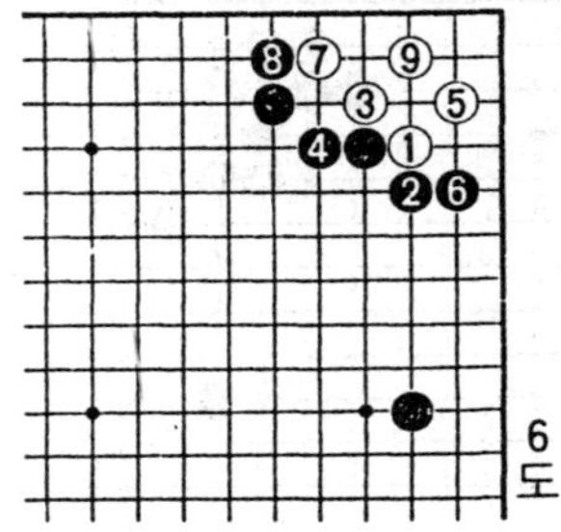

5 도 (위험) 백 **3** 의 뻗음이 문제로 이것은 간단히 살지 못한다. 흑**14**로 이을 때 **15**로 사는데 **3** 의 뻗음이 나쁘다.

6 도 (삶) 백 **3** 의 젖히는 수가 있다. 흑 **4** 가 알기쉽고 백은 **5** 이하 **9** 까지 산다.

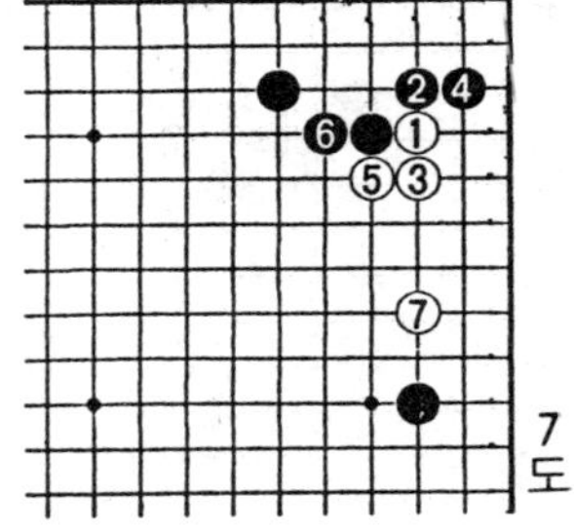

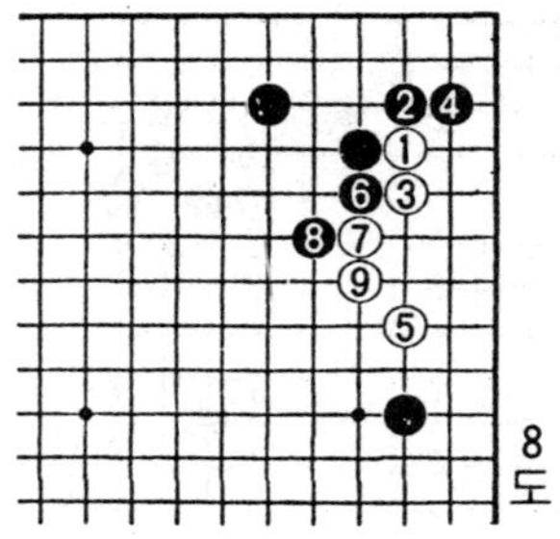

7 도 (안쪽 막음) 흑 **2** 의 안쪽 막음을 생각해 볼 수 있다. 백 **3** 엔 흑 **4**, 백 **5** 의 구부림으로 흑 **6** 을 강요하고 백 **7** 로 일단락이다. 이것은 정형이다.

8 도 (결행) 단지 백 **5** 로 2 칸 벌리면 **6**, **8** 로 즉시 결행한다. 변이 두터워진다.

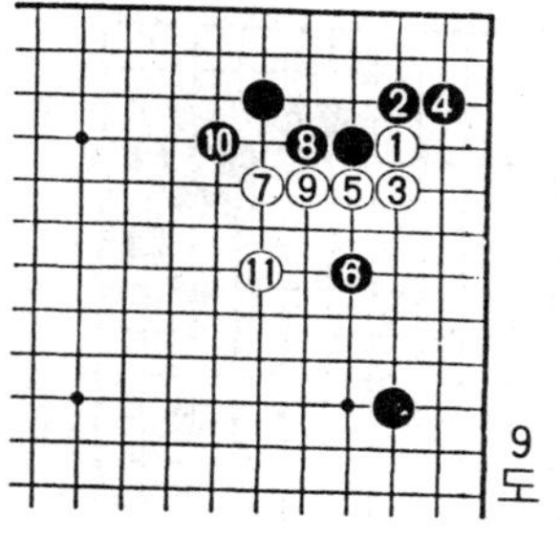
9도

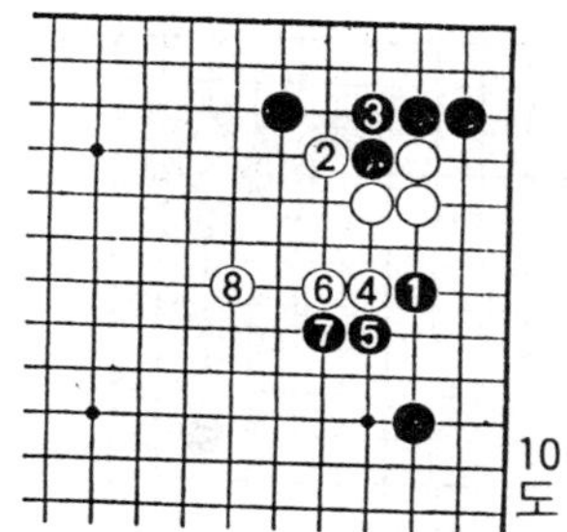
10도

9도 (공격) 흑 **6**으로 공격하는 것은 어떨까? 백은 **7**로 한칸 뛰고 흑 **8**, 백 **9** 다음 **11**까지 삭감한다.

10도 (낮다) 전도의 흑 **6**으로 **1**에 낮게 두는 것은 의미가 없다. 백 **8**로 호조.

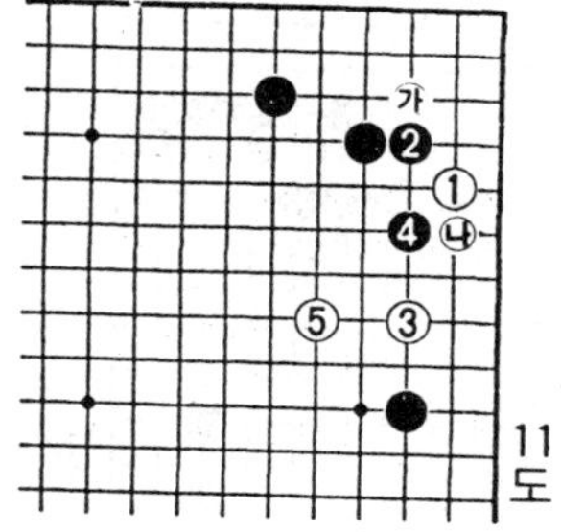

11도

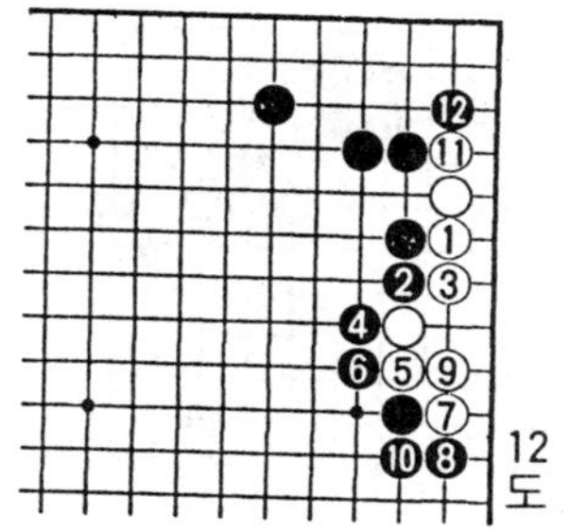
12도

11도 (낮은 침입) 백 **1**의 낮은 침입도 생각해 볼 수 있다. 흑 **2**엔 백 **3**, 흑 **4** 다음 가볍게 백 **5**로 튀어 나온다. 다음 ㉮의 3·3 이나 ㉯의 맛이 남는다.

12도 (두텁다) 전도 백 **5**로 **1**의 곳을 밀면 이하 **12**까지 되는데 흑 모양이 좋다.

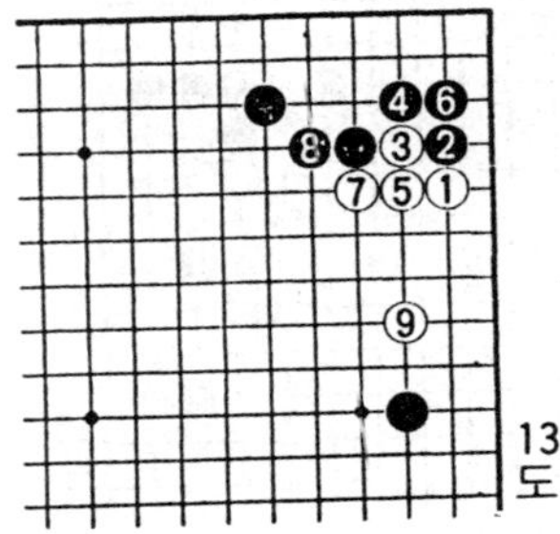

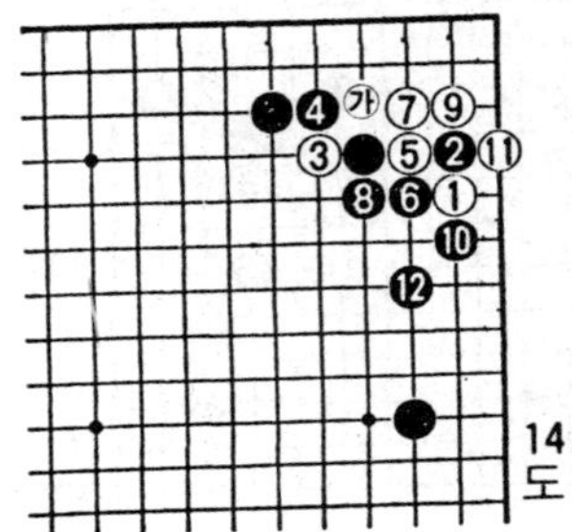

13도 (견고함) 흑 **2** 의 붙임이 기본적인 응수다. 백 **3** 의 젖히는 맥이 있어 백 **9** 까지 진행인데 흑의 불만이다.

14도 (주문) 백 **3** 은 주문이다. 다음 흑 **6** 이나 **7**, 백 **8**, 흑 ㉮로 움직이는데 백의 주문에 걸린 모양이다.

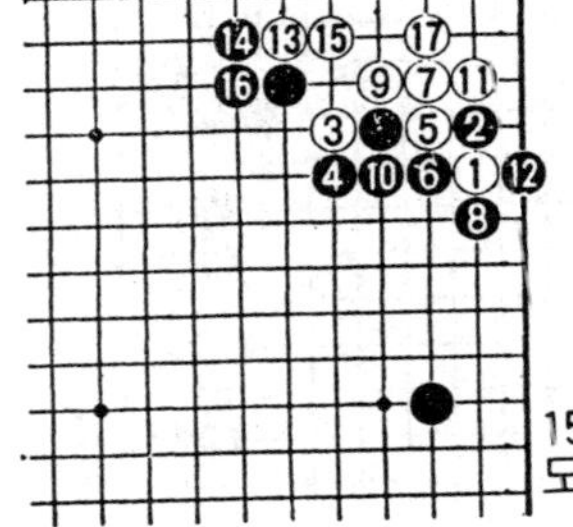

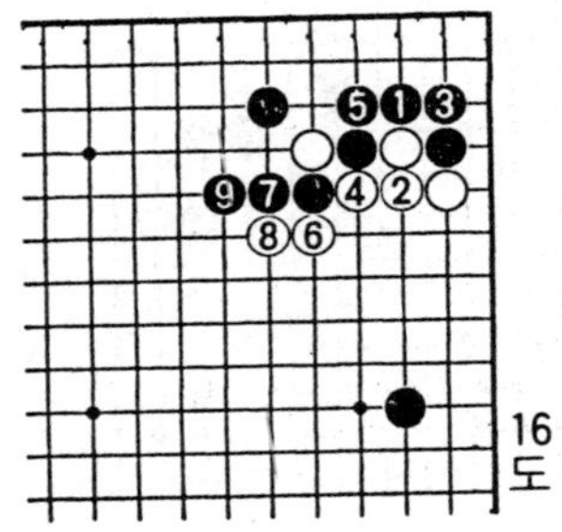

15도 (강수) 백 **3** 에 흑 **4** 의 바깥 젖힘은 강수. **9** 이하 귀에서 산다. 흑은 세력이 좋다. 백의 의도를 분쇄하였다.

16도 (실리) 전도의 흑 **6** 대신 **1** 로 안쪽을 막으면 이하 **6 8** 로 밀어버린다.

제 7 형

눈목자 굳힘에서 만들어진 모양이다.

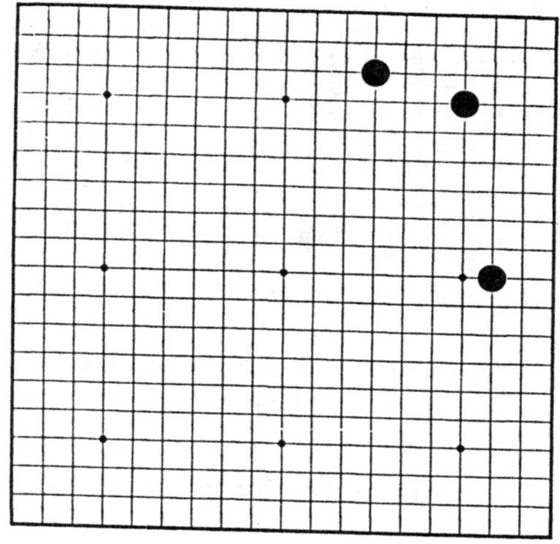

제 7 형

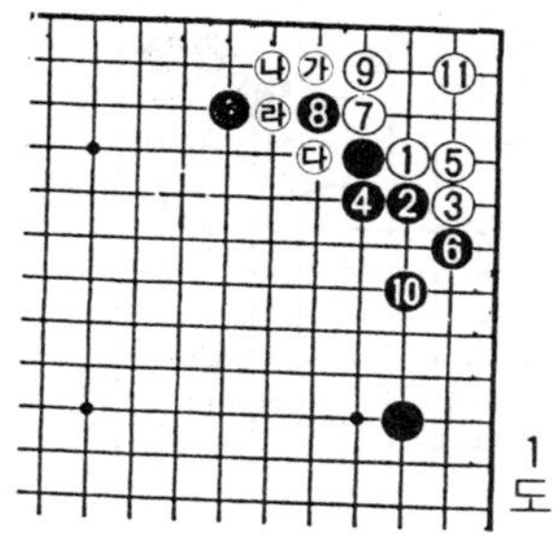

1 도

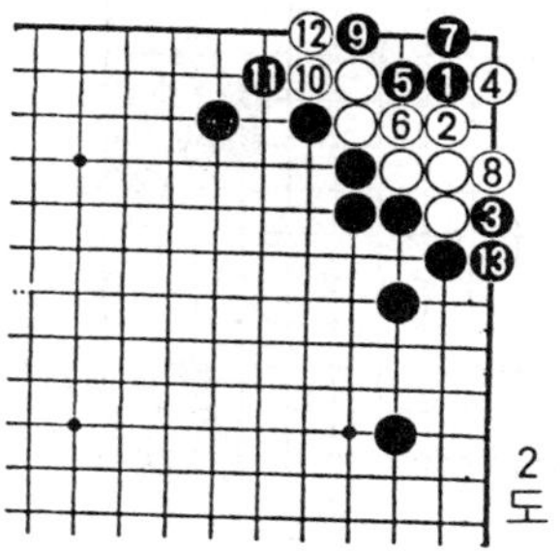

2 도

1 도 (정형) 이 모양에서는 1의곳의 붙임이 급소다. 흑 2의 바깥쪽 막음은 백11까지 산다. 11로 백 ㉮, 흑 ㉯, 백 ㉰, 흑 ㉱로 된 다음 11로 지키는 수도 있다.

2 도 (변화) 전도의 11을 생략하면 흑 1의 치중 다음 13까지 꽃놀이 패.

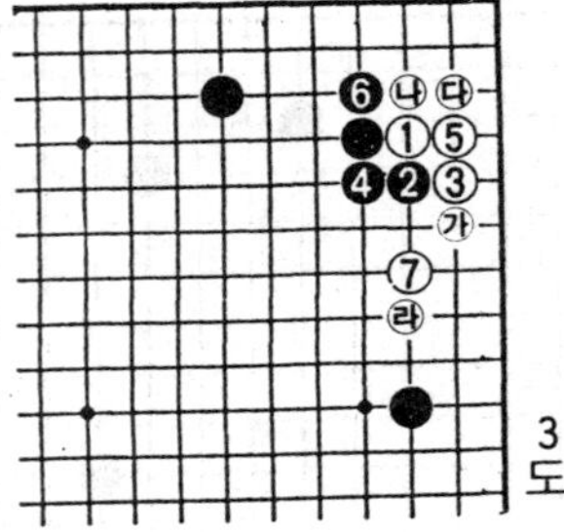

3 도

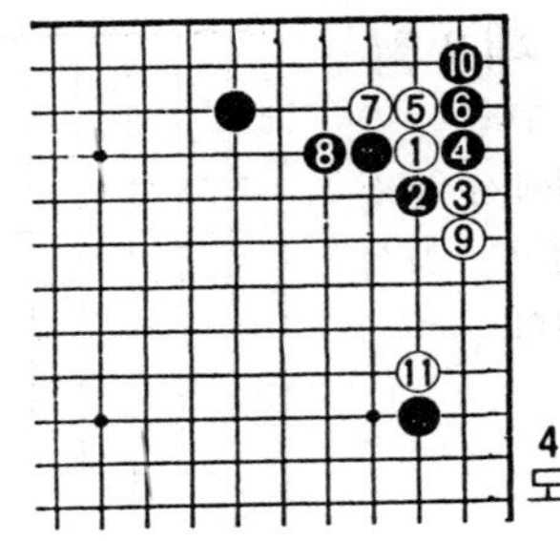

4 도

3도(우변) 백 5의 이음에 흑 6의 뻗음은 백 7까지 둔다. 백 5로 ㉮의 곳을 두면 흑 ㉯의 단수 다음 5로 이으면 흑 ㉰로 누른다. 그다음 백 ㉱까지—.

4도(변화) 흑 4로 끊으면 이하 11까지 사석작전이다.

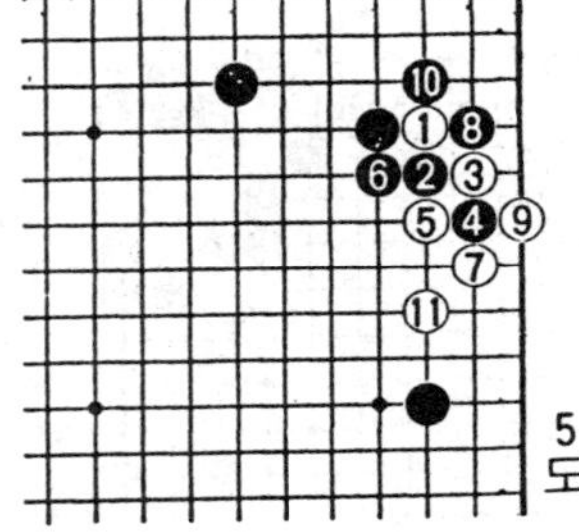

5 도

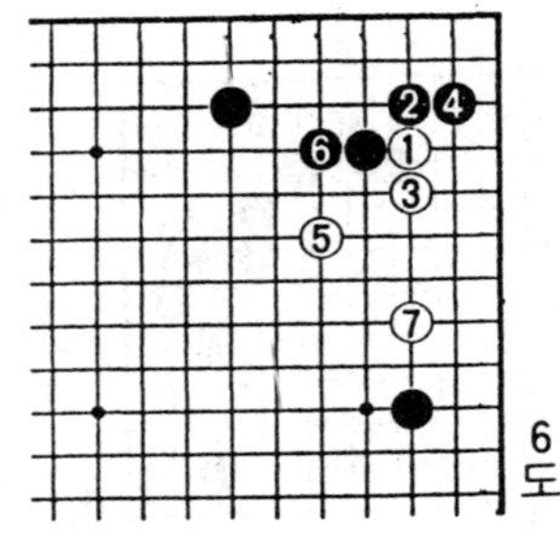

6 도

5도(2단젖힘) 흑 4의 2단젖힘이 있다. 백 5의 끊음에서 7, 9로 한점을 때려낸다. 흑 8로 귀의 실리가 크다. 우변 흑은 이 다음이 문제다.

6도(안쪽 막음) 백 1에 흑 2의 안쪽막음은 이하 백 7까지가 정형이다.

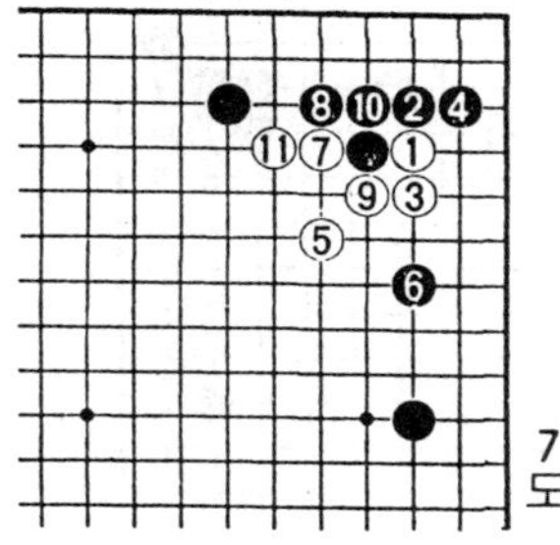
7도

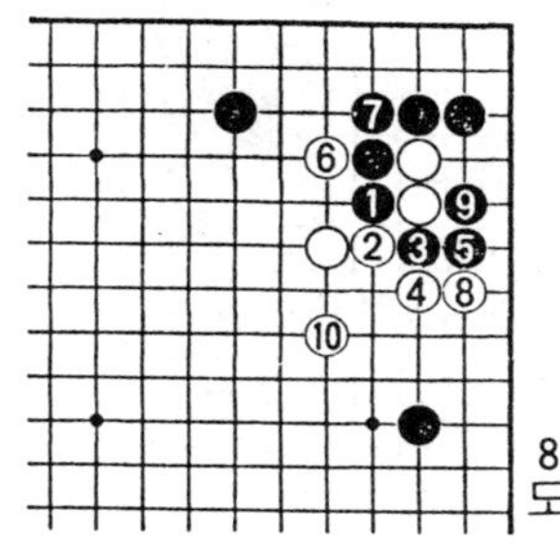
8도

7도 (정형) 백 **5** 의 날일자에 대하여 흑 **6** 의 협공은 이하 **11**까지가 정형이다.

8도 (사석) 전도 흑 **6** 의 두칸으로 **1** 의 곳을 밀고 나오면 2 점을 사석으로 이용하여 **10**까지 모양이 완성된다.

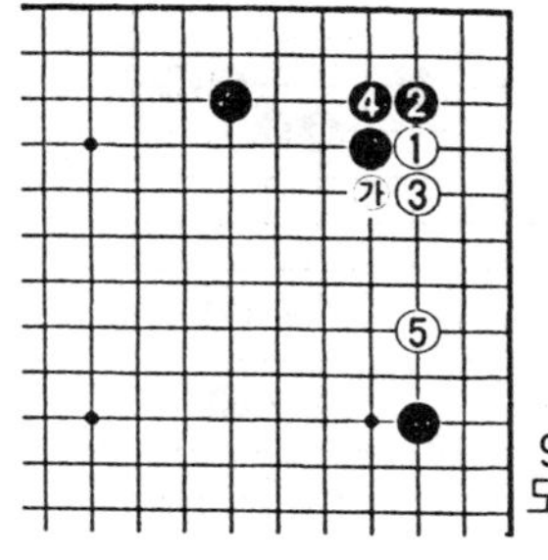
9도

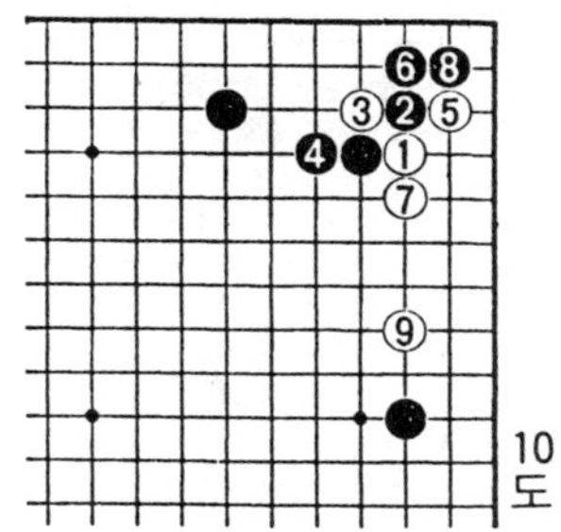
10도

9도 (견실한 이음) 흑 **4** 의 이음이 견실하다. 백은 **5** 의 2 칸 뜀이 있다. 백과 흑은 ㉮의 곳이 두텁다.

10도 (끊음) 백 **1**, **3** 으로 끊으면 흑 **4** 의 뻗음이 견실하다. 백 **5** 에서 **9** 까지 일단락이다.

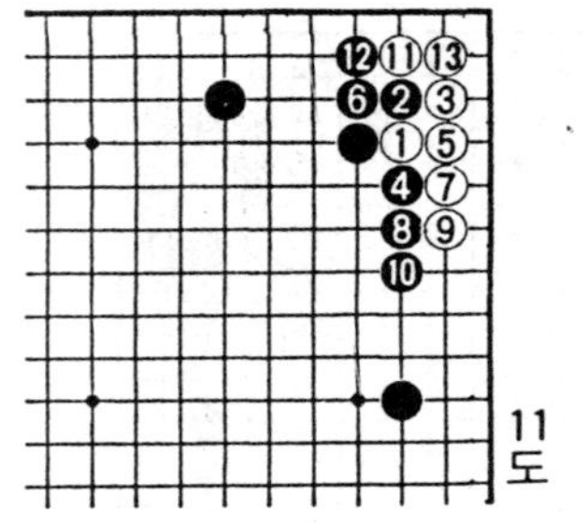

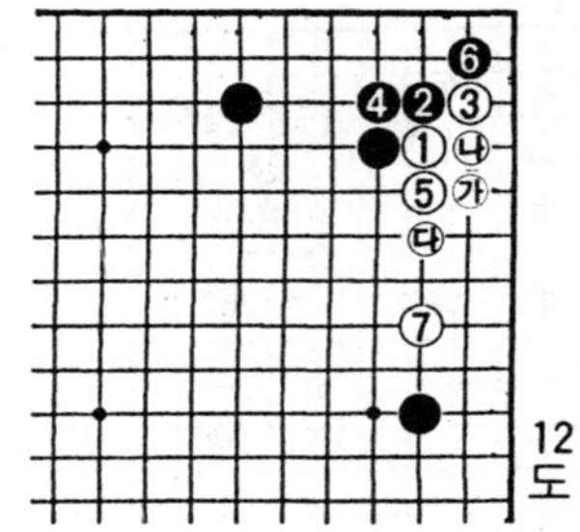

11도 (폭이 좁다) 백 **3**의 반발이 있다. 흑 **4**의 단수 다음 **13**까지 일단락인데 흑이 두텁기는 하나 폭이 좁아 불만이다.

12도 (상형) 흑 **4**가 견실한 이음이다. 이하 **7**까지 상형이다. 백 **5**로 ㉮는 흑 **5**, 백 ㉯, 흑 ㉰로 된다.

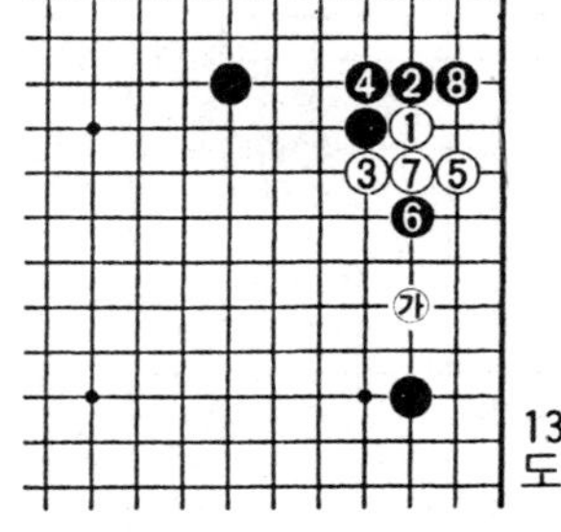

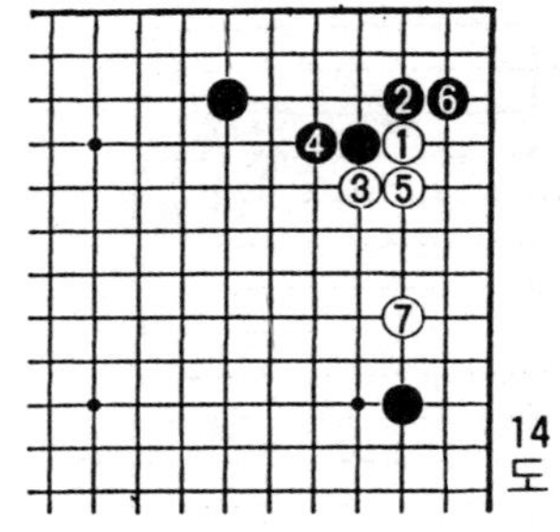

13도 (변화) 백 **3**으로 위쪽을 젖히면 흑 **4**의 이음이 견실하다. 백 **5**의 호구에 흑 **6**으로 들여다보아 잇게 한다음 흑 **8**로 귀를 내려선다. 백이 ㉮의 곳을 두어야 한다.

14도 (상형) 흑 **4**의 뻗음은 무난하다. 백 **5**로 이으면 흑 **6**의 내려섬, 백 **7**의 2칸의 여유가 있다. 상형이다.

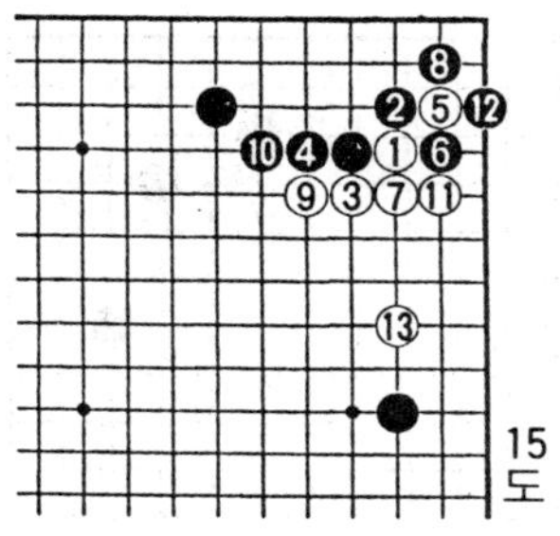

15도

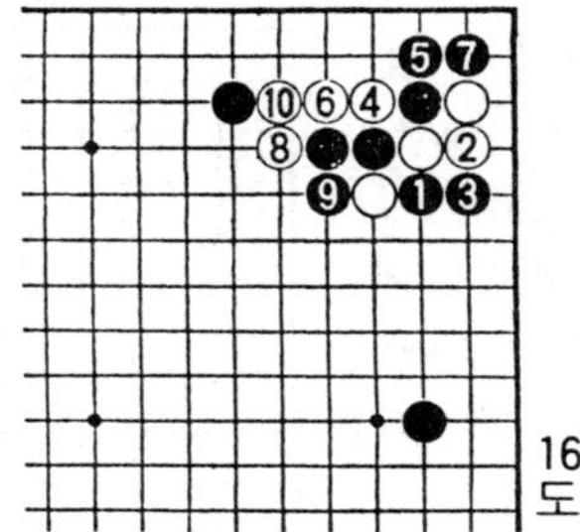

16도

15도 (견고함) 흑 4 의 뻗음에 백 5 의 2 단 젖힘이 맥이다. 이하 13까지 되는데……

16도 (반격) 전도 흑 6 으로 1 에 두어 반격하는 수단이 있다. 백은 4 의 끊음에서 10까지—.

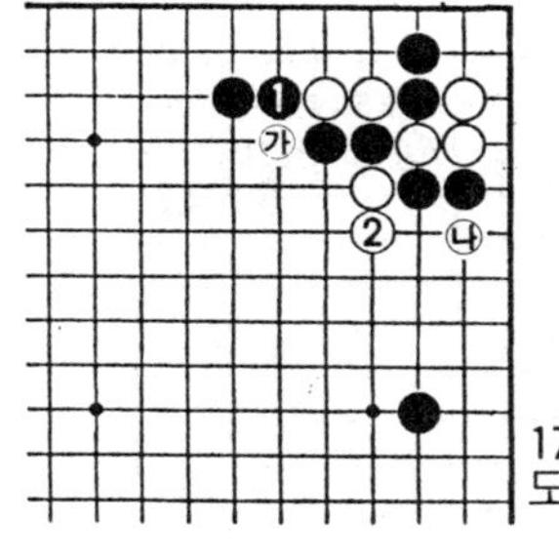

17도

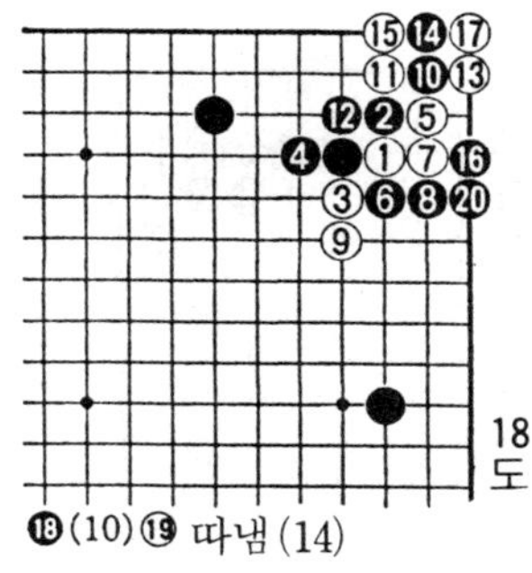

18도

⑱(10)⑲ 따냄(14)

17도 (축) 전도의 흑 7 로 1 의 곳을 막으면 백 2 로 뻗어 ㉮의 축과 ㉯의 붙임을 노린다. 15도 백 5 의 2 단 젖힘으로 타개하여야 한다.

18도 (석탑) 백 9 로 뻗는 수는 없다. 흑10 이하 석탑의 맥이 있어 백이 잡힌다.

제 8 형

화점에서 날일자와 눈목자로 굳혀 있는 모양이다. 침입의 맥은?

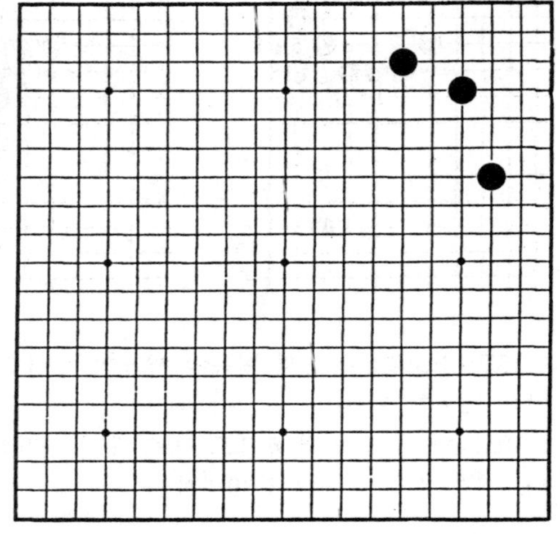

제 8 형

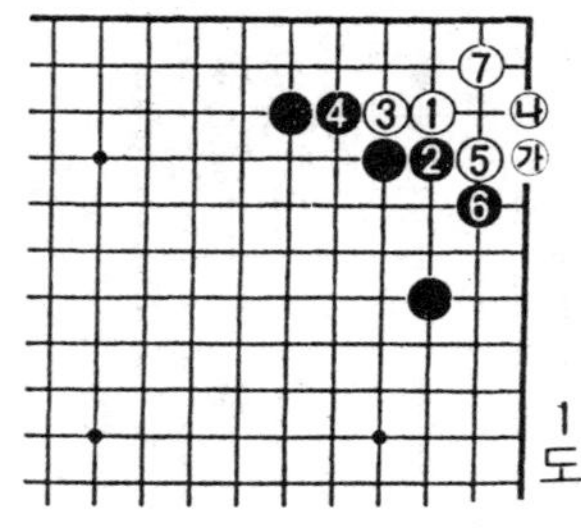

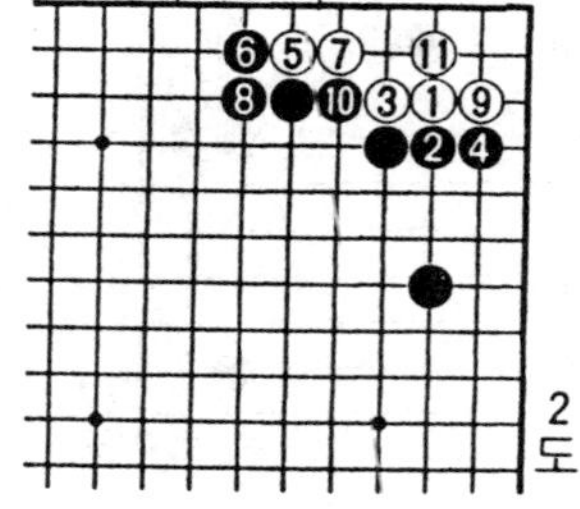

1 도 (패) 백 1 의 3·3 을 생각해보자. 흑은 2 의 막음이 상식적이다. 백 3 으로 밀고 나가서 5, 7 로 탄력이 있는 모양이다. 다음에 흑 ㉮는 ㉯로 받아서 패다.

2 도 (삶) 흑 4 로 막는 수의 변화를 살펴보자. 백 5, 7 로 붙여 끄는 것이 맥이다. 흑 8 의 이음이 필요하다. 백 9, 11로 사는 형태다.

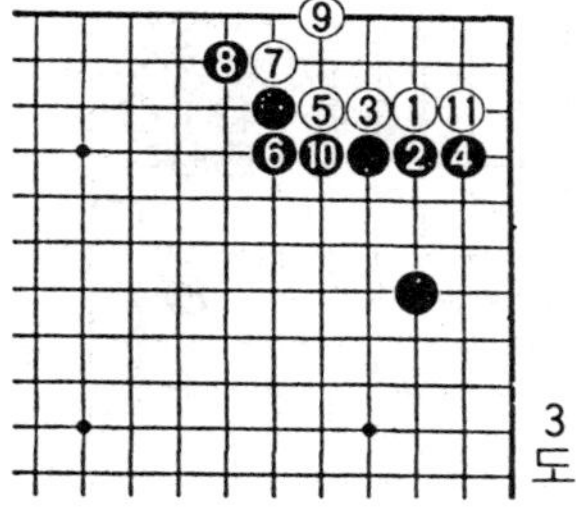

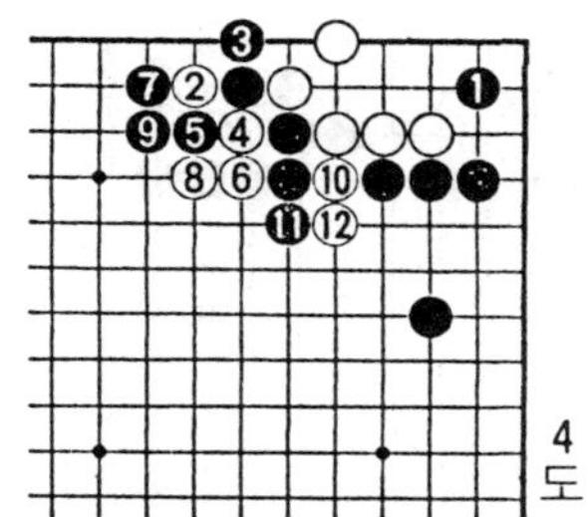

3 도(변화) 백 5 로 나가면 흑 6 으로 응수한다. 흑10까지 두터운 모양인데 백11까지 크게 산다.

4 도(변화) 전도 10으로 1에 두는 것은 백 2 의 껴붙이는 맥이 있다. 이하 12 까지 돌파당한다.

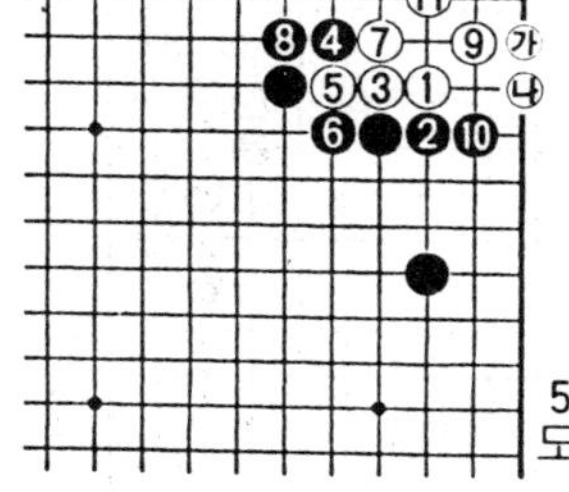

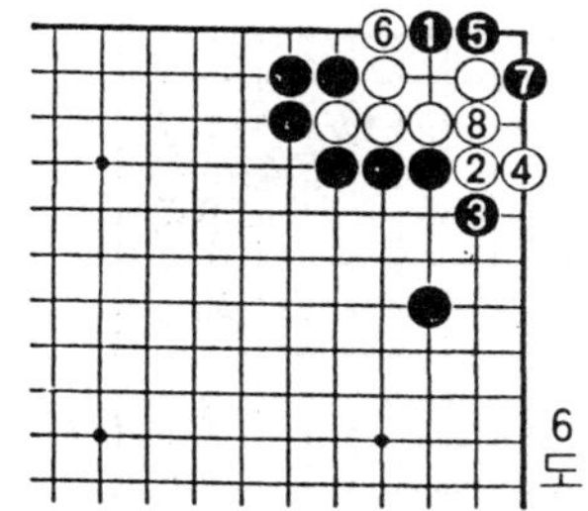

5 도(눈모양) 흑 4 의 마늘모는 어떨까? 백 5 로 밀고 나가면 흑 6 으로 막고, 다시 백은 7 로 내려 막는다. 백 9 의 호구벌림에 이 모양의 급소가 있다. 흑10으로 내려두면, 백11로 눈을 만든다.

백11까지 사는 모양이다. 흑 ㉮는 ㉯로 산다.

6 도(빅) 전도 흑10으로 1 의 곳을 두는 것은 백 8 까지 빅이다. 흑 5 로 6 은 백 5 로 산다.

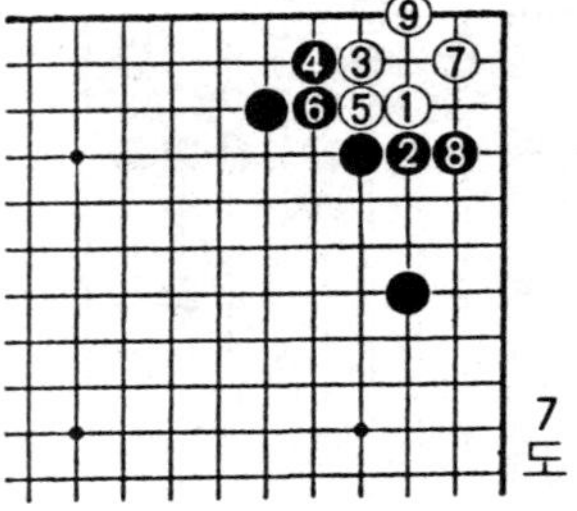

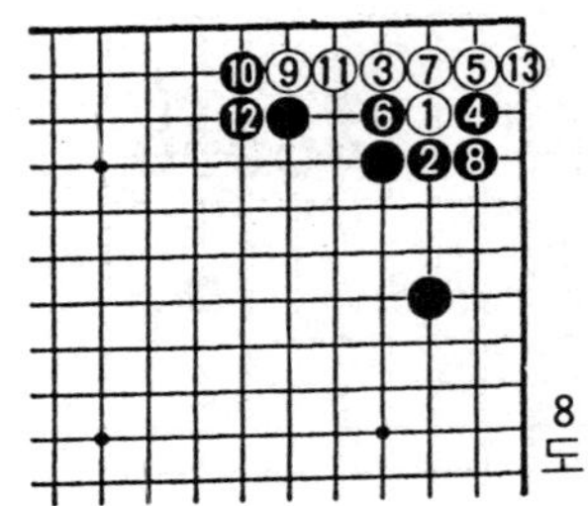

7 도 (삶) 백 3 마늘모 역시 사는 모양이다. 흑 4 의 마늘모엔 백 5 에서 9 까지 같은 요령이다. 실전에서는 1 도의 패로 많이 둔다.

8 도 (삶) 흑 4 로 젖히면 백 5, 흑 6 의 단수. 백 7, 흑 8 이면 9 가 맥이다. 12로 잇지 않을 수 없을 때 13으로 내려서 산다.

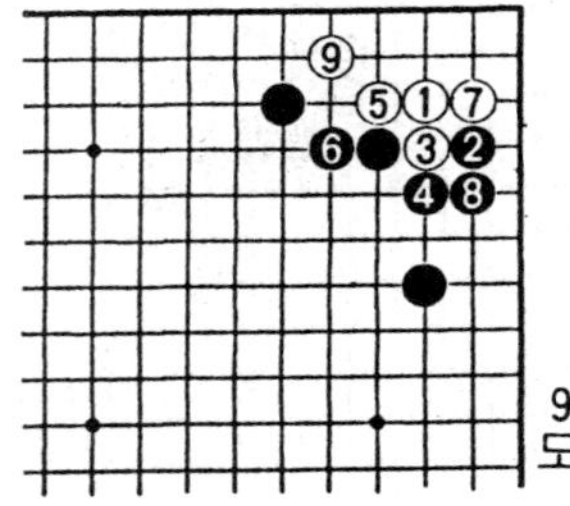

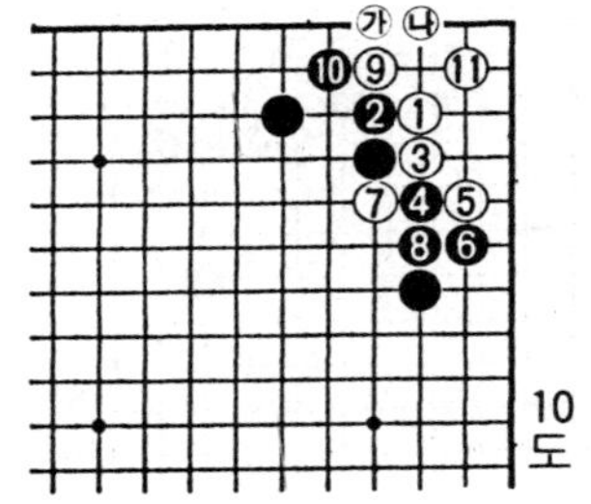

9 도 (엷은 수) 흑 2 의 뜀은 엷은 수. 백 3 으로 뚫고 나가 5 로 구부리는 것이 수순이다. 9 까지 간단히 산다.

10도 (패) 흑 2 로 내려서면 백 3, 5 로 두어 이하 11까지. 다음 ㉮는 ㉯로 패다.

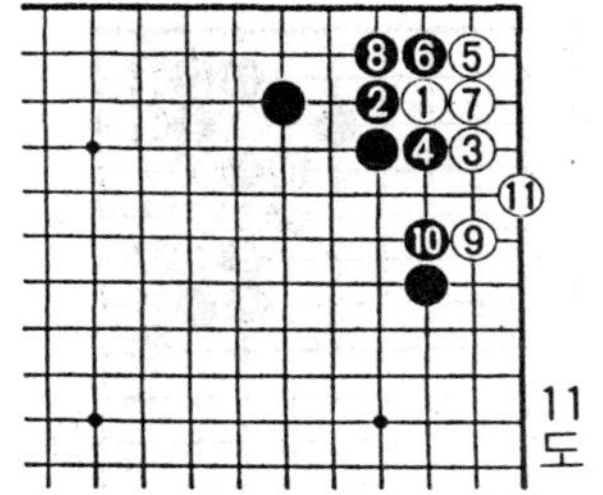

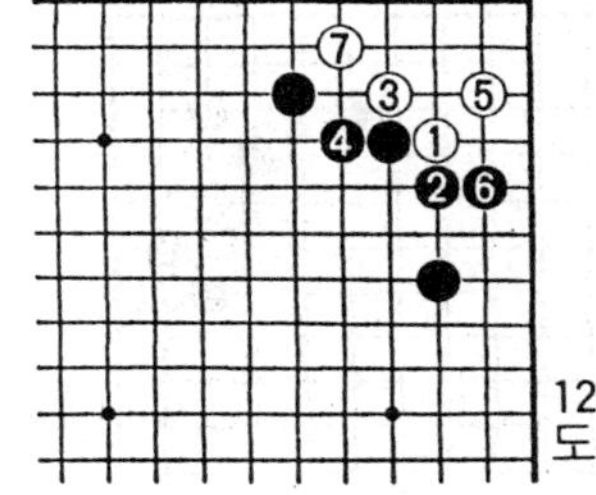

11도(삶) 전도의 패를 피하여 사는 수를 생각해보자. 백 3 의 마늘모에 흑 4 , 백 5 에 흑 6 , 백 7 , 흑 8 까지 된 다음 9 로 뛰어 산다. 흑10에는 11이 **눈모양의 맥이다.**

12도 (붙임) 백 1 에 붙이는 수도 성립한다. 백 5 , 7 까지 산다.

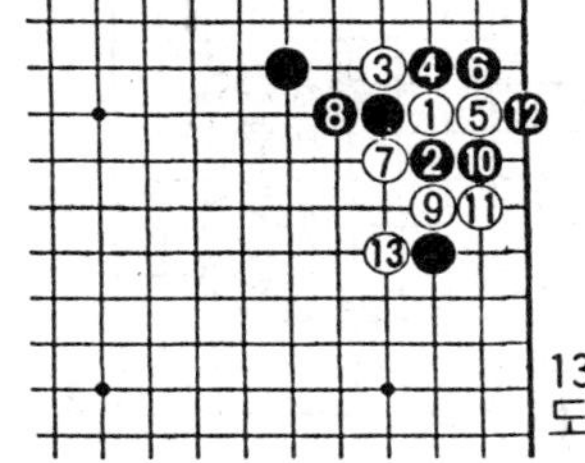

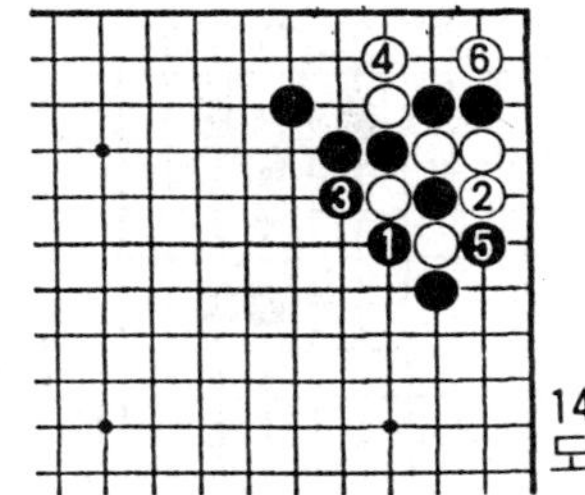

13도 (강경수단) 백 3 에 흑 4 는 강경수단이다. 흑 6 으로 내려서면 13까지 사석 작전이다.

14도 (두텁다) 전도 흑10으로 1 의 곳을 끊으면 흑 2 로 딸 때 3 으로 봉쇄하여 이하 6 까지 흑이 두텁다.

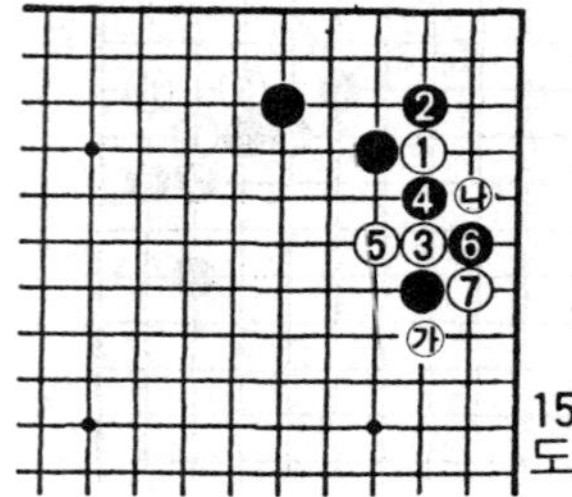

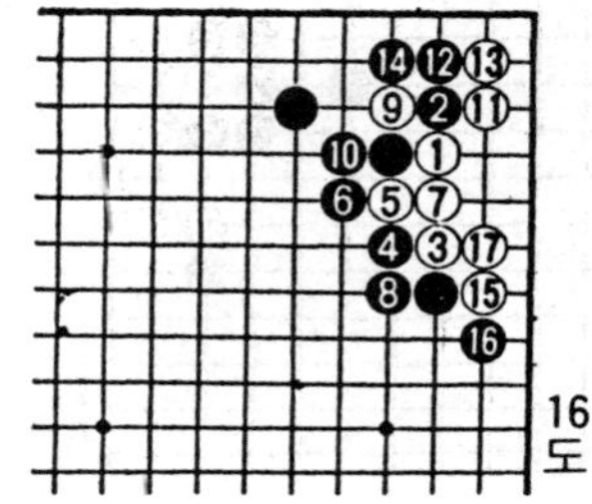

15도 (한칸 뜀) 백 **1**의 붙임에 흑 **2**로 귀를 지킴은 당연하다. 백 **3**이 맥점이다. 흑 **4**엔 백 **5**, 흑 **6**으로 건널 때 백 **7**의 끊음이 있다. 다음에 백은 ㉮와 ㉯의 곳을 맛본다.

16도 (세력) 흑 **4**로 백을 봉쇄하는 수가 있다. 백은 이하 **17**까지 사는데 흑의 세력이 크다.

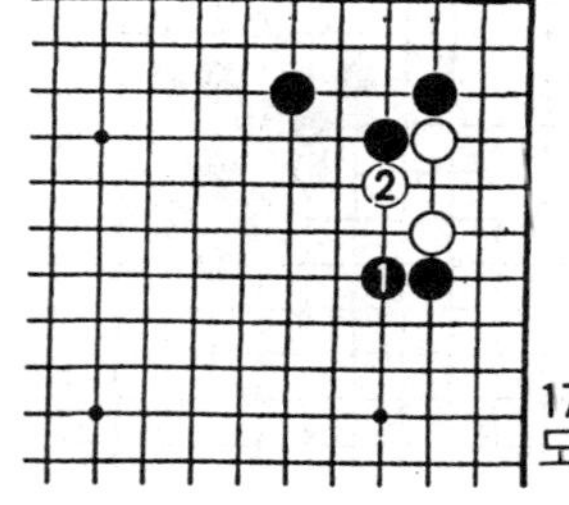

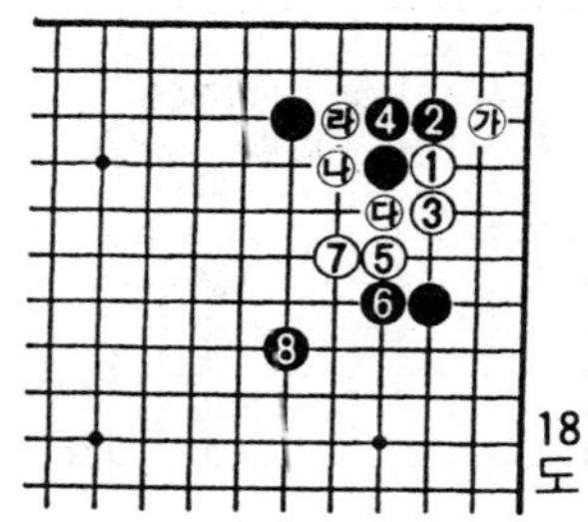

17도 (변화) 흑 **1**로 서는 것을 생각해 보자. 백의 다음 수가 용이하지 않다. 이 모양에선 패를 유발한다.

18도 (무겁다) 백 **3**으로 뻗는 것은 무겁다. 흑 **4**가 견실한 이음이다. 백 **5**, **7**로 나가면 흑 **6**, **8**로 짜임새 있게 추격한다. 흑 **4**로 ㉮의 곳을 내려서는 것은 백 ㉯, 흑 ㉰, 백 ㉱로 된다.

침입, 그 공격과 방어

2011년 8월 25일 재판
2011년 8월 30일 펴냄

지은이/ 武 宮 正 樹
옮긴이/ 프로바둑연구회
펴낸이/ 최 상 일
펴낸곳/ 太 乙 出 版 社
서울특별시 중구 신당6동 52-107 (동아빌딩내)
등록/1973년 1월 10일(제4-10호)

■주문 및 연락처
우편번호 100-456
서울특별시 중구 신당6동 52-107 (동아빌딩 내)
전화 / 2237-5577 팩스 / 2233-6166

ISBN 89-493-0325-6 13690